河南省重点社会科学研究基地
许昌学院中原农耕文化与乡村发展研究基地系列成果
主　编：汪庆华　　副主编：孟　聚　潘民中

杨晓宇　编著

中原农耕文化

THE CENTRAL PLAINS FARMING CULTURE

村镇民居

RURAL HOUSES

社会科学文献出版社
SOCIAL SCIENCES ACADEMIC PRESS (CHINA)

《中原农耕文化》编审委员会

上图：守住石屋老房子

（王志军摄于河南省林州市）

下图：如今已被遗弃的家园

（梁冠山摄，原载河南人民出版社《家园》2016 年 10 月版）

上图：石墙草屋古树见证岁月沧桑

（梁冠山摄，原载河南人民出版社《家园》2016 年 10 月版）

下图：石屋背影

（汪庆华摄于河南省内乡县）

上图：修缮草房

（朱宪民摄，原载南方日报出版社《象形岁月》2009 年 8 月版）

下图：昔日大户豪宅

（梁冠山摄，原载河南人民出版社《家园》2016 年 10 月版）

上图：农博馆团队考察三门峡陕州地坑院
（王志军摄）

下图：寂寞的老村子
（张培林摄）

上图：废弃的老窑洞

（梁冠山摄，原载河南人民出版社《家园》2016 年 10 月版）

下图：老宅旧院老奶奶

（梁冠山摄，原载河南人民出版社《家园》2016 年 10 月版）

上图：相邻门楼看今昔

（张培林摄）

下图：一个院里三代房

（梁冠山摄，原载河南人民出版社《家园》2016 年 10 月版）

上图：村头

（段双奇摄，原载中国图书出版社《农耕与传承》2020 年 6 月版）

下图：新县丁李湾古村落

（王志军摄于河南省新县）

上图：农村新貌

（梁冠山摄，原载河南人民出版社《家园》2016 年 10 月版）

下图：农村社区新貌

（王志军摄于河南省许昌市）

序　一

让优秀农耕文化世代相传

徐　勇*

文化是一个国家、一个民族的灵魂。文化自信是更基础、更广泛、更深厚的自信，是一个国家、一个民族发展中更基本、更深沉、更持久的力量。

中华优秀传统文化是中华民族的根和魂，是中国特色社会主义植根的文化沃土。中国自古以来就是一个以农业立国的大国，中华文明发轫于农耕文明，并在漫长的农耕时代生发、成长和传承。悠久厚重的农耕文化深深浸润在一代代炎黄子孙的灵魂和血液中。实施中华优秀传统文化传承发展工程，必然要重视优秀农耕文化遗产的保护、研究和传承。2018 年 1 月发布的《中共中央 国务院关于实施乡村振兴战略的意见》指出，要"切实保护好优秀农耕文化遗产，推动优秀农耕文化遗产合理适度利用。深入挖掘农耕文化蕴含的优秀思想观念、人文精神、道德规范，充分发挥其在凝聚人心、教化群众、淳化民风中的重要作用"。保护优秀农耕文化遗产，发掘农耕文化的深厚内涵并合理、适度地开发利用，对于推进中华优秀传统文化传承发展工程和乡村振兴战略，具有重要的现实意义和深远的历史

* 徐勇，华中师范大学中国农村研究院、政治科学高等研究院教授，教育部首批文科"长江学者"特聘教授，长期从事中国政治与乡村治理研究，曾经担任国务院学位委员会政治学学科评议组召集人、教育部社会科学委员会委员、中国政治学会副会长。

意义。

黄河流域是中华民族的重要发祥地，以河南省为主要区域的大中原是农耕文明的重要发源地之一。许昌学院早在2010年就开始关注“农耕文化遗产保护、研究和传承利用”这一课题，创建了中原农耕文化博物馆，先后成立了中原农村发展研究中心和中原农耕文化研究中心，并于2018年获批河南省重点社会科学研究基地。我一直关注着这里开展的工作，由衷为他们高兴，也为他们加薪助火。今天由昨天而来。现代农业和农村发展，离不开对传统农耕文化的研究，尤其离不开对中原农耕文化的研究。绘制中国农业、农村、农民的基因图谱，必须首先发掘和解析中原农耕的基因图谱。

文化需要积累，需要传承。当今的中国正处于从传统农业社会向现代工业社会大转变的历史时期，悠久和厚重的农耕文明正在迅速消失。如果不加以抢救、整理和保护，优秀的传统农耕文明就会遗失，中华文明传统就会失血。而抢救、整理和保护都需要有人来做。地处中原的许昌学院有一批有眼光和有奉献精神的领导和研究人员。汪庆华教授长期担任许昌学院的领导。十多年来，他团结和带领一支团队，以特有的韧性从事传统农耕文化的抢救、整理和保护工作，取得了突出的成就。中原农耕文化博物馆作为国内较早创建的区域性、全景式的农耕文化主题博物馆，不仅拥有比较系统、全面的器物藏品，还致力于收集整理图片、视频、文献、账册等各种富有研究价值的资料，努力捕捉和挖掘中原农耕的文化基因。现在推出的《中原农耕文化》，就是为了留下过往时代的足迹和背影，为后人记住乡愁和开展研究积累资料、奠定基础。我深深理解，这是包括自己在内的一代人—亲身经历过传统农耕生活也亲眼见证和亲身参与了农耕嬗变的一代人—所特有的情感和该有的担当!

时至今日，我们已经走进中国特色社会主义新时代，农业、农村、农民也正在经历前所未有的深刻变革。但是，在任何时候，我们都不能忘记中国人从哪里来，中国的传统底色是什么，如何在传统底色的基础上描绘新时代的画卷。农耕不单纯是一种产业，农村不单纯是人的居所，农民不单纯是一种群体，他们蕴藏着中华民族的根，包含着中华民族的魂，流淌着中华民族的血。乡村振兴的重要使命是建设一个能够留得住乡愁、看得到青山、望得见绿水的乡村。而这都需要我们从历史文化的传统遗产中去寻根、去找魂、去承继血脉。对传统农耕文化的抢救、保护和整理是一件功在当代、利在千秋的伟业。

我们这个民族有悠久的历史，也有热爱历史、珍惜历史的传统，总会有那么一批人为保护历史传统做着默默无闻的工作。他们的工作也许一时没有经济效益，但在漫长的历史长河里会有无穷的价值。汪庆华教授及其团队便是这样一群人。由他们撰写的《中原农耕文化》是对保护传统农耕文化所做的重要贡献。尽管《中原农耕文化》具有开拓性和探索性，还有待进一步完善，但毕竟有了良好的开端。就如当年的中原农耕文化博物馆是率先之举，如今参观者已络绎不绝一样，本书作为率先之作，也会引起更多人的关注。

序　二

应该讲好农耕文化的故事

张志和*

世界上大体有四个文化圈：欧洲文化、中东文化、印度文化和中华文化。这四个圈子的文化，差别极大，形态迥异。

历史发展到今天，科技将地球变小了，不同的文化出现了碰撞与融合。中华传统文化受到的冲击之剧烈，前所未有。传承发展中华优秀传统文化，增强文化自信，凝聚民族力量，实现伟大复兴，是我们的神圣使命和时代担当。对此，每一个中华儿女都责无旁贷！

中华文化是基于农业耕作形成的，而农业耕作又是基于东亚地区的地域环境与气候特征形成的。历史上的黄河中下游地区，是农耕文明的重要发祥地。经过上万年形成的农耕文化，以及由此形成的中华文化正是中华民族的精魂所在。黄河流域生态保护与高质量发展已经被列为国家战略，处于黄河流域的河南省，应该为讲好黄河故事、做好黄河文化遗产保护传承这篇大文章尽到责任，做出贡献。黄河文化的根脉在于农耕文明，农耕文化遗产是黄河文化遗产极其重要的组成部分。讲好黄河故事首先应该讲

* 张志和，著名书法家、文化学者，故宫博物院研究员，中国书法研究所所长，故宫博物院博士后工作站导师，享受国务院政府特殊津贴，河南省政协委员，中国书法家协会理事，北京非物质文化遗产技艺传承协会常务理事。

好农耕文化的故事。

如今，随着现代化进程的加快，传统农耕文化快速淡出当代人的视野，优秀农耕文化遗产如何传承与弘扬成为当务之急。

我们注意到，许昌学院在全国高校率先创建中原农耕文化博物馆，可谓慧眼独具且意义重大。汪庆华教授为搜集中原农耕文物，不惮辛劳，踏破铁鞋，并为推动这一课题研究做着不懈努力，使中原农耕文化博物馆有了如此大的规模，并在国内产生较大影响，真是可敬可贺。

然而，就农耕文化而言，仅有器物展示是不够的，农耕艺事是动态而丰富的，必须让后人知晓；仅知农耕艺事也是不够的，还必须让人理解技艺背后形成的文化。

可喜的是，中原农耕文化博物馆抢占先机，组织出版了《中原农耕文化》。感谢本书的作者与编者的辛勤劳动，用文字为我们展示传统农耕文化的丰富画卷，也期待有更多的热心人参与进来，从各个角度与各个层面深入挖掘中原农耕文化深厚而丰富的内涵，为中华文化的传承与弘扬打开思路，为新时代农业发展提供有益的思考和借鉴。

是为序。

序 三

为保护和研究农耕文化遗产而努力

闫纪建*

历史长河滔滔不绝，时代车轮滚滚向前。在中国，延续了数千年的传统农耕生产生活方式，自改革开放以来发生了深刻变革。当前，我们正处在农耕嬗变的历史节点上，中华优秀农耕文化遗产如何保护、传承和利用，成为一个重大而迫切的时代课题，客观地摆在我们面前。

文化是一个民族的精神和灵魂，是国家发展和民族振兴的强大内驱力。中华民族在 5000 多年文明发展中积淀下来的优秀农耕文化是我们的宝贵财富，是中华民族生生不息、发展壮大的精神厚土。我们应该深入挖掘农耕文化蕴含的优秀思想观念、人文精神、道德规范，充分发挥其在当代社会中凝聚人心、教化群众、淳化民风的重要作用。

许昌学院较早关注到这一重大时代课题，在学校历届领导班子的重视和支持下，2010 年，由汪庆华教授带领，创建了中原农耕文化博物馆。十多年来，他们怀着社会责任感和历史使命感，持续不断地做出努力。博物馆创建团队和研究团队深入全省各地农村调研考察，足迹遍布伏牛山区、太行山区、大别山区、桐柏山区和广袤的平原农村，收集到大量器物藏品

* 闫纪建，历史学教授，许昌学院党委书记，河南省重点社会科学研究基地——中原农耕文化与乡村发展研究基地——主任。

和各种资料，为博物馆陈列展览和开展研究奠定了坚实基础。

中原农耕文化博物馆、中原农村发展研究中心和中原农耕文化研究中心相继建立，逐步形成了一体双翼、古今结合的涉农研究格局。在此基础上，2018 年 6 月，中共河南省委宣传部批准许昌学院建立河南省重点社会科学研究基地，要求我们认真学习研究、宣传贯彻习近平新时代中国特色社会主义思想和党的十九大精神，按照《中共中央　国务院关于实施乡村振兴战略的意见》的部署和要求，以河南优秀传统农耕文化的传承创新与乡村发展研究为重点，切实加强对有关重大理论问题和现实问题的研究阐释，紧紧围绕省委省政府的重大决策部署开展应用对策研究，充分发挥省重点社会科学研究基地“思想库”和“智囊团”的重要作用，为谱写中原更加出彩的新篇章做出贡献。

许昌学院作为一所诞生于旧中国、成长于新中国、发展壮大于改革开放时期的地方性本科院校，有着深厚的文化积淀。举办本科教育以来，学校始终秉承“崇德砺志、博学敬业”的校训，坚持“地方性、应用型、服务性、国际化”的办学定位，积极主动融入和服务于区域经济社会发展，致力于建设富有特色的高水平应用型大学，经过持续努力，取得了一系列办学成就。学校顺利通过教育部教学工作审核评估，荣获省级教学成果特等奖、省级科技成果一等奖，应用型人才培养模式探索经验被中央教育工作领导小组秘书组《教育工作情况》报道，并被省委常委、宣传部部长、教育工作领导小组副组长江凌同志批示。学校被确定为河南省首批地方本科高校转型发展试点院校，并入选示范性应用技术类型本科院校、国家级产教融合发展工程应用型本科院校建设项目、全国创新创业典型经验高校、硕士学位授权立项建设单位，大学生创新创业园“颍川众创”入选国家“众创空间”。近年来，学校获得了全国五四红旗团委、全国大学生社会实践活动先进集体、全国模范职工之家、河南省思想政治工作先进单位、河南省思想道德建设先进单位、河南省文明校园、河南省首批深化创新创业教育改革示范高校等多项荣誉。学校探索形成的“政府主导、高校主体、行业引领、企业参与、校地互动”政产学研机制，被教育部誉为“许昌模式”。2015 年，时任中共中央政治局常委、全国人大常委会委员长张德江到学校调研，充分肯定了学校的办学成果。

文化传承创新是高校功能之一。文化软实力的构建，在学校整体建设发展中有不可替代的作用。中原农耕文化博物馆及相关研究工作取得的成绩和产生的影响，便充分证明了这一点。近年来，依托中原农耕文化博物馆、中原农村发展研究中心和中原农耕文化研究中心，研究团队陆续推出一系列研究成果：先后获得国家社科基金重点项目 2 项和一般项目、青年项目 4 项，教育部基金项目 3 项，河南省社科规划（咨询）项目 7 项，民政部、国家民委项目 4 项，河南省政府决策项目 3 项，河南省科技厅软科学项目 2 项，河南省教育厅课题 7 项；出版智库系列专著 7 部，获得河南省社科优秀成果二等奖 1 项、三等奖 2 项。马华博士的《南农实验：农民的民主能力建设》荣获全国百优博士论文及河南省教育厅人文社会科学成果特等奖。《光明日报》分别在 2017 年和 2019 年两次发表汪庆华教授关于农耕文化的理论文章。研究团队的理论文章也在《人民日报》《光明日报》《中国社会科学》《政治学研究》等报刊发表，产生了广泛的社会影响。基地上报的《咨政报告》受到有关领导的批示转送。研究报告《河南推动全面从严治党向基层延伸的实践探索》于 2018 年 8 月被中共河南省委政研室评为“河南省优秀调研成果一等奖”。本次推出的《中原农耕文化》，围绕“农耕文化”这一主题开启了资料发掘整理和专题研究的新征程，主要目的在于为渐行渐远的农耕时代留下足迹和身影，珍藏历史记忆，弘扬传统文化，教育子孙后代，传承传统美德，为今后深入开展农耕文化研究积累资料提供借鉴。

中原地区作为华夏农耕文明的重要发祥地，数千年积累下来的物质文化成果和精神文化成果十分厚重，对于农耕文化遗产的发掘、整理、保护、传承，是一个艰巨而庞大的系统工程。我们深知，现有团队的力量和水平是十分有限的，所做的也仅仅是基础性的工作。书中舛误与不足之处定然存在，诚望各方专家批评指正。我们希望基地陆续推出的浅论，能够起到抛砖引玉的作用，期待更多业界同人及广大民众参与到中华优秀农耕文化遗产的保护、研究、传承、利用的系统工程中，为弘扬优秀传统文化，增强文化自信，实现中华民族伟大复兴中国梦而努力奋斗！

目录

零

中原农耕文化绪论

斗转星移，岁月更替，大河滔滔，逝者如斯。中华民族延续了数千年的传统农耕生产生活方式正在与我们渐行渐远。最近几十年来，随着改革开放的伟大进程和现代科技的迅猛发展，我国农业、农村、农民的面貌发生了沧桑巨变。处在农耕嬗变的历史节点上，如何留下过往时代的历史记忆，守住农耕文化的根脉，如何切实做好优秀农耕文化遗产的保护、研究和利用工作，深入发掘传统农耕文化的精华，以农耕文化为切入点，为传承发展中华优秀传统文化和实施乡村振兴战略做出积极贡献，成为一个重大而迫切的时代课题。

当前，在以习近平同志为核心的党中央领导下，举国上下凝心聚力，为实现中华民族伟大复兴中国梦而奋斗。习近平总书记指出，文化是一个国家、一个民族的灵魂。文化兴国运兴，文化强国运强。没有高度的文化自信，没有文化的繁荣兴盛，就没有中华民族伟大复兴。2017 年，中共中央办公厅、国务院办公厅印发了《关于实施中华优秀传统文化传承发展工程的意见》。此后召开的党的十九大，对于传承发展中华优秀传统文化、增强文化自信给予空前的重视，做出了全面部署。2018 年 1 月印发的《中共中央 国务院关于实施乡村振兴战略的意见》指出，要“切实保护好优秀农耕文化遗产，推动优秀农耕文化遗产合理适度利用。深入挖掘农耕文化蕴含的优秀思想观念、人文精神、道德规范，充分发挥其在凝聚人心、教化群众、淳化民风中的重要作用”。

许昌学院正是怀着这样的社会责任感和历史使命感，创建了中原农耕文化博物馆；策划实施含有 8 项子工程的中原农耕文化记忆传承系统工程；遴选吸纳校内外有关学者组成专家团队，团队成员连续 7 年深入全省各地农村开展调研考察，获取大量实物、文字、图片、视频、录音等第一手资料，认真进行汇集整理和分析研究。与此同时，以中原农耕文化与乡村发展为主攻方向的理论研究和实践探索逐步展开。在当前农村发展研究方面，许昌学院得到华中师范大学中国农村研究院的大力支持和徐勇教授的指导，于 2011 年成立了中原农村发展研究中心，近年来在理论与实践研究上取得了一系列重要成果，随后许昌学院又成立了中原农耕文化研究中心，形成了“一馆两中心”，古今结合、一体双翼的涉农研究格局。

正是基于这样的工作基础和研究优势，中共河南省委宣传部于 2018 年 6 月批准在许昌学院设立河南省重点社会科学研究基地，要求我们以河南优秀传统农耕文化的传承创新与乡村发展研究为重点，切实加强对有关重大理论问题和现实问题的研究阐释；紧密围绕省委省政府的重大决策部署开展应用对策研究，多出成果、多出人才；支持积极参加通俗理论读物的编写、理论宣讲、决策服务等活动，充分发挥省重点社会科学研究基地“思想库”和“智囊团”的重要作用。本书就是落实基地工作部署和要求的具体行动之一。

农耕实物的保存、历史资料的积累、社会实践的调研、基础研究的开展等，都是后期深入持久开展学术研究的必要基础。为此，我们在不断充实中原农耕文化博物馆展品、广泛收集传统农耕典籍资料、持续深入基层开展调查研究的基础上，以发掘农耕文化丰富内涵和促进乡村发展为立足点，着手编写一套接地气、通民情、贯古今、全景式的图书。该套图书旨在如实记载和生动展现传统农耕时代生产生活境况，发掘富有历史价值、研究价值和利用价值的农耕文化元素，珍藏农耕记忆，弘扬传统文化，教育子孙后代，促进乡村振兴。

农耕文化其实是一个十分寻常的概念，我们并不陌生，因为数千年来它就在人们身边，存在于祖祖辈辈的生产活动、日常生活和思想观念之中。然而，在今天，我们认为它又是一个值得认真关注和深入探究的新课题。说它具有某种新意，是因为此前我们尚未把它作为一个重要的学术概念和时代课题进行深入探讨和研究，没有在意描绘和留存它的身影足迹、审视它的丰富内涵、考究它的学术价值和历史意义。这是因为，在传统农耕时代尚未离去之时，人们觉得它是再寻常不过的事情。正因如此，在留存下来的典籍资料中，深入而系统地记载传统农耕生产方式、种类、工具、技巧等，描述寻常百姓的生活方式、状态、活动、情趣，以及发掘农耕文化遗产思想文化内涵的典籍资料，相对而言是十分薄弱的。我们遍览浩瀚的二十四史，发现它们几乎都在描写朝代更替、帝王将相、才子佳人等上层社会生活，草民百姓的生产活动、生存状态、生活境况以及工具器物等，少有述及。今天，滚滚前进的历史车轮，把我们带到了中国特色社会主义新时代，蓦然回首，不免有点吃惊！改革开放以来，中国“三农”面貌发生了革命性变革。传统农耕时代正在渐行渐远，取而代之的是越来越先进的农业科技和新型农业现代化。处在这样一个重要的历史关头，对于中华优秀农耕文化遗产的保护、研究和利用的时代课题必须引起我们的高度重视。我们应该以历史的、学术的眼光来认真审视和研究“农耕文化”这一课题。特别是亲身经历过传统农耕生产生活方式，又亲眼见证了农耕嬗变的一代人，更有责任，也更有条件为这一时代课题做些工作、做出贡献。

中华农耕文化是指在中华民族所经历的漫长农耕时代，农业、农村、农民，创造、形成、积累和传承下来的文化成果和精神财富总和，其中，既包含物质文化成果和遗产，又包含大量非物质文化成果和遗产。中华文化的根深深扎在农耕文明的土壤中，农耕文化的魂浸润在炎黄子孙的血液里。悠久而厚重的农耕文化决定了汉族文化乃至中华文化的内容和特征，成为中华传统文化的根基和重要组成部分。中华农耕文化集中体现了儒家文化，并融汇墨家、道家及其他文化精华为一体，形成了自己独特的文化内容和特征；农耕文化的内涵丰富而厚重，广泛存在和展现于农耕劳作、家居生活、纺织衣饰、炊事饮食、村镇民居、工匠技艺、休闲娱乐、乡音俚语、民风民俗、乡村治理、思想观念、宗族伦理、子女教育等诸多方面；

中华农耕文化具有地域多样性、历史传承性、民族多元性和草根乡土性等特征；“男耕女织”“耕读传家”“勤俭持家”“吃苦耐劳”“坚韧不屈”“孝悌忠恕”“邻里和睦”“传宗接代”“仁义礼智信”“忠恕孝悌廉”等，都是影响广泛而持久的农耕文化理念。

处于黄河流域的中原地区是中华农耕文明的重要发源地。自古以来，中原农耕文化在中华农耕文化中始终处于核心地位。认真研究中原农耕文化，具有十分重要的价值和意义。我们编著这套图书，就是为了把中原地区传统农耕元素挖掘整理出来，留下过往岁月的记忆符号，寻觅祖祖辈辈草根乡民的身影足迹，发掘中原农耕的基因图谱，为今后关注和研究农耕文化遗产的学者及民众，提供一些历史资料和铺路石。为此，本套图书力求做到科学性、知识性、可读性相结合，融史料价值、学术价值、育人价值于一体：在行文体例上，打破传统的章节模式，以事物的自身逻辑为藤蔓，以相关问题为瓜果，形成既相互关联又相对独立的内容模块；在表现形式上，力避传统史料典籍的枯燥记述和文学作品的虚构演绎，吸取二者之长，力求形式灵活、表述通俗、语言生动，把思想性、知识性和可读性融为一体；在内容上，努力做到接地气、通民情，贯古通今，严谨笃实，尽可能地把传统农耕时代基层农村生产生活的真实面貌记载和展现出来，包括往昔存在而如今已消逝的社会境况和被时代淘汰的文化现象，也应以批判的眼光予以记述，力求描绘一幅真实客观的中原传统农耕全景图；在编著出版策略上，坚持开放式、持续化，陆续推出研究与编著的成果，分批分辑出版。密切关注和广泛收集不断涌现的农耕文化研究成果和典籍资料，逐步构建一个内容丰富、特色鲜明、比较权威的农耕文化典籍资料库，为今后的持续研究奠定基础。

《中原农耕文化》的基本定位主要在于为今后深入的理论研究奠定史料基础，因此，特别注重真实性、体验性和乡土性。为了达到这个目的，我们在组建创作团队时，坚持从既有传统农耕生产生活亲身体验，又在农耕文化研究与著述方面卓有成就的学者中遴选，对于他们的身份、职称等不作刻意限制，所以，这支作者团队中既有专家教授、专业博士，也有更接地气的草根学者。目前，本书编著团队成员有汪庆华、孟聚、潘民中、杨晓宇、唐明仓、赵俊锋、潘运明、周新峰、朱志浩、韩晓民、符春绿、董中锋、杜富强、周健等，随后根据情况酌情吸纳扩展有关人员。

本书从开始筹划编著，到陆续推出，我们都怀着一种不忍不做而又忐忑不安的矛盾心理。不忍不做，是缘于社会责任感和历史使命感；忐忑不安，是担心拿出的东西达不到预期目的，遭人诟病。令我们感动的是，我们的工作得到上级有关部门、诸多领导的热情关注和大力支持，担任中原农耕文化博物馆顾问的著名专家，也给予我们诸多关怀和鼓励。基于此，我们决定陆续推出有关中原农耕文化的图书，觉得哪怕抛出的只是一块块砖头，也有它们的价值和意义！在农耕嬗变的历史节点上，即使是留下一捧土、一捆草，也是必要的。偌大一个中国，哪里都需要这样做。亲身见证和参与了农耕嬗变伟大实践的一代人，对此责无旁贷！

我们奉献出的这套书，不是豪华宴席的美味佳肴，而是寻常百姓的家常便饭和五谷杂粮。我们希望您能从中品味出田园泥土的芬芳，吸收到一些有益健康的营养。

在编著过程中，我们消化吸收和学习借鉴了古今众多学者的研究成果，在此表示诚挚感谢！由于编著者的阅历、眼界和学识功底有限，尽管各人都是尽力而为，但著述中的缺陷和谬误在所难免，敬请读者批评指正。

汪庆华

2020 年 6 月于伏牛书屋

壹

本卷概说

一

中华民族是一个历史悠久且融合了多个民族的大家庭。中国是一个幅员辽阔的国家，中原地区居中国之中。中华民族生生不息，华夏文明代代相传，其都与中原大地息息相关。

亿万年来，黄河、淮河、海河、滦河造就了黄淮海大平原，不仅为这里的人们创造了极其有利的生存条件，也不断丰富着古老历史的积淀，孕育着灿烂的农耕文化。尧乡禹甸，商城周稷，使这一地区处处显示出文明与风范。隐藏着中原丰富传统文化和文明发展密码的古村落处处散发着中原农耕文明的气息。在几千年的历史文化进程中，人们积累了丰富的民居建筑经验。在漫长的农业社会中，由于生产力水平相对落后，人们以朴素的生态观和顺应自然的生活理念，用最简便的手法创造了宜人的居住环境。中原民居善于结合自然气候，因地制宜，因势利导，巧妙运用自然材料，使室内和室外的空间得以相互渗透，也使丰富的心理效应和超凡的审美意境巧妙融合，这些都是我们今天创造新的人居环境时必须重新认识、继承和借鉴的宝贵经验。古村名镇、传统民居是华夏文明的历史凝聚，是中华民族智慧的结晶，是中华民族悠久历史的实物见证，也是中国古代建筑艺术的活化石。经过数千年代代相传的发展与深化，它们已经被刻入民族文化的基因中，不断焕发出夺目的光彩。

中原民居的建筑理念受中华民族长期的传统思想支配，而中国传统建筑思想的一大特点是中国哲学观念和生态观念的有机联系和统一。天人合一的哲学观念就是这种认识的概括和总结。天、地、人之间的相互关联和和谐发展成就了中国古典哲学，也成就了在这些古典哲学思想指导下的人文科学的林林总总。特别是中原传统民居建筑讲究负阴抱阳、藏风聚气，这些无不浸润着古人的智慧和天人合一的哲学理念。

中原地区的村镇民居从聚落选址、总体布局、内外环境、室内陈设乃至取材及建造，都充满了天人合一的精神。古人将风水与气场、祖先与神灵、太岁与天象、地理与五行等融入了民居建筑理论。他们认为，在自己的居住环境中，自然、建筑、人生、财运会交互影响，对人的生命存在、精神活动和审美观念也会产生不同的作用，因此这些人生之气和自然之气的和谐是万万不能被破坏的。

在原始生产力的制约下，中原地区的古代先人们最懂得崇尚自然和因地制宜。他们结合不同的气候，就地取材，建造居室，并创造出了丰富多彩的建筑艺术形式，这表现了其古朴而真实的审美情趣。不管是庭园深深的四合院，还是简居陋巷的柴门茅舍，都无一例外会考虑到亲情关系、邻里习惯，甚至会考虑到门窗位置，从而把儒家的孝亲睦邻思想和耕读传家、光宗耀祖、光大门楣的理念发挥到极致。

从这种哲学审美的理念出发，中原人民建造了四合院，以及以四合院为基本参照的多种民居形式。在四合院里掏挖的水井必然是圆形的，这体现了天圆地方的观念；大门必定符合五行和干支方位的要求，这体现了阴阳和谐的思想；院里设置影壁墙，这样既可以阻挡外界邪气相阻，又不使院内财气外泄；负阴抱阳的宅院屋舍，避开中原季风气候特有的东北、西北风，给人以冬暖夏凉的舒适环境；甚至在豫西天井窑院中，依然可以感受到中原民居传统建筑思想的凸显，以及许多四合院中布设理念的存留。而被公认为中原建筑文化远播结果的浙江土楼、福建土楼、广西客家围屋和北京官宅民院，更是因中原民居形式外放而盛开的朵朵奇葩。

悠久的历史风貌，丰厚的文化积淀，独特的建筑格调，多彩的艺术形式，使中原乡镇民居展现出中原传统文化的不同风韵，以及无穷无尽的诗情画意。

二

由于年代久远，在中原地区完整被保留下来的古村落极少。即使近年来国家加强了对古村名镇的抢救性保护，也只剩下残缺不全的村庄与民居。在对中原古村落、古民居和古文化遗存的考察中，每当我们想到那一座座带着历史云烟的古建筑在机械隆隆的轰鸣中烟消云散的时候，看到曾经雅致秀美的老房子变成残垣断壁的时候，我们就会感受到民族脊梁上的阵阵伤痛。一排排传统建筑被换成一幢幢高楼大厦，开发大潮汹涌而不加节制，这是在逐渐毁灭传统文化的基因和密码，把文化的绿洲砍伐殆尽，留下的是满目创伤，最后甚至连创伤也被掩盖，剩下裸露的躯体和文化的沙漠。想想我们现在治理自然界沙漠付出的巨大而痛苦的代价吧！一旦民族的文化被无知的风暴变成沙漠，民族的密码被所谓“洋文化”篡改、嫁接或者杂交，我们再想恢复文化绿洲会比改造自然沙漠的难上千万倍，甚至根本无能为力。

得中原者得天下，几乎是历代统治者与反抗者的共识。因此，中原地区历来为兵家必争之地。无穷无尽的战乱让中原人民饱受兵匪祸患之苦，而战乱所带来的烧杀抢掠，也一次次地在中原地区不断上演，其中最为无辜也最为可憎的，就是占领者对敌对方祖居房产的残酷焚烧。无论是豪华庄园还是民居村落，都在火海中化为灰烬，这几乎是每次战争中反复上演的场景，成为前者的罪恶铁证与后者的惨痛记忆。加上历代的水祸人患、风雨剥蚀，中原地区在历次改朝换代之后往往都伴随着古村名宅的满目疮痍，乃至面目全非。我们现在很少能在中原地区见到明代建筑的完整实物，这与明末清初的战乱不无关系。历史上中原地区的无数次战乱使其千疮百孔。据有关资料统计，明代的人们移居中原之时，河南在籍人口不过百万，多座县城成为废城。叶县的明代县衙中的多数建筑都是在明代废墟上重建的，从县衙监狱等设施如今的方位就可以知道昔日县衙的翻转与沧桑。透过那明砖清瓦，我们可以清晰地看到历史烟雨中的厮杀与火光。除此之外，黄淮水系屡屡泛滥改道，洪灾不断，这也让中原地区的人民苦上加苦，对传统民居建筑也造成了严重的破坏。

进入 20 世纪后，军阀混战和日寇侵略中国的战争，无论是对人民生活还是对社会发展，都是雪上加霜，明清建筑几乎被毁坏殆尽。中华人民共和国成立之后，人民才得以安定生息。一方面，中原农村在几十年的发展中，随着经济收入的普遍提高，各地在农村民居的建设方面都有了长足的进展；另一方面，农村仅剩的为数不多且残缺不全的传统民居多为旧中国官宦人家、地主豪绅或资本家的财产，都在土改运动中或被散分给了农民，或被留作公用。前一部分，目前几乎无存；后一部分，虽然存留下来，但经过历史变迁，也已经所剩无几，而且破败不堪，随时都有倒塌湮灭的可能，以致其现在成为人们永久的遗憾。

改革开放之初，我国政治、经济、文化开始复苏，但在中原传统民居和古村落的保护方面，尚没有多少得力措施。而且，在经济发展的浪潮中，房地产行业异军突起，成为经济发展的主力军和财政收入的风向标。各级地方政府把城镇建设作为第一要务，这就导致在增加大量财政收入的同时，一个个传统古村落和古代优秀民居建筑在不知不觉中渐渐消失。特别是曾作为中原传统民居文化集中地的老城镇和城郊农村，在城市的扩建和新区的建设中，成为首当其冲的拆迁开发地。我们如今想要一睹中原民居中优秀传统古建筑的风采，得去山野僻壤才行。相关部门统计的数据显示，21 世纪之初，我国的自然村有 360 万个，十年后则只剩 270 万个，在一天时间内消失的自然村大概就有 80~100 个。中国文联副主席、国务院参事冯骥才说:“很多传统村落就是一本厚厚的古书，只是很多还来不及翻阅，就已经消亡了。”这也是我们中原传统建筑文化的现状，而且其情况比其他地区更加严重。无论是物质的还是非物质的，我们的优秀传统文化每时每刻都在不停地淡出人们的视野。

如今，要寻找那些古村镇民居的踪影很难，只有偏远山区等尚不发达的地方，还有些破屋残院，偶尔还能有保存得较为完好的古村落。正因如此，我们今天挖掘和保护优秀民居文化就显得特别重要。为了留存中华民

族民居文化之根，解析传统民居的基因图谱，让中华文化绽放更加耀眼的光彩，我们要只争朝夕，不遗余力。

三

让我们感到欣慰的是，进入 21 世纪后，对中华民族优秀文化的挖掘、保护、整理和利用工作日益受到国家的高度重视，也逐渐成为人民群众的共识。措施在逐步加强，成效在逐步彰显，形式也在逐渐走向多样化。特别是《中国历史文化名镇（村）评选办法》等规定的出台，加之在各地推荐的基础上，经专家评审并按《中国历史文化名镇（村）评价指标体系（试行）》审核，评选出“中国历史文化名镇（村）”。从 2003 年 11 月起，首批名单由建设部和国家文物局共同组织评选公布，到 2014 年 3 月，已评选出六批。统计六批目录，共计评选出 528 个中国历史文化名镇名村。其中，252 个镇被评为中国历史文化名镇，276 个村被评为中国历史文化名村。自评出第一批中国历史文化名村、名镇后，国家相关部门每年都下拨保护经费，对其进行专项维修和管理，并要求各地抓紧制定和完善相关政策，进一步理顺管理体制，切实做好中国历史文化名镇（村）的保护和管理工作。同时，各地方相关部门也加强了对中国历史文化名镇（村）规划建设工作的指导，认真编制保护规划，制订和落实保护措施，加强督察和责任追究，杜绝违反保护规划的建设行为，严令禁止将历史文化资源整体出让给企业用于经营等，使目前仅存的一些文化遗产得到了重视和保护，也让我们原本受伤的心灵得到了些许的抚慰和安然。

中原农耕文化研究是随着近年来党和国家对中华民族优秀传统文化的传承与发展越来越重视的时代潮流而提出的。因此，在中原经济区的建设中，对古村落与传统建筑文化的保护也随之得到了关注与重视。2011 年国庆前夕，建设中原经济区上升为国家战略。2012 年 11 月，国务院正式批复《中原经济区规划（2012—2020）》，自此中原经济区的建设有了纲领性的文件。中原经济区是以郑汴洛都市区为核心、中原城市群为支撑，涵盖河南全省及周边地区的经济区域，地处中国中心地带，是全国主体功能区明确的重点开发区域，其地理位置重要、区位交通发达、市场潜力巨大、文化底蕴深厚，在全国的改革发展大局中居于重要的战略地位。

《中原经济区规划（2012—2020）》提出了五大任务，其中之一就是要建设华夏历史文明传承创新区，即“传承弘扬中原文化，充分保护和科学利用全球华人根亲文化资源；培育具有中原风貌、中国特色、时代特征和国际影响力的文化品牌，提升文化软实力，增强中华民族凝聚力，打造文化创新发展区”。以中原经济区内的河南省为例，据统计，截至2017年底，全省的中国历史文化名镇、名村数量总计20个。其中名镇11个，名村9个，这与中原地区的中华民族农耕文化主要发祥地的身份和地位不相符。只能说，在挖掘、保护、利用和传承中原农耕文化、优秀民居文化方面，我们尚任重道远，责任弥艰。借用清华大学建筑系陈志华教授的话说：乡土建筑是摆放在子孙后代面前的一扇窗，清晰地投射出一方水土的前世今生。保护传统古村落和古民居，是每一个人，每一个中华儿女，每一个炎黄子孙光荣的责任和义务，而不仅仅是哪些人或者哪些组织的事情。我们每一个人所面对的，不单是那些濒临消亡的房舍古建筑，更是我们民族的文化、民族的基因、民族的灵魂。

2018年党中央一号文件中指出，必须传承发展提升农耕文明，走乡村文化兴盛之路。让农业成为有奔头的产业，让农民成为有吸引力的职业，让农村成为安居乐业的美丽家园。要让居民望得见山、看得见水、记得住乡愁。

努力践行习近平总书记的指示，为乡村文化振兴贡献微薄之力，正是我们编写本书的原因和目的。

贰

中原村镇布局

一 中原村镇的概念

村镇是传统农耕时代民众居住生活的基本聚落方式。中原村镇指中原地区的村落与乡镇。

（一）村落

村落是习惯上的泛指，也叫乡村、村庄。村落既可以指由各类村子共同组成的地域，也可以指某个自然村落。我们这里说的村落，特指非城市化地区，即中原地区世世代代沿袭下来的村庄，其居民以农业为经济活动的基本内容。在长期的生活中，乡村承载和积淀了浓厚的农耕文化，形成了中华民族文化的基石。中原地区是中华文明的重要发源地，其农耕文化影响着中国的大部分地方和大部分人群，也衍生出了纷繁复杂的文化种类和五光十色的文化现象。政治、经济、教育、科技、社会、民俗、习惯，甚至衣、食、住、行，无不涉及。它是中原农民世世代代赖以生存、繁衍生息的地方，是人们的生活之根和文化之根。离开了中原村镇，也就谈不上中原农耕文化。因此，我们首先要了解这个根，研究这个根，顺着中华民族文化的这个根脉，去体验中华民族的先民们丰富多彩的生活创造和文化传承。

根据当代社会的政治管理体制，中原的村落分为行政村与自然村。

行政村是由一个或数个自然村结合起来的行政单位，是中国最基层的行政组织、最微小的行政细胞。它是国家按照法律规定设立的农村基层管理单位，其组织形式为村民委员会，其管理机制实行村民自治、法制和德治相结合。一般情况下，根据自然村的大小和人口的多少，一个行政村可以管理一个自然村，也可以管理若干个自然村。行政村下设若干个村民小组，村民小组一般以自然村划分。为了方便管理，小的自然村可以是一个村民组；大一点的自然村可以被分为几个村民组。有一个自然村就是一个行政村的，也有一个自然村被划分为多个行政村的。

中华人民共和国成立之后，特别是人民公社化以后，中原农村和全国其他大部分农村一样，行政村被改成了生产大队，生产大队下辖若干个生产队，生产队又被分组。20 世纪 80 年代改革开放之初，人民公社解散，改为乡（区）建制。农村又恢复了行政村的名称。

行政村既是农村的基层管理单位，又是农村群众自治组织的区域依托。行政村与自然村的区别不只是规模大小的区别。二者的根本区别在于行政村建立村委会组织，并建立党的支部委员会（总支、党委）；而自然村只是建立村民小组，类似于人民公社时期的生产队。

自然村是农民日常生活和交往的地方，但不是一个社会管理单位，即自然村是在千百年中以家族、户族、氏族或其他原因自然形成的居民聚居地。中国各地村民对于其所在自然村的称谓大同小异，叫“村”“庄”的居多，另外还有诸多习惯叫法，诸如“屯”“营”“甸”“寨”“湾”“铺”等。

自然村的分布、形态、规模和建筑结构深受其所处地区各种主、客观条件的影响，如水源、气候、地形等自然地理条件，以及经济条件、民族风俗、生活习惯等社会因素。村庄布局、规模大小、分布疏密等因地而异。在人口稠密的平原地区，有数百数千，甚至上万人口的大村；而在深山老林，则多为分布稀疏、住户甚少的小村子，甚至是只有个别住户的孤村。

中原的村落萌生于原始部落，起源于旧石器时代中期。到了新石器时代，农业和畜牧业开始分离，以农业为主要生计的氏族定居下来，便出现了真正的村落。在中国，已发掘的最早的村落遗址属新石器时代前期，如浙江的河姆渡以及陕西的半坡等。按照经济活动内容，村落可被分为以一业为主的农业村、林业村、牧村和渔村，也有农林、农牧、农渔等兼业村落。这样的村落受地理条件、生活方式等的影响，是由村民经过长时间在某处自然环境中聚居生存而自然形成的；一般情况下，它只有一个或几个姓氏，其居民是每个姓氏同一个祖宗的子孙后代，有相同的血缘关系。村落具有农舍、牲畜棚圈、仓库场院、道路、水渠、宅地，以及特定环境和专业化生产条件下特有的附属设施等。比如在古时候的官道上，会因驿站、邮亭、店铺等形成自然村落，其中有的则发展为小城镇。在山里头或水岸边，也可能存在一两户人家居住几代后形成的一个个小村落。20 世纪 80 年代以来，因中国乡村产业结构的调整和商品经济的发展，不少自然村不仅限于单纯经营农牧业，还建起了小型工业企业、零售商业和服务业设施，有的还发展为经营非农产业的专业村。

（二）乡镇

乡镇是我国最基层的政府机构设置单位。它包含乡和镇两个地域概念，同时也是古代大村小镇的自然延续。

乡镇的一头连着城市，另一头连着农村，在农村乃至整个国家的经济发展中发挥着基础性的作用。从其性质和作用上来说，它是城乡政治经济密切联系的纽带；从地域上来说，它是城乡发展形式上的中间地带。

1. 乡级政权的沿袭变化

几千年来，我国乡的设置不断演变。“乡制”始建于西周，已有 3000 余年的历史。我国经历了“乡官制”“职役制”“自治制”等多次变革。

“乡官制”就是乡治为官治，乡官是官。据史载，西周初年，大小国家和部落多至数百个，周王朝为了加强对乡里的管理与控制，开始建立“乡制”。“五家为邻，五邻为里，四里为族，五族为党，五党为州，五州为乡。乡，万二千五百户。”此时的“乡制”规模较大，层级划分细致，注重“相保、相爱、相葬、相救、相周、相宾”等社会功能。“乡官”皆有品级。“邻长位下士，自此以上，稍登一级，至乡而为卿也。”

春秋后期，齐国郊内以五家为轨，十轨为里，四里为连，十连为乡；郊外三十家为邑，十邑为卒，十卒为乡，各设长正，以司其事。战国时，秦用商鞅变法，五家为伍，设伍老；两伍为什，立什长；十什为里，置里正。

秦朝时期，“乡制”历经重大改革，对后世产生了巨大影响。据史载，秦时“十里一亭，十亭一乡”。秦始皇合并六国、完成统一后，在全国实行郡县制，县下普遍设立乡、里两级基层组织。乡置三老、啬夫、游徼各一人，掌一乡事务，里有里正，里中人户仍沿前例编组什伍，以伍老、什长管辖，组织更加严密。朝廷授予地方官员一定的权力，即根据人口多寡可随时调整和变动“乡”的建制规模及员额编制，从而使后来的“乡”的建制规模越来越小，地位和作用逐渐降低。

两汉、魏晋的乡官体系皆因袭秦制。但“乡”的规模仅为500户左右，无法与周代的“万户之乡”相比。“乡官”隶属关系复杂，各自为政，肢解了基层政权的独立性和完整性。到中唐以后，随着均田制的废弛和两税法的实行，统治阶级内部结构发生了变动，原来实行“乡官制”的乡里制度已经开始向“职役制”转化。

南北朝以后，各代乡官的建置及名称屡有变化。北魏于太和十年（公元486年）立三长：五家为邻，立一邻长；五邻为里，立一里长；五里为党，立一党长。北齐十家为邻，五十家为闾，百家为族党，设党族、党副各一人，闾正二人，邻长十人，共领百家，并在城邑千户以上之处设里正二人，隅老四人。

隋制五家为保，保五为闾，闾四为族，“皆有正”。畿外设里正、党正，职同闾正、族正。唐代县下百户为里，五里为乡，设里正、乡耆。里下按村设村正，城邑每坊有坊正，皆各一人。五代后周以百户为团，每团选三大户为耆长。

宋初，以里正、户长、耆长等主持乡里事务。熙宁三年(公元1070年)令十家编一小保，五小保为一大保，十大保为一都保，分别设保长、大保长及都保正、副。后改为二百五十家一大保，下辖五小保，并参用户长、甲头等职。元代县以下为乡、都两级，乡有里正，都有主首。城市为隅、坊两级或隅一级，有隅主、坊主。此外，城乡皆立社，分隶都、坊之下，每社有社长一人。

明代为里甲制，以一百一十户为一里，里分十甲，各设里长（城关地区称坊、厢长)、甲首。洪武二十七年(公元1394年)里增老人一职，选里中50岁以上老人担任，三至五名不等。到了清代，开始实行保甲制，规定十户一牌，十牌一甲，十甲一保，设牌长、甲长、保长各一人，但各地的实际职名相当繁杂。另有乡约，按自然村聚落设置或与保长并置。民国时期，保甲制度依旧存在。

中华人民共和国成立后，人民政府在县以下设区或乡，大小没有规定，按历史上的管辖习惯或管理上的便利而定，因许多乡、区情况不同，所辖范围屡有析合。人民公社化后，公社成了县以下政府的基础设置；国家进入了改革开放新时期后，取消了人民公社建制，重新设立区、乡、镇政府机构。

2. 镇的产生与发展

乡和镇是同级行政单位。二者的主要区别在于规模与经济实力的不同，包括总人口、非农业人口、街区规模、经济社会指标等。大致来说，镇规模较大，人口较多，非农业人口比率高，工商业相对发达，经济实力较强。我国改革开放初对撤乡设镇的标准为：总人口在2万人以下且乡政府所在地非农人口在0.2万人以上，或总人口在2万人以上且乡政府所在地非农人口占全乡人口的10%以上，则改乡为镇。这主要是根据国民生产总值中工农业的比重以及居民数量等指标来设立的。因此，镇比乡经济发达，但两种建制的行政级别是相同的。乡的居民绝大多数为农村户口，即以农民为主；镇的居民大多数为非农户口(城镇居民)，即以市民为主。或者户口是农村户口，而实际上大部分已经是工商业经营者。特别是改革开放后，许多农民外出务工，或者在本地成了工商个体户或私营企业主，乡镇的人口成分发生了质的变化，这也为由乡变镇提供了实际上的可能。

3. 集镇

中原地区的乡镇同我国其他地区的乡镇一样，主要由集镇发展而来。

集镇一般是指建制市、镇以外的地方商业中心，既无行政上的含义，也无确定的人口标准。它是农村一定区域经济、文化和生活服务的中心。有的集镇本身就是乡、区人民政府所在地，自然也是政治中心。没有经县级人民政府确认为建制镇，是介于乡村与城市之间的过渡型居民点，由集市发展而成。按照我国农村的情况，除市、县人民政府所在地以及其他设镇的地点之外，县以下的多数区、乡行政中心也具有一定的商业服务和文教卫生等公共设施，并有相应的腹地支持，习惯上均被称为集镇。

农村集市商品交换起源于奴隶社会贸易初期。在手工业和农业分离之后，由于部落之间、农业生产者与手工业者之间的产品交换的次数增多，交换的规模和范围扩大，由原始的、没有固定时间和地点的交易场所，逐步形成有固定时间和地点的集市。在夏、商、周代，我国的商贸业就已经萌芽、产生和发展起来。《周易·系辞》中已有“列廛于国，日中为市，致天下之民，聚天下之货，交易而退，各得其所”的记载。中国南北朝时的农村集市被称为草市；唐代南方的墟、淮河以北的集、西南川黔的场，都是乡村的集市。

中国历史上集镇的形成和发展多与集市有关。宋代以后集市普遍发展，集镇也随之增多。乡间集市最初往往依托利于物资集散的地点，进行定期的商品交换，继而在这些地方渐次建立经常性的商业服务设施，使其逐渐成长为集镇。集镇形成后，传统的定期集市大都得以保留，这也成为集镇继续发展的重要因素。集镇在居民的经济生活中起着重要的作用，其职能是供应乡村所需的生产资料和生活资料，收购农产品，以及满足其服务范围内的居民对教育、医疗、娱乐等的需要，是城乡之间的纽带。

集镇是乡镇和城市形成的基础，是城市产生的土壤，是城市生长的摇篮，这是由集镇内部结构的主要特征决定的。集镇的商业街道居于核心地位，随交通环境和交易范围而扩展，逐步吸纳周围的人流、物资，成为地区商品的集散地。集镇的这种环境形态和经济职能兼有乡村和城市的特点，是介于乡村和城市之间的过渡型居民点。因集镇占据一定的交通位置，故其通过定期的集市和商品交换，逐步发展并建立起一些经常性的商业服务设施，在此基础上发展成为乡级政府的所在地，进而发展为镇的行政建制。

我国的许多城市都是从乡村、乡镇发展起来的，甚至到现在，其名字依然带着乡镇的烙印，如河北省的省会石家庄市，中原的地级市驻马店、周口等。

二　中原村镇的选址

村镇的地址选择在中原的古代村落建设中非常重要，它决定着村镇的方方面面。人们甚至认为地址的选择决定了村子能否长期生存和发展，也决定了人口能否繁衍与兴旺。在不同的建村条件下，依建村者的需要、能力，可能有不同的选择。

（一）依山而建

村镇的地理位置靠近山岭。按照中国古代的住宅位置要求，在浅山区或者丘陵地带，面南向阳的坡地是比较好的选择，这叫“负阴抱阳”。这是因为中国古代水患频繁，躲避水患成为人们的第一要务。中原地区为典型的大陆暖温带季风气候，夏热冬冷，四季分明。每到秋冬季节，西北、东北寒流就会按时袭来；到了夏季，多雨易涝，且比较潮湿，在人们农耕技术水平低、生活条件贫困的情况下，背风朝阳的地理位置自然就成为建房立村的首选。

依山而建的小山村（王志军摄于河南省光山）

（二）依水而建

中国古代有句俗语叫“靠山吃山，靠水吃水”。依水而建的村镇住宅和依山而建的村镇住宅都是在大自然的条件下做出的优化选择。特别是中原地区，在古代农耕时代甚至更早的渔猎采集时期，靠近河湖滨水而居都是为了生活方便，易于得到食物，易于发展农牧渔桑生产。有的地方还能滨岸靠港，在水边建造码头，获得航运之便，解决陆上交通不便的困难。当然，在水一方容易受到洪水的侵袭，因而依水而建的村镇选址和依山而建的村镇一样，多在朝阳的一边。水在五行中代表财气，有水就有灵气；而水又是阴柔的象征，所以要以阳气来融汇，阴阳相济，方为福地。因此朝向太阳是再好不过的了。山南为阳，水北也为阳，位置不同，但选址理念是一样的。

依水而建的村落（王志军摄于河南省新县）

可以说，在中国古代，不但村民在选择村镇房址时青睐依山傍水的实用价值和审美感受，就连文人雅士，也对青山绿水之间的土屋茅舍情有独钟。这样的建筑审美情趣影响到整个民族，从乡间住宅到深宅大院、官府皇宫、道观寺庙等，无不把依山傍水之地作为建筑选址的首选，这成为中国建筑美学中浓墨重彩的一笔。

元代杨朝英的《双调·水仙子》，可以代表古代人们崇尚依山傍水田园生活的心情：

依山傍水盖茅斋，旋买奇花赁地栽。深耕浅种无灾害，学刘伶死便埋，促光阴晓角时牌。新酒在槽头醉，活鱼向湖上买，算天公自有安排。

六神和会自安然，一日清闲自在仙。浮云富贵无心恋，盖茅庵近水边，有梅兰竹石萧然。趁村叟鸡豚社，随斗牛儿沽酒钱，直吃到月坠西边。

该词把田园清闲自在的生活描绘得非常潇洒美好，这也是历代文人墨客常常向往的。

（三）依城镇而建

依城镇而建的乡村，多是为了生活之便、贸易之利。此类乡村为发展集市贸易做准备，是乡村贸易与城市贸易的过渡地带。

这样的农村集市大多地处城市近郊或依傍水陆交通要道。这里较易受商业刺激，商品交换容易发展。在私有制社会里，农村集市贸易是以个体生产者的广泛存在为基础的，因此它是生产力不发达、商业比较落后的情况下必然出现的贸易形式。在资本主义之前的历史阶段中，农村集市是小生产者经济联系的集结点。在封建社会后期，随着农村商品经济的发展，农村集市有了明显的发展，不仅出现了更多插足于小生产者之间的小商贩，利用不同集市之间的供求和价格差异或根据城市市场的需要进行贩运，而且出现了商业资本。到了现代，这种古老的贸易形式大多已经为现代商业所代替。

许多依城镇而建的乡村都具有位置优越、交通便利、集市贸易发达的特点。相对于偏远乡村而言，这里的村民商品意识会更强，家庭收入也会更高一些。

（四）依官道而建

官道，是指古代城市与城市之间连接四面八方的大道，一般用于朝廷、官府传送文书情报的邮路驿道，运输物资的商贸通途，类似于今天的公路、铁路运输“国道”。官道上一般每隔数十里设一驿站或邮亭。如今，这些驿站或邮亭多数已经发展为中小城镇，特别是县城，许多都是由当时的驿站发展而来的。

村镇依官道而建也是中原农村常见的选址模式，是在各个中心城镇的发展中自然而然形成的。特别是集镇贸易的发展，就如同一颗颗由银线串起的珍珠，促使官道沿线村镇的建立。村镇的村民或设点收购，或批发零售，促进当地商业的繁荣。这种贸易的参加者主要是农村集市所在地及其附近的农民、手工业者和其他乡村居民。他们之间的买卖活动是生产者向消费者的直接出售，是生产者之间的商品交换，是一种简单的商品流通形式。除此以外，参加者还有小商贩以及其他生产者和消费者。在此同时，有的农村集市所在地还出现了固定的商业街道，并逐步发展成农村集镇（或称市镇），成为周围集市的中心。

（五）背风朝阳而建

背风朝阳建村，是中原地区村镇选址的重要方式。这是因为中原地区为大陆暖温带季风气候，一年之中四季分明，在秋冬季节，西北、东北风凌厉异常，特别是大风雨雪天气，常常给人们带来灾害。如果在高坡南面向阳的地方建村，就会减少北风的肆虐。在平原地带，虽然没有山环水绕，但也要结合地势的高低起伏，按照阴阳五行的要求，选取较好的位置。一般来说，选取新址的主人都是家族的族长或一家之主，他们都盼望新址给家族和后人带来福祉和吉祥，使家族中人才辈出，财运兴旺。在中原地区的丘陵地带，背风朝阳的村镇比较多，就是这个道理。

（六）依便利耕作而建

我国是一个古老的农耕国家，受农耕文化的熏陶，有着浓厚的农耕情结。特别是后来受到先秦文化、儒墨道思想的影响，人们奉行“耕读持家”，也是以“耕”为先。在以农耕为本的传统思想的影响下，许多自然村把有利于农耕劳作作为建村立宅的第一条件，在中原农村的平原地带更是如此。一般来说，要达到视野开阔、就近耕作、利于收获、便于运输收藏、免于洪水侵害等条件，就要多在开阔顺达且地势略高的地方选址。

三　中原村镇的布局

村镇位置一旦选好，紧接着就是布局（规划）与建设。但实际上，由于中原古代始建村镇时受时代、能力、人员、条件、技术等限制，除了极少数实力雄厚的家族大户或官宦人家之外，一开始就做好村镇规划的并不多。多数村镇都是随着祖祖辈辈的不断发展和完善，由小到大逐渐形成最后的合理布局。

（一）街巷

街巷之名由来已久，“街”字的本义是指四面相通的道路。周王城街宽以车轨数计，干道宽九轨，顺城街宽七轨。在春秋战国时期的城市，坊间道路称街，坊内道路称巷。汉代称城市干道为街，居住区内道路为巷。据《考工记》记载，唐长安城街宽分九级，分别相当于现在的150、130、120、110、70、60、50、40、25米，坊内十字街宽约15米，小巷宽约2米。

在中原地区，村镇中的主要道路也称街，通向大街的小道称巷子或胡同。只不过，中原村镇中的街道里巷一般比较狭窄，大街能过牛马车辆，小巷能过行人挑担即可，这完全是出于实际生活考虑。如果是毗邻官道或形成集市的村镇，街巷可能会相对宽一些。较小的村子，一般都是村中一条主要街道，住房院落沿街道两边逐渐延伸；较大的村子，会有十字交叉的东西、南北大街；再大点的村镇，会有“井”字形、“田”字形的街道布局，这样的村镇为数不多，能形成这样的规模的一般都是乡镇机构所在地，或是历史上曾经有官宦人家或大族世家居住之处。

在中原地区的小城镇里，历史上里坊制的城市规定，只有重要衙署、寺观和府邸才可在坊墙上对正大街开门，因此街道两侧一般都只能看到坊门、坊墙、行道树和少量宫观府第。街景整齐宽阔，但很单调。街巷制的城市则沿街设店、建宅，十字路口建钟鼓楼，跨街建牌坊，道路逐渐因被侵占而变窄，繁华街景随之出现。而在村镇之中，则没有这些烦琐规定，但也没有特别繁华，因为这里住着的都是一个或几个家族，自然有着本家族的宅院分布要求和习惯，大家随居而安，世代和睦相处。

（二）庭院

庭院指正房前的空地，用于一家人的活动，也可以堆放农具和柴草、晾晒衣物等，中原村镇民居中的庭院也俗称院子。《玉篇》中说，“庭者，堂前阶也”“院者，周坦也”。村镇就是由这样的一个个院子组成的。庭院是一座建筑的重要组成部分，因而也格外受到重视。由中原庭院建筑发展而来的四合院是中国城乡居民最青睐的建筑模式。

中国是世界四大文明古国之一，中原又是我国历史上的中心，是中华民族的重要起源地之一，有着悠久的历史。中原的劳动人民用自己的血汗和智慧创造了辉煌的中国建筑文明。中国的古建筑是世界上历史最悠久、体系最完整的建筑体系。从单体建筑到院落组合、城镇规划、园林布置等，在世界建筑史中都处于领先地位。它们既具有遮风避雨、满足人们日常生产和生活的实用功能，也具有表达某种崇敬和信仰，以及划分社会尊卑等级的精神功能。而这些建筑模式和艺术，许多是由中原地区传向四面八方的。中国建筑独一无二地体现了“天人合一”的建筑思想，因而其在中国传统文化中占有较重要的地位。无怪乎历史上的许多文人对自己的居所庭院都情有独钟。《南史·陶弘景传》说陶弘景特别喜爱松风，庭院皆植松，每闻其响，便欣然为乐。宋代辛弃疾《满江红·暮春》词：“庭院静，空相忆。”清代龚自珍《鹊桥仙·秦淮有访》词：“今朝不见，胜如重见，庭院暮寒时节。”从这些文人墨客的诗词中，我们可以看出，中国古人对自己的庭院是多么重视和钟爱。

（三）水道

水道设置是村镇建设中的重要方面。较大的城市中都有排水系统，如汉长安城的大街分三条道，中央御路宽约 20 米，两旁道路各宽约 12 米，左入右出，中间隔排水明沟，道旁植杨树。唐长安城大街植槐树为行道树，也筑明沟排水。汉、唐都城都是土路面。宋代南方的一些城市出现砖铺路面。但元大都城街仍为土路，石砌明沟排水。明、清时期北京城也是土路，只有局部御路铺砌石板，并由明渠暗沟和排污河组成庞大的排雨、排污系统，与护城河相通。在 2016 年夏季的特大暴雨中，北京的其他地方积水成灾，而故宫的明清排水系统却依旧在发挥作用，甚至让现代的大型排水排污设施也相形见绌，这使我们不得不佩服古人的智慧。

大小村镇中同样需要排水排污系统，它是防止水患、排走污水的必备设施。而且，在许多古村落里，自古延续下来的排水设施在历代的雨水泛滥之中，已然经受了数百年的考验。与城市排水系统不同的是，一般情况下，村镇的排水多在地表。在雨水充足甚至暴雨泛滥时，雨水会从高到低顺势而下，排到村外河道或村内专门设置的坑塘中，避免冲毁或浸泡房屋院墙和田园庄稼。污水水道一般顺暗道（俗称“水道眼儿”）流向茅房（厕所）或粪坑，用于集中泡沤农家肥，形成环境保护的良性循环。近年来，随着文明村镇的创建和美丽乡村建设的开展，农村排水排污也有了更高的要求和更为科学合理的安排，如明水道改暗水道，生态排污去污工程等。

（四）坑塘

在中原农村，几乎每个自然村都有一个或几个坑塘，这是全村排水系统的配套设施。坑塘是全村人的公共设施，归家家户户使用。一般情况下，坑塘的位置设在村子旁边比较低洼的地方，因为坑塘是村中水道的最下游，是全村雨水的归流集结处。当然，人们也会把坑塘的位置与风水理论联系起来，讲究山水脉理与聚气汇财。

坑塘的主要实用功能有四点：一是汇集全村的雨水，使村镇免受水害；二是为预防火灾而储存雨水；三是储存全村洗衣、沤麻、生产等生活用水；四是为防备旱情而储存备用水源。随着时代的变迁，现在农村原有的坑塘多被填平，用以盖房，因此如果现代排水系统未能得到完善，也会留下一些隐患。

（五）公井

在中原村镇中，公井是为全村人饮水所用而掏挖的，故称为公井。小村中会有一两眼公井，大村中则会有更多的公井。若水质相同，公井一般在村里依周围住家人口数量较平均的原则来安排，当然，必须首先考虑是否有较好的地下水。如果村里的地下水质不同，那一般就把公井设在水质好且水源丰富的地方。公井有土井、石井、砖圈井，现在有水泥管井等。大多数村镇会在公井上加上辘轳或者水车。20世纪中期，中原农村兴起压水井，家家户户都在自家院子里打了压水井，公井才逐渐被废弃。近年来，有的地方又兴起了电泵井，继而安上了自来水，于是公井基本退出农村居民的生活视野。

在为数不多的豪门大院里，也会有专供一家或一个家族使用的私井，如在洛阳孟津康百万庄园，就有数口私井。其中有一口井，虽在康家大院，但井的所有权却归叶姓，因为该井所处宅院原来归叶姓人家所有。随着康家家业的扩大，康家就把该处宅院卖给了康家，但在买卖契约上，明确注明该井永远归叶家所有。康家只可以取水，而不能占有水井的所有权。原因是古代人讲究五行风水，而水为财源，是不能轻易交与他人的。康家作为豫西第一富商，深知与人方便亦是与己方便的道理，奉行和气生财的经营之道，也理解叶家的心情，于是慷慨答应，从而成就了人与人之间和睦相处的一段佳话。

（六）场院

场院是中原农村的一大特色，一般在村边较高的空闲地方，依需要决定场院的大小。同时，场院还要靠近坑塘、河流或公井，以此来预防水淹和火患。场院的作用主要是收打、晾晒粮食。在中原农村，以小麦、大豆、谷子、玉米、高粱等农作物为主。在焦麦炸豆的夏秋收获季节，需要集中时间尽快收割粮食，脱粒入仓，因此场院发挥着重要作用。仅仅靠一家一户的场院并不能满足收打庄稼的需要，一个村子一般都有一个或多个规模较大的公用打麦场（或叫打谷场），磙碾打扬，剥壳脱糠，都需要在这里完成。收获之后，还要把麦秸、谷杆、薯穰打垛起来，作为牛马驴骡一年的草料。

在大的场院或打谷场，特别是在古代大家族或20世纪生产队的打麦场周围，会栽上泡桐、国槐、白杨之类树冠较大的树木，用于夏季人们歇息时遮阳。场边还要盖上几间屋子，用于放置叉耙、扫帚、牛笼嘴、木锨、牛套、驴夹板等农具家什。有的还把牲口屋就近设置在场院周围，方便在收打庄稼时使用。旧时村子的大场院有的还兼有家族举行祭祀、集会等活动的功能。在人民公社大集体时期，生产队常常会在打麦场里开会，或搞一些庆典、选举、娱乐、学习等活动，那时的场院，甚至是村民们的政治、经济、文化中心。刘方计曾在其《农村场院的记忆》中生动而细腻地描绘了农村打麦场的景象和往事，记述了20世纪，特别是在80年代以前，在农村长大的人的共同经历，留下了场院的时代记忆。那些文字深深地撩动那代人心头一抹绕不过去的乡愁。

（七）宗祠

宗祠，又叫祠堂，即各个家族的家庙。中华民族是世界上最早有祖先崇拜传统的一个民族，直至现在，也是世界上对自己的祖先最为崇敬的民族。崇拜祖先并立庙祭祀的现象在原始社会后期即已存在。每个家族往往都有一个场所用来供奉已故祖先的神主牌位，其目的就是思本追源、行孝崇德。宗祠一般建于宗族聚居地的附近，便于举行祭祀活动。在每年的春秋二祭和重要日子，由族长率领族人共同祭祀。所以，旧时每个家族都会有其宗祠，一些宗祠还有堂号，用以告诫族人不忘根本，让子孙每提起自家的堂号，就会知道本族的起源，记起祖先的功德。如杨姓家族的“弘农堂”或“四知堂”，前者是指杨姓的郡望，后者则是指杨姓的祖先汉代廉吏杨震的廉风美德。

关于宗祠家庙，古代有严格的规定。《礼记 · 王制》载：古代天子建七庙，诸侯五庙，大夫三庙，士一庙。《汉书 · 张禹传》载：禹年老自治冢茔，起祠室。一般平民是不能建家庙的。至明代，明世宗采纳大学士夏言的建议，正式允许民间皆得联宗立庙，在建筑规制上要体现出礼尊而貌严。从此宗祠遍立，祠宇建筑到处可见。所以自南宋到明初，祠堂一般都是家祠。特别是自明清以来，祠堂成了供设祖先的神主牌位、宗族祭祀先祖、举办宗族事务、修编宗谱、议决重大事务的重要场所。有的地方，族人的冠礼、婚礼、丧礼也都在祠堂举行。

在封建时代，祠堂在一定意义上又成了族内“衙门”，具有一族“公堂”的性质。有的宗族规定，若族人之间或族人家庭之中发生了争执，都要到祠堂中裁决。这样做的用意就是各自要面对祖宗神灵，实事求是地把自己的理由讲出来，听候族长的裁决。在偏远的地方，宗法势力浩大，宗祠甚至能决定处罚或处死本族犯规越礼、大逆不道的家族成员。随着社会文明的进步和国家法律的约束，这样的事情才逐渐被杜绝。

宗祠还是慈善、救济的场所。平时家族中的一些富裕的人家，或者有了好事的家庭，如婚嫁、生子、发财、升职、乔迁等，都会到祠堂里奉告祖先，拿出一定的钱财捐到祠堂里，供有需要的家族成员救急。比如，贫穷的家庭老人去世，买不起棺材，可以使用祠堂里的常备棺木；生了孩子，也能到祠堂里领取一份喜钱。祠堂是维系家族关系的纽带，在中原农村，目前还有一些村镇依然保留着旧宗祠，或者修建了新宗祠。但是，其作用已经与古时大不相同，它已成为尊崇祖先的一种传统文化设施。

《红楼梦》第五十三回描写了贾府宗祠祭祀的场景：宁府西边另一个院子，黑油栅栏内五间大门，上悬一块匾，写着是“贾氏宗祠”四个大字……进入院中，白石甬路，两边皆是苍松翠柏。月台上设着青绿古铜鼎彝等器……里边香烛辉煌，锦帐绣幕，虽列着神主，却看不真切。只见贾府诸人分昭穆排班立定：贾敬主祭；贾赦陪祭，贾珍献爵；贾琏贾琮献帛，宝玉捧香，贾菖贾菱展拜毯，守焚池。青衣乐奏，三献爵，拜兴毕，焚帛奠酒。礼毕，乐止，退出。这也是其他家族的祭祀模板，区别只在于场面大小不同罢了。

祠堂的建筑非常讲究“风水”，通常是在祖先最先居住的地方将旧房改建成祠堂；一些家族建宅时，往往先建祠堂。一些单姓小村落，无力筹建大祠堂，便在村前选址设牌位，供祖先。祠堂一般多位于正寝（前堂）东侧，讲究的是三间二外门。正大门平时不开，只在春秋二祭或族人议大事时开启。正厅外，有储藏祭器、遗书的小房子，环绕成一个独立的建筑群。普通的祠堂只有一间正厅，正厅内设神龛，龛中置一个柜，内藏祖宗牌位，称“神主牌”。神位依次为高祖考、高祖妣及考、妣的官位、姓名、字号。每龛前各设一矮长桌，用以摆放祭品。在一些宗祠里，凡本族新添男丁都要贴张红纸在柱上，上书 ××× 长子（或次子等），取名 ×××，以示到祖先面前报到。平日祠堂空屋可借给家无住房的族人居住，有的族人灵柩也寄放在祠中。族人去世，则送香灰入祠。外出族人来谒祖寻根时，必先到祠堂祭拜，而后包上祠堂的香灰及家乡的泥土带走，以示不忘根本。族内青年结婚，也需要到祠堂拜告祖宗。

（八）神庙

在古代，由于生产力低下，科技不发达，人类将许多无法解释的社会现象和自然现象归于鬼神作用，认为自然界的日、月、星辰、风、雨、雷电、山河等都各有其神，支配着作物生长与人间祸福，并根据自己的想象创造了各路神灵，以祈福纳吉，消灾弭祸。历史上的统治者为巩固统治地位，也大力宣传“天授神权”，让民众相信统治者的一切行动都是按照“天”的意志，是不可反抗的。此外，因为人们崇尚祖先，认为祖先是神圣的，帝王为表示和祖先与各种神祇之间的联系，还在都城及城乡各地都修建了大批祠庙建筑。

村头小庙（王志军摄）

关于寺庙的称谓和作用，有一个长期演化的过程。秦代通常将官舍称为寺。到了汉代，西方佛教东渐，朝廷就把接待从西方来的高僧居住的地方也称为寺。从此之后，寺便逐渐成为中国佛教建筑的专称，是佛教传到中国后，中国人为尊重佛教，对佛教建筑的新称呼，如白马寺、大相国寺等。蒙古语称“寺”为“召”，如大召、五当召。

道教是中原地区的原始宗教。创立道家学派、撰著《道德经》的老子李耳就出生在中原地区的苦县，即今天的河南鹿邑，他被道教尊奉为祖师。在道教中，神庙的称谓也有很多：道教创立之初，其宗教组织和活动场所皆以“治”称之，又称为“庐”“靖”，也称“静宝”。在南北朝时期，道教的活动场所被称为“仙馆”。北周武帝时，道教的活动场所叫“观”，取观星望气之意。到了唐朝，因皇帝认老子为祖宗，而皇帝的居所被称为“宫”，所以道教建筑也就被称为“宫”了。其他还有叫“院”“祠”的，儒家则称之为“庙”“宫”“坛”，如孔庙、文庙、雍和宫、天坛等。

中原地区的神庙很多，最多的要数主持正义的关帝庙、主管风雷雨电的龙王庙、主管钱财的财神庙和主管一域的土地庙。到了汉末，佛教进入中原，便又有了供奉释迦牟尼的寺庙。唐宋时期观音汉化之后，女相观音逐渐深入人心，千手千眼观音、白衣观音、滴水观音和龙头观音等形象更受人们喜爱。因此，中原地区的观音寺庙、殿堂更是遍布城乡，甚至达到“无寺无大悲，无庙无观音”的盛况。有的家庭也特设观音灵位，方便早晚供奉。

也有一些公祠，如供奉老子的道观和供奉孔子的文庙，祈求平安、吉祥、丰收的城隍庙，火神庙，腊八庙等。还有各地用以奉祀山水的地方，如中岳庙、西岳庙、南岳庙、北岳庙、岱庙等，以及祭奠前代贤哲的地方，如武侯祠、韩文公祠、屈原祠、包公祠等。

（九）牌坊

牌坊，《现代汉语词典》里对其的解释是“形状像牌楼的建筑物，旧时多用来表彰忠孝节义的人物”。有一些牌坊是宫观寺庙用来作为山门的，还有的牌坊是用来标明地名的。牌坊也是祠堂的附属建筑物，昭示家族先人的高尚美德和丰功伟绩，兼有祭祖的功能。

牌坊（王志军摄于河南省社旗）

牌坊是由棂星门衍变而来的，起初被用于祭天、祀孔。棂星原作灵星，即天田星。为祈求丰年，汉高祖规定祭天先祭灵星。宋代则用祭天的礼仪来尊重孔子，后来又改灵星为棂星。牌坊滥觞于两汉，成熟于唐、宋，至明、清登峰造极，并从实用建筑衍化为一种纪念碑式的建筑，被极广泛地用于旌表功德、标榜荣耀。牌坊不仅被置于郊坛、孔庙，还被用于宫殿、庙宇、陵墓、祠堂、衙署和园林前主要街道的起点、交叉口、桥梁等处，景观性也很强，起到点题、框景、借景等作用。

就建造意图来说，牌坊可被分为四类：一类为功德牌坊，为某人记功记德。例如山东省桓台县新城镇的“四世宫保”牌坊，是明朝万历皇帝为当时新城人兵部尚书王象乾所建。王象乾文韬武略，威震九边，加功晋爵太子太保，追赠曾祖父、祖父、父亲太子太保、兵部尚书之衔，故额题“四世宫保”。二类为贞节道德牌坊，多为表彰节妇烈女。安徽歙县有许多这类牌坊。在豫西沟沟壑壑邙山深处的巩义市河洛镇石板沟村，也建有两座为旌表女性贞节而立的清代节孝牌坊，一座为“孟氏节孝坊”，另一座为“康氏节孝坊”。两座牌坊建筑精美，保存完好。三类多为家族牌坊，以彰扬科举成就，为光宗耀祖之用。四类为标志坊，多立于村镇入口与街上，作为空间段落的分隔之用。中原乡村的牌坊，大多是后三种。

（十）寨墙

在中原农村，有许多土寨甚至石寨，也有许多以寨为名的村子，如孙寨、高寨、水寨、孟寨、三义寨、西姜寨、陈寨、李寨、红石寨、老婆寨、临沣寨等。

寨的前身叫保（堡）、聚、坞，形如城墙。用砖石夯土围之者名砦，用木栅栏围之者名寨，后渐渐统一为寨。中原地区除豫西山地外，大都缺林木、少山石，多以夯土或堆土筑寨。围绕居民点挖沟，用挖出来的土在内侧筑墙，沟愈深而墙愈高，壕堑与寨墙、城与池同时完成，便捷高效。我们现在还能看到的寨墙基本上都是这样建成的。

河南省禹州市神垕古镇（耿亚伟摄）

寨的作用有两个。一个作用是军事防御。平原地区无山沟峁梁等天险可以凭借，每一个村镇都属于易攻难守的“四冲之地”，每一次易主都是对居民点及居民的一次浩劫。在战乱年代，特别是在冷兵器时代，构筑寨墙，深沟高垒，不失为十分有效的自我保护手段。凡是乡村以寨为名的，说明其在历史上曾经有过寨墙。中原地区的寨子多用篱笆或土、石、砖墙把村子围起来，给来自外面的进攻力量造成阻碍，而寨里的人却可凭借寨墙对进攻者实施有效打击。豫西地区石寨较多，筑寨盛行是在清末和民国时期，因为那时社会动荡，战乱纷起，土匪蹚将肆虐，老百姓为了保全身家性命，财主们为了保护家财，各村自发建起寨墙作为保护措施。这种古老的防御工程在历史上对防匪避乱确实起到了重要的作用。

寨子的另一个作用是防水患。在平原低洼地区的寨子，一旦洪水泛滥，村民可以依寨拒险。如平顶山市郏县堂街镇的临沣寨，红石到顶，结实壮观，已经有几百年的历史。其村三面为平原，一面临汝水。在雨水盛的年头，经常发水。明清时代的朱家大户，亦官亦商，经数代努力，将其建成如今可见的规模。其寨三面设门，现为中国历史文化名村和国家重点文物保护单位。这座寨墙及寨内的明清建筑堪称中原农村民居的博物馆。

中原地区的寨子，也有叫土围子的，是指那些低矮的土寨；还有叫水围子的，实际是以深沟为屏障，也叫护庄（村）濠；石围子是规模不太大的石头寨；而在铁藜寨中庄园大户在庄园周围栽种上一种叫作铁藜的树，此树枝条茂盛多刺，结实如铁，相互交叉盘绕，可达四五米高、两三米厚，既能挡风遮光，又能防匪防盗。襄城东北十几里处的冯庄杨姓族宅原有铁藜寨围绕，唯大门可以出入。有一年土匪围抢，一夜未能攻破，天明只好悻悻离去。人们白天在铁藜寨附近发现，土匪的子弹都被铁藜树的枝条碰落在地上了。

（十一）戏台

在中原村镇的建筑中，戏台也是重要场所之一。它是戏曲演出的专用场地。从最早出现的“露台”到金代三面观的戏台，至元代，戏台分前后场已经非常普遍，这是戏曲完全成熟的重要标志。它的出现与变化既从侧面反映了戏曲艺术的兴起和演变，也代表着乡村文化的繁荣。在一些以历史文化闻名的村落里，几乎都有古戏台、戏楼或其遗址留存。

古代的戏台基本为木结构建筑，按高度大致可被分为单层、双层两种类型。单层指戏台被建在一个台基上，台基一般高 1 米左右；双层指戏台被建在通道上，通道多为山门，高约 2 米。戏台按开口角度可被分为一面观、三面观两种类型，亦有介于二者之间者。

戏台结构多在四根角柱上设雀替大斗，大斗上施四根横陈的大额枋，形成一个巨大的方框，方框下面是空间较大的表演区，上面则承受整个屋顶的重量，这种额枋的建筑形制对需要开间较大的舞台是十分有利的。戏台两侧后部三分之一处设辅柱一根，柱后砌山墙与后墙相连，两辅柱间可设帐额，把舞台分为前台和后台两部分，前台两边无山墙，可从三面观看。也有戏台将两面山墙全部砌起，这样一来观众也就从三面观看变成从一面观看了。这种构造方式在明清以后的戏台上基本得到了沿袭，只是后来人们把前台台面加宽，台口分为三开间。

古代戏台一般在大的祠堂前或庙宇前，现在多在村头、村中的广场上。戏台既是村民的文化活动场所，也常常是一个村子里多种集体活动的中心。

叁

村镇民居类型

自从我们的祖先从树巢、洞穴中走出来，逐渐建立起人类的生活体系之后，居住就成为人们生活中的一件大事，直到现在。在不断的发展中，人们创造出了多种居住形式，发展出了各种民居风格。中原地区是中华民族文化的核心起源地，民居文化伴随着农耕文化大步走来，又随着民族的发展与迁徙流散各地。因此，在全国大多数地区，我们都可以看到中原民居文化的影子。传统的中原民居有多种类型，如草房、瓦房、石板房、石垒房、窑洞，还有现代的各种机制瓦房、砖混房以及水泥平顶房等。

一　草房

中原地区的草房一般用黄稗草、茅草、谷草或麦草作为房顶面的建筑材料。文王羑里演八卦居住的以及杜甫《茅屋为大风所破歌》中所指的就是这种草房。诸葛亮先随叔父流徙平顶山下湛河之滨，后隐居南阳卧龙岗躬耕田亩，因为刘皇叔三顾茅庐而出山。这里的茅庐也是这种草房。因此，草房是人类最早的居住形式之一，是继树巢、洞穴之后的主要建筑样式。直到今天，在偏远山区乡村还偶能得见草房。在几千年的发展中，各地草房形态各异。按照屋墙的材料，可被分为夯土墙草房、垛土墙草房、土坯墙草房、石头墙草房和原木墙草房等；按照样式，其可被分为两坡式、三坡式、四坡式和圆顶式。还有一种半地下半地上的草房，在有些地方被称为"地窨子"。

（一）夯土墙草房

夯土墙是中原地区最古老的筑墙技术之一，按现在的说法，是夯土版筑技术打成的土墙。

夯土墙草房（王志军摄）

所谓夯土版筑，就是用夹板、铁杵或木杵将黄土用力夯打密实，使其变硬，将之作为支撑房顶的墙体，房顶以草覆盖。用这种方式建造起来的房屋叫夯土墙草房。

夯土造屋早在殷商时代就有了。从考古发掘来看，我国这种夯土技术的最古老的遗例，是在河南省汤阴县一个叫作白营子的地方。在四千多年前的大禹时代，人们不仅利用这种技术建造城池宫殿，而且将其用于修堤筑坝，治理水患。在公元前11世纪的商代，这种技术被广泛应用于各个领域，许多规模宏大的宫室和陵墓都是用夯土技术建造的，特别是夯土台基，当时已成为建筑物的必有通式。这也是现代考古工作者研究古代建筑、陵墓的重要依据。

河南省安阳、郑州等三千余年前的城池宫殿遗址都是利用夯土技术建造的。郑州的商城遗址四周总长6960米，采用分段版筑逐段筑成，质地相当坚固。伴随着汉民族的迁徙，这种夯土技术从黄河流域跨过扬子江，向江南地区传播，直到福建省西南部、广东省东北部、江西省南部的山区农村。从唐代开始，福建、广东、江西的夯土技术逐渐发达，到了明代，福建西南部山区农村造房屋都以黏土为主要建筑材料，并利用夯土技术建造。此时这种夯土技术达到了巅峰水准，建造的楼房一般皆为三四层，高的达五六层，有的高度超过 20 米。

北宋李诫编修的《营造法式》就专门对夯土墙的标准做了明确规定："筑墙之制，每墙厚三尺（1 尺＝0.33 米），则高九尺，其上斜，比厚减半；若高增三尺，则厚加一尺，减亦如。"而现在福建大部分建于明清时期的土楼都是中原夯土版筑技术经几千年的经验积累而得以改良的技术结晶，是夯土文明最高成就的实物。这种夯土墙的技术水准达到了高度与宽度之比为 25∶1 的登峰造极的境界，可谓是对古代建筑技术的一大贡献。

（二）垛土墙草房

垛土墙是中原地区的另一种墙体工艺，一般是把黄土或黏土用水和草混合后，使其成为浓浓的泥团，再用铁叉一叉一叉地垛起来，待其逐渐干燥凝结后，再继续添加。这种墙体比夯土墙更结实，更能经得起风雨的剥蚀，因此在中原农村民居中也被广泛使用。垛土墙出现得要比夯土墙晚，应该是铁器被广泛使用后的建筑样式。墙体垛好后，经过一段时间的晾晒变得结实，就可以打造屋架，缮压房草。用这种方式建造的房屋叫垛土墙草房。

（三）土坯墙草房

土坯墙是用土坯一层一层垒起来的土墙，必须先准备材料，即脱土坯。土坯晒干后，用于垒墙。它的好处是，可以一鼓作气垒成墙体，缩短筑墙的时间，不用像夯土墙或垛土墙一样打一截停几天，等稍干后才能接着打。土坯墙草房在中原地区的乡村中曾是比较常见的传统建筑，特别是在豫东、豫中的乡村，大多采用这种方式。在如今的农村，土坯墙草房已经很少见了。

（四）石头墙草房

石头墙草房一般是在山区就地取材而建，在中原地区的伏牛山、太行山、大别山等山区均有，但形式也有所差别，如在豫南信阳地区的大别山区，蓥、谷草、麦草缮盖屋顶者居多。石头墙草房一般是中间起脊，有

土坯墙民居（王志军摄）

两面、三面、四面坡。石墙有干茬墙、片石垒墙或粗石垒墙等。干茬石墙一般有缝隙，为了避风，房主会在里外抹上泥巴或沙灰，即用石灰拌砂石和成的泥巴。山区也有技术高超的石匠，如在鹤壁市淇县、浚县山区的古村落里，有些古建筑虽为草房，但石墙材料讲究，做工精细，灰线细而均匀，让人叹为观止。

（五）原木墙草房

原木墙在平原地区较为少见，在深山林地才有。山民们就地取材，把附近的树木砍伐后夹成原木墙体，用泥巴抹塞缝隙，避免山风刮进来，再在上面铺上檩、椽树枝，苫上茅草，就成了房子。根据其房顶遮盖物可知原木墙草房与石头草房分布区域相同，只不过原木墙草房更为稀少。

这两种形式的建筑多用于山区打猎、看山等的临时房或季节性用房，或者贫穷户的简陋住房。在固定用房的村庄里，即便是石头草房，用的石材也会加工得比较精细一些。有身份、有钱的户主特意建成的原木墙房舍，其建筑材料加工之细，山野用房和贫困户住房不能与之相提并论。

（六）金镶边草房

金镶边草房，是因草房的房檐而得名的。建造这种房子的人家一般介于穷富之间，建不起纯粹的瓦房，于是把草房建得漂亮一些，以区别于一般的草房住户。他们把草房的房檐用砖封起来，在屋檐上扣压一圈房瓦，这样就会使草屋的屋檐和房坡更加结实、漂亮，同时也能更好地保护墙体。因为是镶的瓦边儿，人们就叫它“瓦剪边儿”，或把这种草房美誉为“金镶边儿房”。这实际上是改良草房的一种方法。

（七）房草种类

中原民居中草房的用草非常广泛，一般带有地域自然环境的明显特征。

稻草：在豫南稻谷种植地较为常见，豫中、豫北黄河流域虽然也种稻谷，但由于草房的用草材料可选择的种类较多，所以稻草屋顶还是在淮河以南较为普遍。

麦草、谷草、稻草：主要在豫中、豫东、豫北的小麦、谷子产区为主要草屋建筑材料。一种是用打麦时被碾碎的麦秸，是比较柔软的房草，缮出来的屋顶密实耐用，隔热效果好。缺点是在夏天阴雨季节下水较慢，所以在黄淮平原偏北的地方用得多。豫南地区多雨，要防止积水沤坏，除稻草外，麦稻混合地区若用麦秸作房草，一般多用没有经过石磙碾压的麦秆，一层层缮到房坡上。这样的麦秆下雨天水流顺溜，天晴后又干得快，极适合多雨地区。

黄稗草、茅草：黄稗草是山区民居经常使用的一种重要房草资源，在所有草房材料中是最好的一种。它生长在山地或沟壑，在伏牛山地区很普遍，高达一米多，褐黄色，杆的质地坚硬光滑，做成的房顶坚实牢固，下水利索，经久耐用。用黄稗草、茅草做成的草屋主要分布在豫北、豫西及其他山区。

芦苇、荻草：主要在河湖潮湿地区使用，如黄河故道，人们多用芦苇、荻草建房。荻是中生性的粗大禾草，广泛分布于温带地区，生长于山坡、撂荒多年的农田、古河滩、固定沙丘群以及荒芜的低山孤丘上，繁殖力强，耐瘠薄土壤，常常形成大面积的草甸。有时在农耕地的田边和地埂上也有它的群落残存。这是暖温带的一种高大禾草，其嫩叶对牛、羊来说是营养价值较高的青饲料，有防沙、护堤、造纸、苫房等用途。豫南淮河流域除用稻草外，也多用荻草苫房。

蒲草：中原地区的一种水草，草叶肥大，秋后将其割下、晒干后，可以用来编制蒲团、蒲筐等生活用品。用蒲草缮房，经济实惠又结实耐用。

其他杂草：中原地区的草房由古代传承而来，因此常常就地取材，能用则用。所用房草种类繁多，在此就不一一介绍了。

二　瓦房

瓦房是中原村镇民居的主要类型，以瓦为房面建筑材料而盖成的房子，统称瓦房。房瓦由古代制陶工艺发展而来，逐渐成为中原农村民居建筑的主要材料。房瓦已经有三千多年的历史，在秦汉时期就已被广泛使用。一些宫殿、寺庙的建筑也会用一些彩色琉璃瓦。而在民居中，青瓦是瓦房最常用的建筑材料。

20 世纪 50 年代后，有了机制的红瓦，但一般都用在公用建筑上，特别是在淮河以北地区，民居很少用红色机制陶瓦。这与中原地区自古以来的风俗习惯是分不开的。中原农村忌讳红顶的瓦房，因为人们认为红瓦似血如火，不吉利，会给人带来灾祸。此风俗在淮河以南逐渐弱化，因而在信阳鸡公山地区的农村，用红色机制陶瓦盖房的就较为普遍。

改革开放以来，房瓦作为建筑材料，品种与样式都变得更加丰富。在现在的中原村镇建设中，除砖混框架结构外，瓦房依然是人们喜爱的样式。只是用瓦达到了多样化，常用的包括有机瓦、水泥瓦、钢化瓦、塑料瓦、石棉瓦等。豫北安阳、河北邯郸地区的乡村现在用钢化彩瓦建房的也很多。

（一）土墙瓦房

土墙瓦房与土墙草房的区别只在于房顶的建筑材料不同，其被分为夯土墙瓦房、垛土墙瓦房和土坯墙瓦房。

（二）砖墙瓦房

砖墙瓦房是指房屋的墙体为砖头砌成的瓦房。砖墙瓦房以前只有富裕人家才能建造，一般庄户人家限于财力，只能建造浑砖瓦房。中原地区的房屋用砖是和屋瓦一样的陶制建筑材料，一般是先制土坯，再将其置于窑中，经过高温烧成。近年来，砖的种类也增添不少。除传统的黏土青砖外，还有黏土红砖、彩砖、水泥砖等。随着土地资源的日益匮乏和对环保要求的日益重视，政府对黏土砖采取了取缔措施，提倡利用废料加工建筑材料，于是又产生了用电厂粉煤灰、废建筑水泥渣、煤矿矸石等拌入少量黏土烧制而成的墙砖、填充空心砖等。旧时农村遗留下来的青砖瓦房也成为稀罕之物，有点考究的房舍都成为文化遗产，得以被保护。传统青砖瓦房结实、耐用、美观、舒适，颇受人们青睐。

土墙瓦房（王志军摄）

砖墙瓦房（梁冠山摄，原载河南人民出版社《家园》，2016 年 10 月版）

（三）里生外熟墙瓦房

里生外熟墙瓦房使用的也是中原农村的传统砌墙形式，特别是在 20 世纪后期，农村建房采用这种形式已成为很普遍的现象。主要原因还是当时人们受到财力的制约，不能完全用青砖作为墙体。里生外熟墙一般是在垒墙体时里边用土坯，外边用青砖。因为砖是经过窑里高温烧成，而土坯不是，故称“里生外熟”，仅从外部看，与浑砖瓦房没有差别。与纯砖墙比较而言，这种形式可节省很大成本，既结实耐用又干净漂亮，因而许多人在财力不是很充裕，又想建一所比土墙好些的瓦房的情况下，都采用这样的建筑样式。

（四）房瓦类型

房瓦是在陶器制作技艺成熟后才把制陶技术转用到建筑上的结果。

我国是世界上最早的制作陶制容器的国家之一。2012 年在江西发现的仙人洞文化陶器罐碎片可追溯到公元前 2 万年至公元前 1.9 万年。我们一般认为最早的陶器是手制的，并在篝火中烧制。

在新石器时代，我国中原地区的原始居民就开始了各种陶器的制作和使用，于是就逐步出现了原始农业、畜牧业和手工业的分工。最早的陶器所用火候极低，被称为软陶。河南新郑裴李岗文化距今约 7000~9000 年，其出土陶器证明，在那个时期陶器就有了很大发展，且已成为人们日常生活的必需品。那时的陶器种类较多，以红陶为主，陶色多不纯正，陶质较粗疏。

在河南洛阳王湾出土的距今约 4000~5000 年的陶器表明，当时的制陶水平又有了长足的进步。陶器以灰、黑陶为主，轮制法得到普及。在这一时期，中原地区的农业和畜牧业高速发展，人口急剧增加，社会复杂程度不断提高，出现了原始城堡、城垣和大型建筑，有了阶级、贫富分化，人类社会向国家文明时代迈进，进入了五帝时代。用较高温度烧制的硬陶的出现使陶制品用于建筑成为可能。其后陶制品又经过不断改造，将其用于建筑的传统至今已承袭三千多年。

在悠久的建筑史中，建筑材料也历经形式、大小和工艺的不断演变。带着中华民族精神与神韵的青砖黛瓦以其美观、质朴、防雨保温之优点，终成中国传统建筑必不可少的主材之一。秦汉时期，陶器的质量和硬度都有了大幅度的提升，出现了陶砖、陶瓦和瓦当。这些陶制品工艺先进，制作精美，结实耐用。所谓的秦砖汉瓦之说，即指中原地区建筑中的青砖青瓦，至少在秦汉时期，甚至更早就被广泛使用了。特别是汉代的画像砖艺术达到了很高的水平，而且其文化内涵极为丰富。历代人们收藏的画像砖都已成为如今十分珍贵的文化瑰宝。我们今天见到的房瓦，规格比古代的要小，但样式和烧造形态就丰富得多了。

1. 传统青瓦

传统青瓦是黏土烧制的，黏土青陶瓦是中原民居中最常用的铺盖屋顶的建筑材料，形状有拱形、半圆筒形等，一头较宽一头稍窄，便于瓦筋交叠相扣。青瓦的适用坡度较宽，可满足房屋的不同设计需要。瓦的功能主要表现在防止雨水渗漏和夏季隔热。中原地区四季分明，寒暑交替，雨季或暴雨倾盆，或阴雨绵绵，房瓦叠成一定坡度，就会把雨水快速排到地面上。夏季艳阳高照，白天的太阳照射时间长，热量直接传至住房。当瓦片交叠铺设于斜坡式屋顶时，可以降低烈日的暴晒程度，保持室内的凉爽。

2. 机瓦

机瓦就是机器制成的瓦，经过高温烧制后，用于建房。一般来说，机瓦都是红色的，平面的，有相互扣紧的瓦沟和瓦扣。机瓦比传统青瓦的面积大，相比之下，可以省去许多扣瓦的工夫。扣瓦的技术要求也比传统青瓦要简单得多。

3. 其他材料的瓦

近年来，除了传统青瓦、机瓦，还出现了石棉瓦、塑料瓦、水泥瓦、钢化彩瓦等，这使民居用瓦呈现出多种多样的形式。

三 窑洞

窑洞是中国北方的黄土高原上特有的汉族民居形式，具有十分浓厚的民俗风情和乡土气息。中原豫西地区处在黄土高原东麓，其古代民居形式也以窑洞为主，且多为土窑洞。三门峡地区的窑洞和陕北窑洞都是黄土高原的产物。再向东一点的地方也分布有窑洞民居。豫西南的伏牛山区、豫北的太行山区和豫中的嵩山，土石窑洞混杂，或土或石，各地因地制宜，以土窑为多。

据史学专家们考证，土穴窑洞式建筑居住形式最早产生于黄河中游、晋陕峡谷两岸的黄土高原上。窑洞的历史可以追溯到上古人类的时期。它们主要是为了抵御风寒雨雪，保护群落居民不受野兽毒虫侵害，可以防洪、防湿、防潮、防瘴气，因人类最基本的生存需要而被选择。这种仿兽穴居大约始于 50 万年至 100 万年前，是原始人类发展史上的一大飞跃。那时候，天然的石洞就是原始初民最早的，也是本能的居住选择。

在旧石器时代，我们的先民已经开始利用工具凿洞，初步告别了自然的或仿兽穴居。到了新石器时代，窑洞式建筑已经向更高级的样式发展。以距今 5000~6000 年的仰韶文化、距今约 6000 年的母系氏族社会繁荣期半坡文化为标志的新石器早中期文化，和以距今约 4000 年的父系氏族社会龙山文化为标志的新石器晚期文化，黄土高原窑洞不但成为这几种文化的主要内容，而且发育得相当成熟。西安半坡先民的 45 座居住建筑的主要形式就是方形、圆形的半地穴式。而在陕北发掘出的穴居遗址已发展到具有内外两室的“套间”性质，呈“吕”字形，石板铺地，料礓石粉抹墙，其中还建有我国最早的壁炉。山西省石楼岔沟有仰韶文化穴居遗存，其平面呈方圆形，中央有灶，入口处小，已有了门的雏形。中原先民们就这样经历了从原始穴居到人工穴居、半穴居，最后再到土窑洞居住的过程。

近代的窑洞可分为半壁式、独立式和地坑式三种。在这里分别作以介绍。

（一）半壁式窑洞

半壁式窑洞建筑在陕西、山西最为普遍，中原的三门峡、洛阳地区也有不少，在豫西伏牛山周边的丘陵地区也有少量分布。例如，禹州市西部浅山区就有不少半壁式窑洞。由于建窑洞的土坡质地疏松，所以要用石头包砌成前壁，甚至完全砌成洞体，然后用土封盖成为窑洞。豫西黄土高原地区因土质硬密，就不必这样包窑洞，而是直接挖成就可居住。半壁式窑洞又叫靠崖式窑洞，有靠山式和沿沟式。窑洞常呈曲线或折线形排列，这种窑洞冬暖夏凉，保温隔音效果最好，具有和谐美观的建筑艺术效果。

半壁式窑洞（王志军摄于河南省卢氏县）

开建半壁式窑洞时，先沿山边及沟边一层一层地在天然土崖上横向挖洞，宽 3~4 米，深可达 10 多米。土质好的地区无须用砖或石头砌顶；土质不好的地区需要用石头或者砖头砌顶。窑洞上面覆盖厚厚的、夯实的黄土，可达到既坚固又美观的效果。规模大的可做成并列多间或上下多层，外部也可另建房屋，形成院落。在山坡高度允许的情况下，有时还可布置错落有致的几层台梯式窑洞，类似于现代的楼房。

（二）独立式窑洞

独立式窑洞是一种掩土的拱形房屋，有土坯拱窑洞，也有砖拱、石拱窑洞。这种窑洞无须靠山依崖，能够自身独立，又不失窑洞的优点。窑洞可为单层，也可为多层。若上层也是箍窑即称“窑上窑”；若上层是木结构房屋则称“窑上房”。

（三）地坑院窑洞

地坑院窑洞，又称下沉式窑洞，就是在地下建成的窑洞。豫西地区的地坑式窑洞被人们称为“地坑院”。这种窑洞主要分布在黄土塬区没有山坡、沟壁可利用的地区。人在平地只能看见地坑院里的树梢，看不见房屋。例如，河南三门峡地区的灵宝、陕县、渑池、洛阳市巩义的地坑式窑洞常常是院落、街道，甚至整个村庄都建在地坪以下。远远望去，只见村庄的树冠和地面的林木。地坑式窑洞顶上的土地仍然可以种植庄稼或用作场院，对节约耕地非常有利。

地坑院窑洞（王志军摄于河南省三门峡市陕州区）

地下窑洞的组合仍然保持北方传统四合院的格局，有厨房、贮存粮食的仓库、饮水井和渗水井，以及饲养牲畜的棚栏，形成一个舒适的地下庭院。这种住宅冬暖夏凉，是老百姓根据当地的气候条件，特别是干旱少雨的情况和土质状况创造出来的一种具有地方特色的居住形式。从现代环境建筑美学理论来看，这种地坑式窑洞建筑是极完美的生态文明建筑，表现出了先民们的智慧。

这种窑洞的建造一般是选好地形之后，沿地面深厚的黄土层向下挖掘6~7米，宽3.2~3.5米，形成大小不等的矩形深坑。然后再向四壁凿出窑洞，形成一个四合院。

在地段的利用、院落的划分、上下层的交通关系、采光通风和排水方面，地坑院都有很巧妙的处理方法。地坑院四周有低矮的拦马墙，防止雨水倒灌和人畜坠落。其内部有若干大小不等的窑洞，被分配作不同的用途。其中一孔通过斜坡式甬道延伸至地面，供人上下。另有公用的厕所窑、碾磨窑和水井，水井供人畜用水。距井口3~4米打有红薯窖，可储藏红薯。因井水能保持一定温度和湿度，红薯可保存得非常新鲜而持久。院中间挖有1个或2个渗井，同窑院深度一样，直径一米，底层铺厚度为50厘米左右的炉渣，供存渗雨水之用，隔几年修挖一次。这种窑洞因其采光方式与普通民居的天井类似，也叫“天井窑院”。

天井窑院的院中栽有桐、梨等高大树木或花椒等。院里的窑洞除人住外，有单独的窑洞作厨房、厕所、鸡舍、畜圈。作为农耕文明地区，粮食的保存是最重要的。地坑院处于地下，自然会有潮湿之虞，但中原的先民们将粮食储藏处理得非常科学。宅院内有作粮仓用的窑洞，其顶部开有小孔，直通地面打谷场，收获之时可直接将谷场的粮食灌入窑内粮仓，平时孔口置避雨席棚，免得雨雪灌入霉了粮食。在窑洞里，他们用苇子打成粮囤，下铺石灰和麦糠，盛粮后上盖麦糠，再用泥灰封牢，这样粮食储存三年五载也不生虫，不腐烂。

目前三门峡陕县留存的最老地坑院有200多年历史，其余多数建筑也有百年左右的历史。有人根据地坑院保留有仰韶文化的半穴居建筑形态推断，地坑院的历史可以上溯到4000多年前。地坑院为民间建筑，因此官方文献记述很少，当地县志对其历史也没有提及。最早的文字记载出现在800多年前，南宋郑刚中在《西征道里记》中写道，“自荥阳以西，皆土山，人多穴居”“初若掘井，深三丈，即旁穿之”，其中“系牛马，置碾磨，积粟凿井，无不可者”。

窑洞建筑具有坚固耐用、节省资金、冬暖夏凉、挡风隔音、防震抗震的特点。冬季窑内温度在10℃以上，夏天保持在20℃左右，中午和晚上休息还要盖上被子，因此人们称它是“天然空调，恒温住宅”。陕县张汴乡的天井窑院保存得尤为完整，由于没有进行商业性的旅游开发，其保持了最原始的天井窑院特色。

四　石头房

石头房，顾名思义，就是用石头搭建的房子。在中原地区的民居中，石头房普遍建于山区，这主要是建筑材料就地取材的结果。在豫北太行山、豫南大别山、豫西伏牛山区，石头房特别多。你若走近那些散落在青山绿水之间的古村落，远远望去，随坡就势，鳞次栉比，沉郁雄浑；走近村庄，墙体宽厚，房屋坚实，迎风挺立；一片片，一排排，小桥流水，鹅鸭慢渡，杨柳如盖，荷叶噙露，鸡犬相闻，童翁闲语。偶有三两村民，披衣扬鞭，吆牛入田。如同一幅古朴的山居图，又如一曲悠扬的田园诗，肯定会让你浮想联翩，流连忘返。

（一）石墙石顶房

石墙石顶房从地基到墙体直到房面，全部由石料建成，古朴结实。在中原山区，特别是豫北太行山区，这种房子十分常见。它的墙体由大小不一的石头交错叠垒而成；它的房顶是太行大峡谷山体上的页岩。工匠们从山上用钢钎撬下一层层薄石板，稍予加工，就成了石板瓦。这天然的石顶房，任凭风吹雨淋，日晒雷击，全然不怕。

（二）石墙草顶房

石墙草顶房在山区也有很多。山里既不缺石头又不缺草。石墙草顶房结实、隔热、防寒，有很多优势，因此得到山民们的青睐。草顶房和一般草房的形状差不多，所用苫草一般以黄稗草、茅草等山草居多。

（三）石墙瓦顶房

中原地区的石墙瓦顶房在浅山区和丘陵地带分布较多，因为这些地方的村镇既临近石山，容易开采、运输，又有烧制砖瓦的黏土资源，可以提供制作条件和各种便利。在一些古老的乡村，我们都可以看到石墙瓦顶房。而且，石墙瓦顶房一般都盖得很漂亮。例如，淇县黄洞乡西掌村就是一个

石墙瓦顶房（耿亚伟摄于河南省禹州）

国家级古村落，村内的建筑是明清时代修建的。传说这里的主人祖上在朝为官，选择太行东麓这个山明水秀的地方修建了这一片房屋。清一色的红石青瓦，数进四合套院。院内两层楼房，房屋墙体石料方正平滑，精细异常。若不是四面群山，肯定会被人认为是古城内的官家建筑。

（四）土墙石顶房

在中原民居中，土墙石顶房比较少，笔者曾在太行大峡谷中见过这样的房子。这是因为当地山石尽是页岩结构，打出来的石头很难成为墙体材料，但一层层很薄很大的石板却是很好的“石瓦”。如果有夯筑墙体的黏土，那么盖这种房子就非常经济耐用。

五　中原民居的地域特征

（一）中原中、东部平原地区民居特征

中原中、东部地区，地处黄淮海大平原，是农耕文明的发祥地，中华文化的滋养地，华夏民族的祖源地。这里的民居具备典型的中原地区特征。这里多黏土、少山石，因此民居多为青瓦房和草房，双坡起脊，墙体也基本是砖墙、土坯墙和土垛墙。院落比较规整，院门比较宽敞，其中不少可以直接进出太平车甚或现代机动车。

（二）中原西部民居特征

中原西部多丘陵或浅山区，这里与豫中、豫东平原相比，土地无论是从数量还是从质量上看都较差，在以传统农耕为主要经济来源的时代，人们的经济条件必然更差一些。所以，这里的民居以草房居多，瓦房较少，浑砖到顶的漂亮瓦房更为罕见。草房的院落自然也比较简陋。豫西北的黄土高原地区则以靠崖式窑洞或下沉式地坑院为主。近年来，随着乡村人民群众越来越富裕，一些在外打工的农民不愿再待在地坑院生活，就把城市的建筑样式带回家乡，陆续把住房盖在地上，搬离祖居的地下院落。于是，当地就形成了地上新房、地下坑院的景观。同时，他们加强了对地坑院的保护与修复，也对其进行开发利用，使地坑院逐渐成为外地人旅游观瞻的景点之一。改革开放以来，豫西山区的民居变化很大，绝大多数已更新为

水泥平房或平顶小楼房，随着农村机械化的普及，大部分民居都修建了漂亮的过车大门，配以吉祥、喜庆的楹联与门楣。

（三）中原南部民居特征

中原南部地区因地处淮河南北，毗邻长江流域，其民居风格也从驻马店到信阳逐渐表现出南方民居的一些特征。驻马店周边的豫中地区的民居特征尚与河南大部分地区大致相同，而信阳地区的民居就有了更多的江淮特征。靠近安徽的几个县，传统民居又有着鲜明的徽派特色。民居多在屋顶设有马头墙，既美观又可以防风防火。屋子房檐比北方的宽，或者出檐一椽，盖成柱廊形式的出前檐房子。近年来，信阳地区的民居多了机瓦屋顶，少了传统青瓦，但其在山区乡镇还保留着传统特色。有个别地方还依据当地的特殊地势，按传统风水理论的要求，在院落门楼的设置上使大门一边靠后，一边靠前，形成“歪门斜道”的独特风格。

（四）中原北部民居特征

中原北部地区基本以京广铁路线和京珠高速为中线，半壁山区，半壁平原。山区民居的特点：墙体多石，房顶有石、有瓦、有草，以石头房居多。到安阳、邯郸地区，除了砖瓦房，还有很多彩瓦房。浅山区的窑洞民居多是靠崖式。这是因为太行山地区厚山薄土，没有像豫西黄土高原一样的厚土层可以挖成地坑院模式，故其窑洞一般靠山临沟挖建。平原地区的民居和豫东、豫中平原的传统民居区别不大，以青砖或夯土、土坯为墙体，青瓦、彩瓦为房顶材料的居多。

六　中原地区现代农村民居

改革开放以后，中原地区村镇民居发生了很大的变化。无论是建筑材料、建筑样式，还是建筑技术，都与传统的民居有了很大不同。进入 21 世纪后，由于城镇化建设、新农村建设的冲击，传统民居正在加速消亡。特别是中心村建设的提出，使许多自然村，甚至是传统历史文化名村，也正在迅速消失，其中固然有一部分是由于社会发展而在所难免，而还有许多却是人为造成的。这也使中国几千年的优秀传统文化无奈逝去，农耕文明的基因逐渐丢失。

现代农村的民居，主要有以下几种。

（一）机瓦房

机瓦房是用机制红瓦盖的房屋。这类房屋在住家民居中较少。原因是它的颜色有违中原地区人们的居住习惯。人们认为红瓦与火的颜色相近，不宜作为住房用瓦。因此，在20世纪后期兴起的这种机瓦，虽然烧制和运用十分方便，但也只用于公用房屋，如村镇学校、办公场所、粮库牛棚等，其始终没有成为民居的主体。如今，这类机瓦已经被新的建筑材料所代替。留存下来的机瓦房多为20世纪所建。

（二）彩瓦房

彩瓦房是近些年才兴起的房屋样式。彩瓦的制作材料繁多，色彩艳丽多样，人们可依需要或爱好选择。彩瓦面积大，使用方便，经济耐用。在中原豫北、河北邯郸一带，很多村镇居民都把传统的旧土屋换成了彩瓦房。其不足之处是隔热防冷性差，需要做好房屋的隔热、防冷措施。现在，许多工地临时房、活动房也多为彩瓦房。

（三）石棉瓦房

石棉瓦房多用于一些临时性建筑和一些点缀式建筑，如田间机井房、临时棚户房、庭院茅房、厨房、门棚、工地临时板房、砖瓦厂的土坯、瓦坯棚架等。石棉瓦房很少作为民居房屋。

（四）水泥砖混起脊房

水泥砖混起脊房是现代农村最普遍的住房样式，它既使用了城市建筑的材料和技术，又把中原传统民居中的起脊瓦顶样式保留了下来。人们用这种样式既可以盖单层楼房，也可以盖多层楼房。

（五）水泥砖混平顶房

水泥砖混平顶房，简称平房。它与传统民居中与楼房相对应的“平房”的称谓不一样，传统的平房是指起脊不起层的房子。我们在豫北调查张家大院时，还见过另一种不起脊的平房，房顶用石灰拌沙子，打成拱形的屋顶，可以起层。房檐镶瓦作为装饰，隔两米安放一个石制长滴水，用作雨水下泄，也起到了很好的护墙作用，村民称这样的滴水为“呕漏”。而现在的平房则没有房脊，只有平平展展的房顶，一般是把水泥板架在墙上，在水泥板上面铺设沥青、牛毛毡作为防水层，上面再覆盖一层厚厚的混凝土泥沙材料，最上面敷一层细水泥砂浆。房顶有的做拱形，多数为平顶。村民可以在上面晾晒粮食、衣物，热天夜间可以纳凉。

一宅三代房（梁冠山摄，原载河南人民出版社《家园》2016 年 10 月版）

（六）楼房

楼房近些年才在农村民居中大量出现，它也是现代中原村镇民居的主要形式，与传统的村镇楼房是两个建筑概念。传统的楼房都是在住房中修造内梯，然后在上边起层盖楼，最多两到三层，最上层起脊，还原民居的本来形式。现代的民居楼房，除一部分沿袭传统的内楼梯外，大部分只是在砖混结构的基础上进行设计，实际上是水泥砖混起脊房或水泥砖混平房的夹层拔高。这样的楼房楼梯多为外楼梯，一家人分屋居住，储藏室、厨房、卫生间、自来水等一应俱全，与城市居民住所已无大的差别，从面积上来看甚至远远优于城里人家。

肆

村镇民居的结构

一　一字院

在中原民居中，一字院是最基本、最简陋的结构。在经济不发达的传统农耕时代，它也是中原地区多数普通百姓选择的住家形式。它始于最古老的年代，人们在脱离巢居穴寝之后，开始建造房屋，就有了一字院落。为了防备野兽和歹人侵害，又扎上了篱笆墙和木棍院门，即所谓的“篱院柴扉”，这就是中原农耕文明中典型的农舍村居。

一字院是中华民族建筑文明的萌芽和曙光，从它开始，我们走向了这个文明高贵的殿堂。直到如今，我们依旧能从它的存在中看出这一文明最朴素的东西。

除了一间和两间特别简单的民居形式外，中原民居建筑有了宅院的概念后，基本上以一字院落为先。其表现为三种形式，分别为三间头、四间头、五间头院落。

（一）三间头院落

在中原农村民居建筑中，人们习惯上辟宅以五间宽为宜，此后可根据需要在前边建造厢房，为建成四合院打下基础。由于经济不富裕，一些人家往往先建造三间头居室，然后酌情逐步扩展。三间头居室是指先建起的三间主房。三间主房一般居宅地之中，东西两头各留下一间，靠北面南，负阴抱阳。为什么是三间？因为老子在《道德经》中说：“一生二,二生三,三生万物。”可见，三是生成万物的基础数字，也是最吉利的数字。不能只盖两间或四间，因为两间、四间都是偶数，偶数为阴，阴不可居。所以，如没有能力全部建成，只有盖三间为佳，这就产生了三间头房屋较多的现象。再者，盖房要居宅院中心，无论是两间还是四间，都不能在中线上安宅，偏沉失正之宅，怎能给家里带来安宁与幸福呢？

（二）四间头院落

四间头的宅院，一定是先盖三间主房，随后加上一间耳房。但另一头不能空着，如果不是开院门的话，主人会设置茅厕或厨房，以免宅院有失重之感。

还有一种情况，就是主人不得不同时盖起四间房屋。那只有一个办法，就是房子在起脊的时候，中间三间一条屋脊，边上的一间另起一脊。民间的“四间不通脊”，说的就是这个。

一字院落更注意大门的位置，坎宅巽门是最多的。中原民居院子的一个突出特点就是大门内建影壁墙。按照风水学的说法，这是阻挡邪气进宅，但实际意义是避免外人对院内一览无余，起到保护隐私的作用。所以，在中原农村民居中，若没有厢房阻隔，大门内的影壁墙是少不了的。事实上，四合院的影壁设置就是由一字院的影壁发展而来。再者，如果没有东西厢房，就会在挨门的地方盖厨房，中原人称之为“灶火”。另一角建厕所，厕所的名称五花八门，多数地方叫“茅厕”“茅子”“茅私”，因为原始的乡村厕所都是用茅草、芦苇围着的。房子的墙正对着巷口时，在一块砖的正面竖着刻上“泰山石敢当”字样，字朝巷口嵌在墙上，人们认为这样可以顶住巷口来风和灾祸。

（三）五间头院落

五间头的宅院，就是一下盖起来五间，或者先盖起来三间，而后又在正房两端接上两个耳房。即便是一下盖五间，主人也会在两头加上隔山，开为耳房。

二 半包围院落

半包围院落在中原民居中较为普遍。它是四合院落的不完整组合。在古代，原始人类告别巢居、穴居后，加快了建筑文明的前进步伐。房屋也从半地穴式向完全地面式发展。不同的人员或家族在各个地方建起了房屋，进而形成了中原大地星罗棋布的自然村庄。为了自身的安全，他们围绕住房拉起了篱笆或石头墙，这就是中国农村“柴门篱墙”的原始形式。这种篱笆院落到后来就发展为现在的各种庭院形式。最早、最简单的就是独立的住房和院墙，到后来人口发展，家口分居，就得另盖住房。或者有帮工打杂的，也需要有个存身之处；牲口、杂物、粮囤，都需要地方安放。如果不另辟宅院，就要在院子内加盖厢房，这就形成了传统的半包围式院落。

（一）五包三院落

五包三院落即主房是五间，两边厢房是三间的构筑形式。一般是北房五间，三正二耳；东西厢房各三间。有的房前有廊，以避风雨。

（二）四包三院落

四包三院落的结构是主房四间，三正一耳；厢房各三间。

（三）三包二院落

三包二院落是主房三间，一明两暗或者两明一暗；东西厢房各两间。这样的院落可居一家三辈，祖辈居正房，晚辈居厢房，院内铺砖墁甬道，连接各处房门。

如果可供建筑的地面相对宽阔，或者经济能力可以的话，五包三、四包三和三包二院落只需添盖上南屋，就很容易改为小四合院。

三 四合院

（一）四合院的产生

四合院建筑是产生于中原地区的比较古老的民居建筑形式，体现了典型的汉民族传统文化意象。四合院的“四”，代表东西南北四面，“合”代表合在一起，形成一个“口”字形，这就是四合院的基本特征。四合院不单单是一个居家生活的小小院落，更蕴含着深刻的文化内涵，是中华传统文化的载体。

（二）四合院的发展

四合院建筑从中原萌生，在全国发展。明清时期，北京汇聚了众多名门大户，所以，近代保留下来的北方四合院以北京四合院为典型代表。在那里我们至今还能看到建筑雅致、结构精巧、数量众多的四合院，大大小小，星罗棋布，或处于繁华街面，或处于幽静深巷之中；大则占地几亩，小则不过数丈；或独家独户，或数户、十几户合居，形成了一个符合人性心理、保持传统文化、邻里关系融洽的居住环境。

除北京的四合院外，随着中原人民的不断迁徙和发展，四合院也因汉民族传统建筑文化的不断传播，在全国广泛分布。即便是客家的围龙屋和黄土高原的窑洞，也受到了四合院建筑形式的巨大影响。因此，四合院与客家的围龙屋、陕西的窑洞、广西的干栏式和云南的一颗印合称为中国最具乡土风情的五大传统住宅建筑形式，被中外建筑学界称为中国民居建筑的五大特色之一。

（三）四合院的格局

四合院这一建筑文化是华夏文化的组成部分，它起源于中原地区古老的建筑模式和居住习俗，因此也是许多地方传统建筑的母文化。在中原村镇民居中，四合院是常见的院落格局，通常为一个院子四面建有房屋，由堂屋（正房）、偏房（东西厢房）和南屋（倒座房）组成，从四面将庭院合围在中间，故名四合院。在南北、东西房形成的角落中也有耳房。这种耳房有的用来储存粮食，成为粮库及其他库房，也有的用作厨房。大门由南屋正中或东西头穿过，也有在东南角或西南角专修一个门楼的。这要依房子的方位、风水而定。

且不说像老北京四合院天子脚下的皇家气象，就是中原地区一些传统古村落的世家大族，在营建四合院时也极讲究风水。风水学是中国古代的建筑环境学，是中国传统建筑理论的重要组成部分。四合院的装修、雕饰、彩绘也处处体现着民俗民风和传统文化，表现出人们对幸福、美好、富裕、吉祥的追求。例如，以蝙蝠、寿字组成的图案寓意“福寿双全”；以花瓶内安插月季花的图案寓意“四季平安”；而嵌于门簪、门头上的吉辞祥语，附在抱柱上的楹联，以及悬挂在室内的书画佳作，更是集贤哲之古训，采古今之名句，或颂山川之美，或铭处世之学，或咏鸿鹄之志，风雅备至，充满浓郁的文化气息，犹如一座中国传统文化的殿堂。即便是一般老百姓，也在儒家文化的长期熏陶下，懂得了“忠孝门第春常在”“耕读之家庆有余”。每到新春佳节，人们都会贴上喜庆吉祥的春联和门神。每到这时，四合院里就会老寿开颜，稚童欢跳，一家人或一院人说说笑笑，热闹非凡。

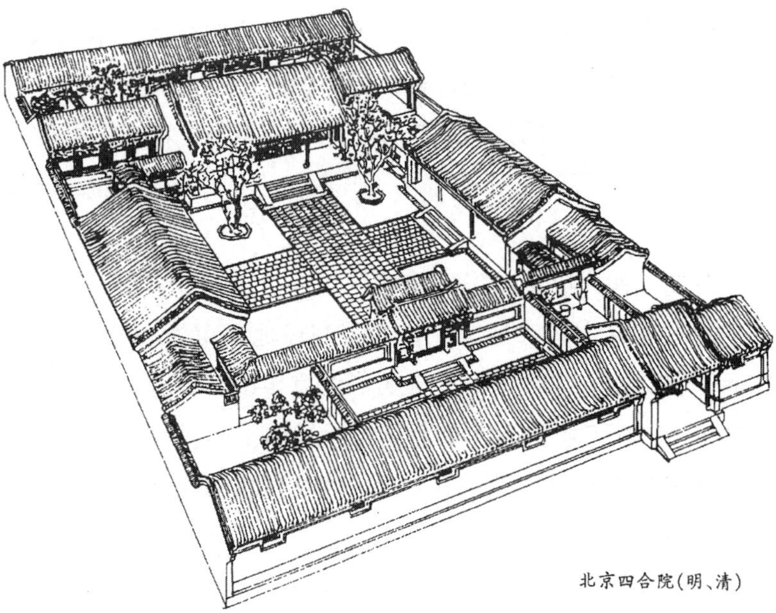

四合院的格局（采自范有信等著《中国古建筑图典》）

中原农村一般都有习惯说“上茅房（厕所）”“下灶火（厨房）”。这也和四合院的结构有关。厕所一般建于院子西南角，因为西南为坤卦卦位，代表大地，粪便是很好的农家肥，将其积于大地，祈求丰收。中国古代地图的方位是上南下北、左东右西，因此去往西南的厕所是“上”。而古代认为厨灶不宜安在宅子的吉方，有“安灶西面子孙良，向南烧火无祸殃”的说法，因此厨房常位于东边的一间房中，常进出厨房劳作的仆人一般住在南房。从四合院的结构上来说，北边的堂屋为主屋，于是按此方位自然是“下”厨房了。

（四）四合院的传承

四合院历史悠久，是在中原农耕文化的浸润中逐渐发展的。早在3000多年前，中国西周时期就有完整的四合院出现。由于中原地区历代战乱不断，黄淮水系又屡屡洪涝，我们在考古发掘中很难看到古代四合院的遗存。但我们可以认定，在陕西岐山凤雏村周原遗址出土的两进院落建筑遗迹是中国已知最早的、最严整的四合院实例。

到了汉代，四合院建筑有了更大的发展。受风水学说的影响，四合院从选址到布局，有了一整套阴阳五行的说法。唐代四合院上承两汉，下启宋元，其格局是前窄后方。不过，古代盛行的四合院是廊院式院落，即院子中轴线为主体建筑，周围为回廊连接，或左右有屋，而非四面建房。晚唐出现的具有廊庑的四合院逐渐取代了廊院。宋朝以后，廊院逐渐减少，到明清逐渐绝迹。

元明清时期，四合院逐渐发展成熟。元世祖忽必烈“诏以赀高（有钱人）及居职（在朝廷供职）者为先，乃定制以地八亩为一分”，分给前往大都的富商、官员建造住宅，由此开始了北京传统四合院住宅大规模兴建的时期。20世纪70年代初，北京后英房胡同出土的元代四合院遗址可被视为北京四合院的雏形。后经明清完善，北京特色的四合院建筑风格逐渐形成。

（五）四合院及其他古民居建筑的破坏与保护

在中原地区，由于历代战乱，古民居建筑屡遭焚毁。即使是在近代，传统的四合院也遭到了特别严重的破坏。中原传统建筑文化已是满目疮痍，有许多东西已经不能恢复，永远成为中国人痛心的回忆和史料价值很低的记载了。现在，即便在个别村镇中有四合院被保留下来，也是凤毛麟角。

随着经济的发展、城市的扩建和农村的改造，本来就留存不多，甚至是屈指可数的传统建筑遭到毁灭性拆迁。随着家庭结构和社会观念的变化，传统四合院的宜居性也受到了挑战。即便是北京的四合院和名人名宅，也屡遭拆迁，如1998年拆除康有为曾居住的粤东新馆，2000年拆除赵紫宸故居，2004 年拆除孟端胡同 45 号的清代果郡王府，2005 年拆除曹雪芹故居，2006 年拆除唐绍仪故居等。有关部门注意到这些传统古民居日益剧减、亟待保护后，一些四合院被列为北京市和各区县级的保护院落。而在中原农村各个地方的城乡规划过程中，传统四合院也面临着保护和发展的矛盾。一些四合院被列为文物保护单位加以保护；同时也有一些四合院在城镇化、新农村建设过程中逐渐消亡。

近年来，中华民族优秀传统文化的传统得到了党和政府的重视，作为民族延续传承的基因，对文化的挖掘、保护正在不断深入。中原传统民居和历史古村落重新闪耀出璀璨的光芒，如平顶山市郏县的临沣寨，李口乡的张良故里张店，卫东区的门楼张，宝丰县的杨庄等。这些传统村落的四合院都各有特色，经过保护和维修，重新焕发出诱人的光彩。

（六）楼房四合院

中原民居一般有“主房高陪房低，北房高南房低”的习俗要求。楼房四合院一般是指主房为楼房，其他为平房的四合院结构，这主要是为了院内有充足的阳光。楼房由一家之主居住，其他人按辈分各得其所。住楼房四合院的多数是富裕之家，主房楼房由族内长房居住。

（七）平房四合院

平房四合院就是主、配房都是平房的四合院结构，是现代农家在建造平房时秉承四合院的理念而建成的。坐北朝南的房子为主房，供长辈居住。

（八）地坑窑洞四合院

中原民居中的地坑窑洞四合院，主要是在豫西黄土高原地区。它借鉴中原民居四合院的形式，在豫西黄土塬上挖成。这类四合院由一个主窑洞，配上其他三面的窑洞组合而成。其方位、高低、分布、居住习俗和地上的四合院基本相同。

四　组合院落

中原地区村镇中的组合院落是以四合院建筑的布局为基础，以南北纵轴对称布置和数个相对封闭独立的院落为基本特征的建筑结构。按其规模的大小，有最简单的一进院、二进院，或沿着纵轴加多至三进院、四进院或五进院。通俗地讲，就是呈“口”字形的称为一进院；呈“日”字形的称为二进院；呈“目”字形的称为三进院。一般而言，在大宅院中，第一进为门屋，第二进为厅堂，第三进或后进为私室或闺房，是妇女或眷属的活动空间，一般人不得随意进入。难怪古人有诗云“庭院深深深几许”，庭院越深，越不得窥其堂奥。院落的最后一排为正房，居住着家族中辈分最高的成员。

（一）一进院

在中原农村，一进院就是最小的四合院，是三合院前面又添加南屋，往往作为门房，供杂役等人居住，也有兼作牲口饲养屋舍的。这样的四合院一般在东南角建有门楼，因为进了门楼直接就是院子，所以建有影壁墙。由南房、正房、厢房围成院落，其中北房为正房，东西两个方向的房屋为厢房，南房门向北开，故称为“倒座房”。四合院中种植花果树木，以供观赏。各房之间建有甬道，或留有走廊，方便互相进出。

（二）二进院

二进四合院分为前院和后院，后院又叫内宅。前院由门楼、倒座房组成，连接前后院的一般为垂花门，一些相对朴素的住宅则用月亮门，后院由东西厢房、正房、游廊组成。有的二进四合院没有垂花门隔出前院，而是在正房后加后院，建专供女眷居住的后罩房。

（三）三进院

完整的四合院为三进院落：第一进院是垂花门之前倒座房所在的窄院；第二进院由厢房、正房、游廊组成，正房和厢房旁还可加耳房；第三进院为正房后的后罩房，在正房东侧耳房开一道门，连通第二和第三进院。在整个院落中，老人住北房（上房），中间为大客厅（中堂间），按照传统，中堂会设立祖宗的神龛或者牌位。中原地区称祖宗牌位为“轴子”。“轴子”是记载家谱的卷轴，写着“供奉历代宗祖（祖宗）之位”等字样。两边由高祖而下，写着历代先人的名讳。这里也是全家议事、聚会、祭奠、会客的地方。东厢房住长子，西厢房住次子，用人住倒座房，女儿住后院，互不影响。这也受“男外女内”的中国传统文化哲学的影响。

（四）四进或五进院

四进或五进院的组合方式较多，通常为“前堂后寝”式。第一进院与三进院相同，第二进院是对外使用的厅房和东西厢房，之后再设一道垂花门，在厅房和这道垂花门之间形成第三进院，垂花门之后为正房和厢房所在的第四进院，是主院。如果后面还有后罩房，就构成了第五进院。还有的在倒座房北侧再建一排南房，从而组成四进或五进院。

豪宅组合院落（汪庆华摄）

（五）侧跨院

侧跨院是在四合院两边另外加盖的宅院。一般有角门与主院相通，有的供偏房或杂役居住。也有与侧花园建在一起的，配以假山、鱼池、凉亭等，供怡情闲坐，观赏景观。

在中原村镇民居中，也只有大财主或祖上曾为官宦之家、富商大贾者，才建得起这样的多院落豪宅。

五　村镇民居的院内建筑

（一）门楼

中原地区的民居建筑，一般都建有门楼，把院子隔成每家每户的相对独立单元。门楼是为保护门楣而修建的，也叫大门、宅门，在城市中又叫街门。最简单的大门是直接在院墙上用砖砌筑一个入口门洞，安装门扇，没有内部空间，这是最简易的门楼。门楼是院子与外界沟通的通道，一般都修筑在整个院落的东南侧，以取“紫气东来”之意，也有说法是占据八卦中的巽位，即风位，是和风、润风吹进的位置，以引进东南风，挡住冬天的西北风，是吉祥之位，体现“坎宅巽门”的原则。实际上，这也与中原地区是典型的北暖温带季风气候有关。到了冬天，东北风和西北风狂啸而来，给人以肃杀、寒冷的感觉；而东南风相对温暖和煦，无论春夏秋冬，出门进门都比较温和。随着中原人群的迁徙，这样的民居理念和习惯遍及祖国的四面八方。门楼的大小宽窄以及气派程度，是根据主人的需要、身份和经济能力而设计的。

豪宅门楼（汪庆华摄于关中民俗博物院）

大门的门口设置有很多种，可依自己的爱好、需要和经济能力选择。有过车大门，也有一般的双扇门。在门中间偏上的地方装有门钹，用于叩门和落锁，门下方有护门铁。也有的庄户人家没有门钹，只用短铁链做成门搭儿，出门时把门搭儿往门鼻上一扣，拿一把锁锁上就行。中原地区乡村民风淳厚，好多人家下田干活或出门赶集，只要不隔夜，就连锁也不用，把门搭儿一扣就行，本乡本土的，不担心谁会上门偷东西。

门墩是指门枕石凸出于门外的部分，门枕石的内部有一石窝用于插入门枢。寻常百姓之家的门墩只是凸出于门外的一个方形石墩。富裕人家和官宦人家的门墩装饰就豪华得多了，通常有箱形和抱鼓形门墩，这样的门墩就可以称为“门当”了。门当是门楼中比较有特色的一个组成部件，其基础为须弥座，上有抱鼓或箱形石墩，刻以兽吻或狮子（有说是狻猊）。根据门楼的形制不同，门当的形制也有差异，出现在门墩上的雕刻是研究中国古代中原地区社会文化的重要资料，也是精美的石刻艺术品。

有的大门旁边还有上马石、拴马桩、泰山石敢当等设施。

（二）影壁墙

在过去，四合院大门内或外会有一堵墙一样的东西，就是中原农村所说的影壁墙，官话称作照壁。农家通常都会在院子内设置影壁墙。影壁墙的作用有民俗的和实用的两方面。从民俗方面讲，农村人有个说法，叫鬼怪不会拐弯，只会直来直去，所以在门里立一个影壁，可以起到阻挡鬼怪的作用。从实用方面说，影壁的功能主要是阻挡门外行人的视线，这样可以避免他人一眼就把整个院子看个通通透透。如果不设影壁墙，从路上到大门，从大门到院落住室，就会一览无余。再者，按照中国风水学的说法，这就有了“一箭穿心”的问题。设置影壁墙就不会犯“一箭穿心”的忌讳。按现在的建筑原理，这是给院落主人家以隐私的保护空间。

影壁也是凸显主人身份地位、品位及财力的一个重要地方，影壁从上到下分为三个部分，最上是筒瓦，像房上瓦的作用一样，把雨水引到远离影壁主体的地方，免得雨水侵蚀影壁主体。中间是影壁的主体，一般是条砖砌出框架，中间有各种吉祥文字或者图案。下面是须弥座，一般是山海景色。

寻常的影壁分为三种：一是大门以里，呈“一”字形，如果是单独一个影壁，就是独立影壁，如果地方小而在厢房的山墙上直接砌出影壁形状，则称为座山影壁；二是大门以外，有一字影壁及雁翅影壁，起到装饰和遮挡的作用；三是位于大门的东西两侧，呈“八”字形，称作“反八字影壁”或“撇山影壁”。在这种影壁的烘托陪衬下，宅门显得更加深邃、开阔、富丽。

影壁（汪庆华摄于西安关中民俗博物院）

（三）垂花门

垂花门又称二门，开在内外院之间的隔墙上，位于院落的中轴线上。旧时说的大户人家的闺女“大门不出，二门不迈”，就是指不迈出垂花门。垂花门的外檐柱悬在中柱的横木上，称为垂柱。垂柱的下端有一垂珠，上面通常有花瓣样式的彩绘，因此二门称为垂花门。也有人家把垂花门建成各种各样的样式，并进行装饰和点缀，如建成圆形、椭圆形或月牙形等，有的两边还饰以雕花窗、吉祥图画。

（四）住房

无论是半包围院落，还是四合院，最重要的房间都是正房。正房就是北房，也称上房或主房。中原民居的正房一般有三间，大四合院的正房可以为五至七间，坐北朝南，是一家之主的居所。正房的明间（即中间一间）称为堂屋，也称为中堂，三开间的正房堂屋两侧是卧室和书房，正房的特点是冬暖夏凉。通常明间正中摆有一张八仙桌，桌子两旁设两把椅子，在墙上挂着一幅轴子，有的挂一幅中堂画和两副楹联条幅，或挂四幅屏等。

在中原地区的一般民居中，由于祖宗牌位及堂屋设在正房的中间，所以正房在全宅中所处的地位最高，正房的开间、进深和高度等方面在尺度上都大于其他房间。以一般的四合院为例，正房的开间一般为三间，中间

马氏庄园院落垂花门（采自陆元鼎等著《中国民居建筑艺术》）

一间为祖堂，东侧的次间住祖父母，西侧的次间住父母，而且老房子正房左边（东边）的次间、稍间比右边（西边）的略大，这是受“左为上”的中国汉族传统习俗的影响。

在过去，中原村镇民居中的四合院一般是一户一住，或是一个血亲较近的家族居住。没有大杂院，即多户合住一座四合院的情况。新中国成立后，因土改的进行，四合院被分给了穷人，这打破了以前的居民成分。现在得以保存下来的四合院基本都进入了各级文物保护单位系列。这也是我们现在所见到的为数极少的中原传统建筑文化艺术的代表。

（五）厢房

一般来说，东西厢房是子孙们的住房，也常是三间。以东厢房为尊，西厢房为卑，东厢房一般住长子长媳，因此在建筑高度上东西厢房有着细微的差别，东厢房略高，西厢房略低，但由于差别非常细微，因此很难用肉眼看出来，这是当初盖房时就事先设计好的。但实际上，由于中原地区东厢房夏季西晒，两厢房冬季直接受东北、西北冷风吹袭，所以不宜居住。东厢房多被有条件的富户用来存储粮物，或作厨房、马厩，西厢房作杂物间。

（六）后罩房和群房

后罩房通常是靠近院落边界的最里面的房子，通常由主人的女儿居住。

后罩房和正房朝向一致，坐北朝南，其间数一般和倒座房相同，以尽量填满住宅基地的宽度。后罩房的等级低于正房和厢房，故相比而言其房屋尺度及质量都稍差，但比较安全、清净，也称绣房或绣楼，适合女孩子居住。

群房，又称裙房，通常在院子的东侧或西侧排成一排，这样的宅院过去都居住着大户人家，非商即官，裙房是为厨师、杂工和仆人预备的。

（七）室内

中原地区地处暖温带，属四季分明的季风气候。到了寒冷的冬天，就需要生火取暖；到了炎热的夏天，也需要一些纳凉设施。因此，中原民居在建造之时，都会把取暖纳凉的需要考虑进去。在冬天取暖时，农村民居多用柴火火盆，城市多用煤炭火炉。柴火火盆非常简单，贫寒人家挖个地窑，或者做个泥圈儿，点燃木柴，全家人就可围坐取暖，讲究的会用一个旧脸盆；城市人烤火的火炉，以质地可分为泥、铁、铜三种，泥炉透热力极强，轻而易搬，经济实用，也多用于农村烤火；一般人家到冬天时，常用炉火做饭煮菜，不另烧火灶，既省去了劈柴，还增加了屋里的热量，两全其美。煤炉不用时，还可以用煤泥把炉火封住，常常是经月不熄。如果熄灭，则以干柴架起干煤块复燃起来。而铁炉、铜炉，过去只有城市里讲究的人家才用，因要烧煤，农村人那时候也烧不起。近年农村人富裕了，不但取暖的炉子与城里人一样，做饭还用上液化气炉子，防寒取暖则用冷暖空调，今非昔比，鸟枪换炮了。无论是住房还是房内设施，城乡之间的差距都在一步步缩小。

（八）茅厕

在中原地区的农村，传统的生活用水和粪便排泄多采用渗坑的形式，俗称“渗井”“渗沟”。在院子的西南侧，几乎家家户户都设有厕所，叫“茅子”“茅私”。茅子地上靠后的地方挖有便池，是个倾斜的便槽，或用砖石砌成，或以水泥预制，甚至就是个简简单单的土槽儿，叫“茅坑”；如果积了粪便或生活污水，就用草木灰或废土填压，一层层往上增加。多了就挖出来堆到旁边，到了农田耕种时节，再把这些积存的农家肥拉到田里肥田。农家肥是上好的有机肥料，可以改良土壤，有农谚说“庄稼一枝花，全靠粪当家”，就是指这样的农家肥。中原农村祖祖辈辈都是这样积存肥料，沃土肥田的。

（九）倒座房

倒座房是整个四合院中最南端的一排房子，也叫南屋。其檐墙临胡同，一般不开窗。由于门窗都向北，因此采光不好。西边又常设为厕所，故一般为仆人居住。

（十）走廊与甬道

在中原民居中，豫南地区走廊较多，分为檐廊和游廊两种，前者是指正房和厢房前面有顶的走廊，顶通常是屋檐延长出来的。一般是把前墙往里进一椽，前边设柱架起梁头，形成屋前走廊。在四合院里，这样的廊可以围绕院子一周，以备阴雨天行走。这是因为豫南地区接近长江，一年多阴雨。特别是梅雨季节，连阴不断，廊就是特别有用的建筑了。后者是指沿墙的廊（抄手游廊）和连接正房与厢房的走廊（穿山游廊）。有的檐廊和抄手游廊用窗户封起来，成为室内环境，称为暖廊。

连廊（采自陆元鼎等著《中国民居建筑艺术》）

如果是大户人家的四合院，除了内宅、外宅的主要院落，还会形成一些小的院子，如正房两旁耳房前的小院，以及外院两侧被屏门隔开的小院。内宅的院落中有正南北“十”字形的甬道，大户人家会在院子里栽上树和花木，以示主人的身份和文化素养。

（十一）天井

在有的地方，因屋宅狭小，又需要四面盖房居住，这种地方的四合院，中间就留下很小一部分露天的空间，叫天井。因五行之中水能生金，古代人以水为财，天井接下房顶雨水，寓意水不外流，财不外泄。有天井院的人家，一般把天井地面进行流水设置，盖有暗井或暗沟，用于排水和防火，豫南盖房留天井的居多。

（十二）禽畜房

中国是个农业古国，中原地区的劳动人民在几千年的生产生活实践中，不断丰富着自己的生产、生活内容。六畜、家禽的饲养也是农耕生活的主要内容。人们不但通过养牛、养马、养驴骡帮助生产，减轻劳动负担，还通过养猪、羊、鸡、鸭、鹅丰富餐桌文化，所以，在以农家户为经济单元的时代，每家每户都少不了禽畜房，如牲口屋以及鸡舍鸭棚等。

伍

建筑构件制作技术

中原民居的建筑技术，是由原始到文明，由简单到复杂，由粗糙到精细，逐渐发展而来的，经过先民们上万年的不断发展，大约到夏商时代才逐渐成形。相传直到春秋战国时期，才有了关于建筑技术的专著《鲁班经》。大到城镇，小到乡村；宏伟如宫殿，简单如农舍；精巧如斗拱，细微如卯榫，真正把建筑方面的构架结构、尺寸、做工技术等加以科学化并固定下来的，是宋代的建筑大师李诫。可以说，李诫是千年来中原建筑技术的集大成者，他的《营造法式》一书成为后世建筑技艺的瑰宝而流传应用至今。

一 建筑构件制作技术

（一）土坯制作

制作土坯是为了盖房。修房盖屋，是庄户人家天大的事情，甚至可以与娶媳妇相提并论。之所以这样说，大概也是因为二者本来就与利益相关。盖房子需要全家老老少少共同努力。人手少的人家要想盖一所房子得准备建筑材料数月甚至数年。

过去，中原农户多为土墙草房，所以，制作土坯就是最基本的建筑材料准备工作。

1. 脱坯

脱坯的活比较简单，但也最累。中原地区有句话叫“脱坯打墙，活见阎王”。意思就是脱坯打墙的活计太累，如同被阎王爷扒皮一般受苦受罪。脱坯首先要准备好坯斗。制作坯斗要选用质地比较结实柔韧、耐水浸且不易裂开的木板，按一定尺寸制作成长方形容器，有底无盖，中空部分有一到两个格栏，可以装两到三个土坯。一个坯斗可以用多年，因而不必每个脱坯人家都先制作坯斗，一般都是互相转借使用。从制坯环节说，从起土到成坯，需要以下几个步骤。

备土：脱坯需要黏度较强的黄土或红土，选好用的土料后，用车或箩筐把土运到脱坯场平坦的地方，然后摊开，在风吹雨淋日晒之后，让死土增加活性。有的地方会在冬季就备好脱坯用土，让死土在冰天雪地冻上一个冬天，待来年春暖花开后用。这样脱出来的土坯才能更加结实。

和泥：当土料差不多晒干凉透之后，就该和泥了。人们会把备土堆成堆，在上面扒出土坑，加入适量的水，渐渐把土堆洇透，拿铁锨或泥叉把湿土掺和成泥团。但这样还不能把泥掺匀，即使掺匀了，也缺乏韧性，很多时候，都是人跳到泥团里，用脚反复踩泥，越匀越好，这样可以把泥土的黏性充分生发出来，达到柔韧结实的效果。

掺黏子：这一程序是把一些稻麦秸秆弄碎，然后砸揉，最后均匀掺进踩好的泥里。这样可以使土坯更加结实耐用，垒到墙上，能经受住大雨的剥蚀。

制坯：一般是一人摔泥，一人搬坯倒坯。先在坯斗里撒上一些草木灰或者沙土一类，为的是防止泥巴与坯斗黏连。摔泥的人用两手在泥堆上扒下一块泥巴，用力把泥摔进坯斗，按压四角，使之实落。坯斗有两斗和三斗的，但每个斗尺寸相等。倒坯的人就把填压好的坯斗搬走，到晾坯场上把坯斗倒扣到平坦的地面上。两人周而复始，轮番干活。

晾坯：土坯要经过一两天到五六天时间的晾晒，根据季节和天气而定。其间要进行至少一次的翻坯和适当修整。如果遇到阴雨天，还要防备土坯被雨水冲毁。所以，脱坯之前，都要准备一个晾坯的架子或用来遮盖土坯的草苫子一类的东西。有了塑料薄膜之后，塑料薄膜便成为遮雨的用具。

架坯：等土坯晾晒到六七成干时，就可以把它架起来晾晒，这主要是为了节省坯场面积，以腾出空间制作下一批土坯。架起来的土坯呈蜂窝状，需要每隔一个留一个空，以便通风。土坯完全晾干后，就可以垒墙了。

2. 拓坯

拓坯的制作程序和脱坯差不多。再者，脱与拓两个字在中原方言中发音基本相同。所不同的，一是模具有所区别：脱坯的坯斗是五面封板、一面开口；而拓坯的坯斗是四边封闭的长方形木框，上下两面都开口。二是制作方法有所不同：脱坯如上所述，是将泥巴摔压进坯斗，端到场地倒扣出来；而拓坯则是先将坯斗用水涮干净，直接放在平整的场地上，将泥巴摔压进去，压实四角，刮平上面，双手同时提起坯斗的两端，使成型的泥坯留在原地，等待稍干后，立起来晾晒并修整。三是坯的规格也有差别：脱制的坯一般都与砖坯大小一致；而拓制土坯的规格可以根据需要，有小有大，小的也与砖坯一致，但大多数土坯要大于砖坯。因为垒砌的土坯墙比砖墙厚，土坯自然可以大一点。大一点的土坯，无论拓制，还是垒墙，操作起来效率都会更高。

中原农耕文化博物馆藏品：砖坯制作工具

在豫南水乡，人们制作土坯，多采取就地切割的方式，也有采用拓坯方式的。比起北方拓坯，首先就少了拉土晒土的工序，稻田里的泥本来就是熟泥，再加上牲口踩踏，坯泥自然就成了。黄海林有一篇《土坯砖》:“鸡叫头遍时，大人们就牵着耕牛拖着孩子下了泥田。一下泥田，人和牛就在泥田里玩命似的兜圈儿，那阵势，分不清是人撵牛，还是牛撵人，只见汗水在呼哧呼哧声中啪啪坠落，泥浆在咕叽咕叽声中飞翔。到太阳露出红彤彤的笑脸时，砖泥被踩成糍粑状，人和牛都披了一件花罩衫。踩砖泥像揉面一样，兑水是关键，水多水少都会让你事倍功半。因此，也有人家从半夜踩到日上中天时，砖泥还像贪睡的孩子不起床。第一批砖泥挑上了山坡，女主人就一路小跑地拿来木盆和砖模，催男主人回家吃黄心山芋煮稀饭。早餐过后，全家人都来到拓砖坯的山坡上，清场的清场，挑泥的挑泥，洗砖模的洗砖模，拓坯的拓坯，忙得像时下许多私人开的餐馆那样，全家老幼齐上阵，八仙过海显神通。最难的活数拓砖坯，要使泥团团变成方方正正的砖坯块，不仅要心细，还要体力好耐力足。否则，拓出来的土坯砖一准十有九歪，这种砖只能挑回田里。”

3. 切坯

切坯主要是在豫南水稻种植区。如上所述，他们借助稻田的泥巴，直接在水稻田地里一块块“挖”出土坯。

切坯的工作一般是在收过稻子之后，人们挑选地势较低的冬闲田地作为制作场所。盖房切坯的事情一旦决定，全家人只要一有空，就会带着小板凳坐在切坯的水田里，先挥舞木榔头，一点一点把地面夯实。然后就是具体切挖土坯了。切挖土坯的工具有三种。第一种是一把“一”字形铁铲，一人在前面用绳子拉，另一人在后面扶着。每隔一坯宽，用铁铲在地上划一条长切线。另两种都是折角形铲子，一种折角铲刀口面大小与坯的长宽相仿，另一折角铲刀口面与坯的厚度相当。具体操作时，少不了两个人或者更多人的默契配合，划出两条长线后，地面上便形成了一个卧着的巨大长方体，然后用折角形铲子切出一个个小长方体，一块块切坯就做成了，然后把切坯晾晒干燥，就可以备用。

切坯是土打墙和脱坯墙建筑技术的灵巧结合，它因地制宜，在豫南水乡广泛应用。相对来说，脱坯的人最累，拓坯的人劳动量次之，切坯较为省工省力。

（二）砖的制作

砖是中原地区民居砖瓦房建筑的主要材料，也是建筑类陶制品的主要类型。按照现代建筑术语来说，砖是建筑用的人造小型块材，分烧结砖（主要指黏土砖）和非烧结砖（灰砂砖、粉煤灰砖等），俗称砖头。黏土砖以黏土（包括砂石、煤矸石等粉料）为主要原料，经泥料处理、成型、干燥和焙烧几道工序而成。

1. 砖的历史

中国建筑陶器的烧造和使用是在商代早期开始的，最早的建筑陶器是陶水管。到西周初期又创新出了板瓦、筒瓦等建筑陶器。《荀子·正论》："是犹以塼涂塞江海也。"注："塼涂，以涂垒塼也。"塼，即现代汉语的"砖"字。从古文字方面说，作为形声字，它说明塼是土做的，但又不同于一般的土坯，而是经过了简单的烈火焙烧。在春秋时期，这种陶制品已经被广泛用于墙体建筑。在砖的制作技艺方面，绳纹砖是中国古代建筑使用的一种长方体用砖，因其表面有类似绳子的装饰纹样而得名。

秦始皇统一中国，结束了诸侯混战的局面之后，各地区、各民族得以进行较广泛的交流，中原的经济、文化更是得到迅速发展。绳文饰样已经不能满足人们的审美要求，砖上的花纹渐趋多样化。秦砖的纹饰主要有米格纹、太阳纹、平行线纹、小方格纹等，除此之外，秦砖还以游猎和宴客等画面为装饰。《史记·蒙恬传》载："始皇二十六年，使蒙恬将三万众，北逐戎狄，收河南，筑长城，因地形，用险制塞，起临洮，至辽东。延袤万余里，于是渡河至阳山，逶蛇而北。"在高山峻岭之顶端筑起雄伟豪迈、气壮山河的万里长城，其工程之宏大，用砖之多，举世罕见。有的秦砖上刻有文字，字体瘦劲古朴，这种古砖十分少见。

到西汉时期，社会生产力又有了长足的发展，手工业的发展突飞猛进。制陶业的生产规模、烧造技术、数量和质量都超过了以往任何时代，建筑用陶在制陶业中占有重要位置。汉代最富有特色的为画像砖和各种带有纹饰的瓦当，"秦砖汉瓦"代表了中华民族建筑技术的一个黄金时代，是一个质的飞跃。

画像砖多为空心砖，体型比较大，甚至长达一米左右。最初被用于台阶或壁面，装饰图案从龙纹、凤纹和几何形纹发展至内容非常丰富、艺术水平极高的各种图案。画像砖是战国至秦汉时期中原地区劳动人民一项了不起的创造。随着空心砖制作技术的不断发展，它不单作为建筑材料，更多的是用来建造画像砖墓。砖面上的纹饰图案题材广泛、内容丰富、构图简练、形象生动、线条劲健。这种画像空心砖主要集中在中原地区，在南阳、平顶山、许昌等地的古墓葬中大量出土，其画像内容有阙门建筑、各种人物、乐舞、车马、狩猎、驯兽、击刺、禽兽、神话故事等四十多种。这些富有艺术价值的陶质工艺品为我们研究汉代的社会面貌及绘画艺术提供了形象的实物资料。

东汉初期，画像空心砖的应用才从中原地区扩展到四川一带，中原地区用于建墓的画像空心砖到东汉后期为小砖所替代，而四川则延续到蜀汉时期。唐宋以降，砖的制作逐渐向小型化发展。而以黏土为主要制作材料，直到现在还在延续。

2. 砖的制作

住宅建筑用砖，其制作程序和脱土坯一样。不同的是，传统的砖坯的要求比土坯要严格、精细得多。一是砖坯对黏土和坯泥的质量要求高，好的黏土烧出来的砖才会结实耐用；二是土坯必须掺入黏子才能结实，而黏土砖坯不能有一点杂质，更不能掺入碎麻绳、碎草一类的东西，否则烧出来的砖就会出现空隙，影响墙体质量；三是砖坯无论制作、晾晒，都要求四角四棱分明、坯体板板整整，这样烧出来的砖才能砌出漂亮的砖墙来。

3. 砖的变化和发展

黏土砖就地取材，价格便宜，经久耐用，还有防火、隔热、隔声、吸潮等优点，在中原土木建筑工程中使用广泛。但其缺点是制作黏土砖耗土多，毁掉大量耕地。在土地资源越来越少的今天，我们要限制甚至杜绝黏土砖的使用。

如今的建筑用砖，已由黏土为主要原料逐步向利用煤矸石和粉煤灰等工业废料发展，同时由实心向多孔、空心发展，由烧结向非烧结发展。

目前，在中原地区建筑用砖方面，人们已经在开发新的料源。建筑用砖正向轻质、高强度、空心、大块的方向发展。其中，变废为宝的废料砖以及混凝土机制砖成为主角。分别有：以适当比例的石灰和石英砂、砂或细砂岩，经磨细、加水拌和、半干法压制成型并经蒸压养护而成的灰砂砖；以粉煤灰为主要原料，掺入煤矸石粉或黏土等胶结材料，经配料、成型、干燥和焙烧而成的粉煤灰砖。可充分利用工业废渣，节约土地和燃料。这些都为现代砖的发展提供了研发空间。

（三）房瓦制作

1. 瓦的用途

在中原传统民居中，房子的屋面系统大致可以分成单坡屋面、双坡屋面和多坡屋面。单坡屋面俗称“道士帽儿”房；双坡屋面是中原村镇中最为普遍的屋面形式；多坡屋面是双坡屋面的多样化，如卷檐、递坡、角坡等。坡面建筑必然需要上面有遮盖物以遮风避雨，除了原始的草顶，主要就是房瓦了。

中原农耕文化博物馆藏品：房瓦制作工具（瓦札子）

房瓦是一种陶制品，它是随着中华民族制陶技术的发展而出现的，并且一直应用至今。中原住房坡面系统的历史可以追溯到远古时期。我国自有历史记载以来至清末，房屋建筑几乎都是坡面屋。中原地区坡形屋面建筑基本上分为瓦房、草房和石瓦房，其中瓦房属于上等房屋。

到了现代，出现了平屋面系统。平屋面实际上是从国外古代城堡的结构演化而来的，伴随着现代混凝土构件的发展，在高层建筑上获得了广泛的应用。到了20世纪八九十年代，平面屋顶建筑才在中原农村广泛出现。

2. 瓦的历史

瓦的烧造大约起源于西周时期。瓦在中原地区的建筑遗址中被大量出土，它反映了中国古代劳动人民在建筑用陶上的伟大创造，开创了瓦顶房屋建筑的先河。瓦作为最古老的建筑材料之一，千百年来被广泛使用，是最主要的屋面材料。它不仅起到了遮风挡雨和改善室内采光的作用，而且有着重要的装饰效果。随着现代新材料的不断涌现，瓦的美饰功能也不断彰显，如现在一些楼房屋顶的瓦顶，其美饰功能就大于实用功能。

3. 瓦的样式

建筑用瓦有板瓦、筒瓦、瓦当、滴水四种。

大概到了汉代后期，随着技术的发展，出现了轮式制陶工具，在砖瓦窑业得以应用。轮式制瓦技术代替了手工盘条技术，使制作速度和质量大为提高。

4. 瓦的制作

中原地区传统房瓦的制作方法，自古至今少有变化。开始是把粗布套子套在圆形木段上，用泥条盘筑成圆筒形坯，再切割成两个半圆或进行三等分，做成筒瓦和板瓦瓦坯，晾晒定型之后，去掉木段和布套，修整晾干，再用窑火烧成陶瓦。后来，瓦的制作方法发展为轮式制作，圆形瓦坯一分为四，做成板瓦坯子，这样的工艺被沿用至今。

选料：制瓦坯者要先选好料土，运到瓦场堆起来，放上一年半载，经过寒冻暑曝，使其具有“活性”，这和脱坯备土及制砖坯备土差不多，但要比土坯和砖坯的要求精细得多。死土晾晒至土性活泛后，就用水渗透，人们会赤脚在上边反复踩踏，直到没有死土疙瘩。之后再反复用泥铲摔打，垛成泥垛，直到泥坯柔韧可用。

制作：制瓦的轮子是一个铁盘，中间有粗木成倒陀螺形状，称为瓦柱。另一个重要工具是瓦札子。瓦札子一般由楸木等柔韧木料做成，有把手，可开合松紧，便于在瓦柱上套上和取下；瓦札子外边用粗棉布做成的瓦衬布套紧。掂瓦坯工人做好这些准备工序后，制瓦师傅用细钢丝做成的泥弓从备好的泥料堆块上均匀切下长条泥片，套在瓦札子外边，再用弧形柳木拍板（水板）反复拍打，使筒形泥坯依托瓦札子更加实落。然后用针形拐尺切下多余部分，再用水把外部抹光，至此瓦坯制作才算完工。最后，抓住把手，提起瓦札子，将其放到平坦的场地上。一般情况下是一人拿两把瓦札子，轮番使用。

晾晒：将带着瓦坯的瓦札子掂到场子上后，小心翼翼地排齐放下。将瓦札子从开口处打开折合，使其直径缩小，便可顺利将其从筒形瓦坯中取出，筒形瓦坯便留在原地。这时，暂时不取出粗布衬子，等瓦坯稍微晾干一点，可以稳定下来时，取下衬布，并在每个瓦的分界处用利刀划一下，便于干后分开。

磕瓦：瓦坯晾到七八分干时，大概在一到两天后（视天气、季节而定），还要有一道磕瓦的工序。磕瓦的时间要求非常严格，大概是在瓦坯外边稍干还湿之时。如果太湿，瓦坯在磕开时会走形；如果太干，瓦坯的接口处就会互相出现豁口。瓦坯不管是走形还是出现豁口，都属于不能用的废坯。在磕瓦时，磕瓦师傅会拿一个小凳子，或直接蹲在瓦坯旁，一个一个地把筒形瓦坯轻轻拍两下，让瓦坯之间预留的接口微微裂开，然后扶着瓦坯，一下子把开缝的四个瓦坯一手两个拿牢，再合起来摞在地上。磕瓦是个技术活，一个瓦札子做四个板瓦坯，用力轻了磕不开，用力重了会磕烂，从而前功尽弃。实际上，从拿到筒形瓦坯，到磕开摞到地上，只有两三秒的时间，甚至让人看不清圆瓦坯是怎样在一眨眼间变成四个一摞的板瓦坯的。这就是制瓦师傅工艺技术的精湛之处。

筒瓦、瓦当与滴水：这三种都是瓦的变形品种，在房坡的不同地方有不同的用途。瓦坯制成后，把还有点发软的瓦坯捏成半圆形，就做成了筒瓦；在筒瓦前端再安上圆形或半圆形瓦坯，就做成了瓦当，瓦当指的就是瓦之头；

在板瓦前端安上半圆形（或称弧形）瓦坯，而圆弧中部带有尖头，就做成了滴水。瓦当和滴水主要起引导雨水下泄，保护屋檐不被风雨侵蚀的作用。同时，它们又富有装饰效果，可以使建筑更加绚丽美观。瓦当和滴水也叫上瓦当和下瓦当，其主要是为了不同用途而制成的不同的房瓦形状。

中原农耕文化博物馆藏品：瓦当、滴水等建筑构件

（四）砖瓦烧制

砖和瓦坯晾干后，就开始装窑烧窑。中原地区的砖瓦窑，有靠崖式、就坡式、半地窑式等，全在地面的圈窑形式较少。这是因为，就坡式或者半地窑式可以省去很多圈窑的工夫与成本，也易于后期的装窑、洇水、扒封凉气、散热出窑等操作。装窑时需要烧窑师傅的指导，哪里实装，哪里虚装，哪里留火路，哪里留气眼等，都需要十分注意。装窑完毕，要在窑顶用泥糊牢，除了烟囱，不留一点漏气的地方。在烧制过程中，烧窑的师傅需要时刻掌握火候，不然一窑货就可能会白烧了。火候到了，就要及时拦火住窑，然后挑水慢慢洇进窑里。洇窑要循序渐进，不能快也不能慢。大概得一两天时间，日夜不停，觉得洇透了才能停止。如果中间窑顶的水洇干没续，或者急漏，就会出现颜色不匀，甚至夹生的砖瓦，一窑砖瓦就废了。洇好窑后，就要启封凉窑，两天过后才能搬出砖瓦。

砖瓦烧制是一个复杂的过程，过去又全凭烧窑师傅的经验，每一步都要小心，最后蓝莹莹的砖瓦才会成为盖房子的材料。为了祈求不使窑烧坏报废，过去每到砖瓦窑点火，窑主或货主都会买一些酒肉香火，祭奠窑神，保佑平安。如今有了掌握温度和火候变化的科学方法，烧窑质量有了保证，自然就没有人再举行祭窑仪式了。

（五）现代瓦

中原民居长时间以来多使用黏土瓦，但是由于黏土瓦的自重大、不环保、能耗大、质量差、装饰效果差等缺点，现已逐渐被其他产品替代。

现在，屋面瓦种类很多，除传统陶土瓦，还有水泥瓦、沥青瓦、琉璃瓦、彩钢瓦等不同种类。

下面主要介绍民用建筑中包括黏土瓦在内的当前经常使用的几种屋面瓦。

1. 陶土瓦

中原农村的斜坡屋面，在有黏土瓦之前，盖房的材料各式各样，有木板、树皮、竹条、茅草、麦秆，甚至还有石片，等等。但这些材料防水性差、寿命很短，石片结实但材料有限。直到人工烧制的黏土瓦出现后，才算有了真正的屋面材料。“秦砖汉瓦”一词证明我国两千多年前就出现了黏土瓦。黏土瓦以杂质少、塑性好的黏土为主要原料，经过加水搅拌、制胚、干燥、烧结而成，按用途可分为平瓦和脊瓦，按颜色可分为青瓦和红瓦。黏土瓦主要用于民用建筑及农村建筑的坡型屋面。

2. 水泥瓦

水泥瓦是由混凝土制成的铺设于屋顶坡面的屋面瓦和配件瓦等建筑构件的统称。它以水泥、砂或无机的硬质细骨料为主要原料，经过配料、搅拌、成型、养护制成。水泥瓦制作技术来自国外，在欧美已有100多年的历史，20世纪末才开始在我国民间建筑上应用。混凝土瓦具有耐久性好、成本低等优点，但是自重大，主要用于农村坡型屋面建筑。

3. 沥青瓦

沥青瓦的全称为玻纤胎沥青瓦，民间一般称之为沥青瓦。充当主要坡型屋面材料的沥青瓦，其最大的特点是重量轻，色彩也较多。沥青瓦以玻璃纤维毡为胎体，经浸涂优质石油沥青后，一面覆以彩色矿物粒料，另一面撒以隔离材料所制成的瓦状屋面防水片材。它具有良好的防水、装饰功能，以色彩丰富、形式多样、质轻面细、施工简便等为特点，主要用于简单民居与商业简易建筑的坡屋面。

20 世纪 80 年代中期，天津、武汉引进了多功能改性沥青卷材生产线，从此我国才开始生产沥青瓦，但市场未得到拓展。20 世纪末，上海等沿海城市推广“平改坡”，彩色沥青瓦成了首选屋面材料。这不仅改变了城市景观，而且改善了屋面的排水与隔热性能，后来才被一些乡村民居所用。中原农村正规的民居中较少使用沥青瓦。

4. 琉璃瓦

在中原传统建筑中，琉璃瓦主要用在官衙、寺庙、牌坊、祠堂等建筑上。

流光溢彩的琉璃瓦是汉族传统的建筑构件，通常施以金黄、翠绿、碧蓝等彩色铅釉，因材料坚固、色彩鲜艳、釉色光润，一直是建筑陶瓷材料中流芳百世的骄子。中原地区早在南北朝时期就在建筑上使用琉璃瓦构件作为装饰物，到元代时皇宫建筑大规模使用琉璃瓦，明代十三陵与九龙壁都是琉璃瓦建筑史上的杰作。

琉璃瓦经过历代的发展，已形成品种丰富、形制讲究、装配性强的系列产品，常用的普通瓦件有筒瓦、板瓦、勾头瓦、滴水瓦、罗锅瓦、折腰瓦、走兽、挑角、正吻、合角吻、垂兽、钱兽、宝顶，等等。从传统琉璃瓦演变而来的西式琉璃瓦将筒瓦、板瓦型制合二为一，结构合理，挂装简便，有效覆盖面积大，屋顶承重小。琉璃瓦釉色丰富，可达百种以上。同时，不同于铅釉瓦釉面，它不影响装饰效果。因此，琉璃瓦在现代建筑中得到了越来越广泛的应用。

5. 石棉瓦

石棉瓦是以石棉纤维与水泥为原料经制板加压而成的屋顶防水材料，从规格上共分为大波、中波、小波三种，此外，还有分别与这三种瓦配套的覆盖屋脊用的人字形背瓦。石棉瓦的特点是单张面积大，有效利用面积大，还具有防火、防潮、防腐、耐热、耐寒、质轻等特性，而且制作简便，造价低，用途广，但制作石棉瓦的材料对人体有害，因此，石棉瓦多用于临时性建筑。

6. 彩钢瓦

彩钢瓦又叫彩色压型瓦，是采用彩色涂层钢板，经辊压冷弯而成的各种波形的压型板，它适用于工业与民用建筑、仓库、特种建筑、大跨度钢结构房屋的屋面、墙面以及内外墙装饰等，具有质轻、高强、色泽丰富、施工便捷、抗震、防火、防雨、寿命长、免维护等特点和优势。彩钢瓦现已被推广应用，特别是在豫北、冀南中原地区。

（六）石料制作

石料制作是中原民居建筑中的重要步骤。石料制作首先要采石。外墙建筑石材种类有花岗岩、玄武岩、石灰岩、白云岩、砂岩、大理石等。彩色花岗岩和大理石只是在近几年才被使用，且多用于城市楼房的室内外装饰。

一般来说，传统的中原民居所用石料以青石、红石居多。青石与红石相比较，又以红石为最好。

河南襄城县汝河边的首山，是伏牛山东麓的第一座山峰，横亘在黄淮大平原的西缘，平地突兀起来一道山岭，形若岱宗，因而亦被古人称为东岳，为中国古代九大名山之一。相传，黄帝曾为寻上古智者问询为政之道，带领手下臣子拜访广成子，到襄城而迷路，来到首山脚下，见到山上红石巉岩，惊叹风景独秀，山峰孤奇，山石艳丽，坚硬美观，便盘桓数月不忍离去。黄帝认为，名山必有奇宝，对周围山水进行一番考察后，果然发现铜矿石和石炭，于是就有了首山炼铜、荆山铸鼎、一统天下九州的盛举。此荆山即今平顶山市湛河区荆山，现在尚有荆山村存在，默默地向人们述说着五千年前黄帝的故事。首山山阴之处的乾明寺大殿，还有七圣迷途和黄帝首山炼铜、荆山铸鼎的红石浮雕。

首山盛产红石，自古便是周围府县选用各种建筑和生活石料的最佳地方。其石赭红美观，坚硬耐磨，因而首山红石的各种制品，在河南许多县市的农村随处可见，即便是数百里外的豫东诸县，也常见首山石料制成的建筑材料和生活器具。从民居建筑材料，到磨面的石磨、碾米的石碾、打场的石磙、压地的碌碡、捣蒜的蒜臼、舂米的石臼、井边的辘辘座、油坊的榨油石等，但凡是石头物件，以襄城首山红石为料的居多。

距首山远的地方，就只能从较近的山上取石了，如豫北的太行石，豫南的桐柏石、大别山石，豫西的伏牛山石、熊耳山石，豫中的嵩山石等，各山系中的各个山峰，虽然石质、花色和坚硬程度各异，但由于就地取材经济方便，都是当地民居建筑的首选。

在采石时，当地山民一般从石货坑里用铁锤、钢钎按纹路把石头打成各种料石，扛出坑来卖给前来选取石料的买主或石头贩子，再用牛车拉到各地的建筑场地。然后由石匠根据需要精敲细打，雕刻琢磨，以备选用。

1. 基石

基石，即为建筑民居做基础的石头，民间称之为“根脚石”。俗话说“根基不牢，房屋飘摇”，这里的“根基”就是指建筑的基石。所以，基石要选用结实、耐风化、耐水浸、不怕盐碱腐蚀的石料。制作根脚石不需过于讲究，但至少要有一个面是规整的，使用时将此面向外摆放，内侧间隙用下脚料和片石填塞实落，用稀泥或石灰灌注结实。

2. 横梁石

在中原民居建筑中，无论是砖墙还是土坯墙，在建造时都会准备一些横梁石，即在梁头接触前后屋墙的地方，安放利于承压承重的石料，其作用是增强大梁的接触面，减小大梁对墙体的单位面积压力。垒土坯墙或砖墙时，为了使墙结实，有时也会使用一些石条穿插其间，上下左右每相隔一定距离，在砖坯中间放置一块与墙体厚度相当的石块，以增强墙面的拉力。

3. 墙角石

墙角石是安放在墙角的石料，用来保护砖坯或垛而打的墙根脚或墙面四角，也兼有使前后墙与山墙互相牵拉依托的作用。在稳定墙面方面，墙角石的作用不可小觑。

4. 翘脊石

翘脊石是在房脊的几个脊头摆放的装饰石，有的也用烧成的砖脊头代替。无论是石料还是砖料，都会雕刻上一些代表吉祥或平安的图案。

5. 装饰石

装饰石是整个房屋建筑中用于装饰的石料的总称，包括各种石质雕件，也包括实用的石头，如镶嵌在墙上的拴马石，屋檐下、窗周围、屋脊上、廊道的镂花、浮雕石料等。

6. 柱石

柱石是房屋各种支柱下面的基座石料，可根据需要制成不同形状，有大有小，有方有圆，也有少量其他独特样式。在中原地区的民居建筑中，柱石的选用，各处不尽相同。一般来说，豫南和近山的民居较多使用柱石；豫北平原地区的居民使用柱石比较少，当然，过去的官宦之家就另当别论。

柱石

7. 门墩

早在汉代，中原民居建筑就开始使用门墩了。门墩又称门座、门台、门鼓、抱鼓石。它的作用一是托住门扇转轴，二是装饰门面。

中原民居中的大门门墩，是在几千年历史的发展中逐渐得到美化与完善，并传播至四面八方的。根据门楼的形制不同，工匠们会把门墩做成不同的样子，但以方箱形和抱鼓形居多。门墩上通常雕刻一些中国传统的吉祥图案。须弥座是整个门墩的基础，一般刻有花卉图案，以示美好和祈福。

早期的门墩用木头做成，是专为开关房门、保护门脚而设，完全是为了实用。后来门墩雕刻就有了花卉图案或鸟兽虫鱼，有了期盼吉祥的用意。石门墩代替木门墩后，门墩的制作逐渐向审美艺术和祈福习俗发展，到唐宋之后固定下来，一如今天我们看到的样子。因此可以说，门墩是中原传统民居建筑中用于美化门脸儿、起到支撑门框门轴作用的一个石质的构件。一些大户人家的石制门墩常常伸出门外，雕成狮子等各种形状。有些四合院的大门底部还有整体门枕石，门枕石在中间有一个槽用于支撑门框，门内部分凿有门窝，用于插入门轴（也叫门脚），与门墩一起起到固定门轴、利于开关的作用。

抱鼓形是中原地区常见的门墩样式，其形状如同一个竖立着的鼓。在鼓面和鼓的侧面通常雕刻有各种吉祥纹样，有蝠在眼钱（福在眼前）、穗穗瓶鹌（岁岁平安）、蝠鹿兽（福禄寿）、麒麟卧松、犀牛望月、蝶入兰山，也有的做成五个狮子（五世同居）等图案。

方箱形是另一种常见的门墩样式，即一立方体，四面都刻有不同的纹样。讲究的官宦富庶人家，更会在门楼门脸上下功夫，以显示自己的地位与众不同。门枕石一般由一块整石雕刻而成，在抱鼓或箱体上面雕刻图案。因此，中原民居中的门墩造型，是门楼中比较有特色的一个组成部件，也是蕴含了中原传统文化的石刻艺术品。

8. 柱础

古代中原民居的柱子多数为木造，属于大木作的范围。特别是在北部平原地区，因条件所限，所以石柱很少。为防水、防潮，木柱下垫以石质材料，称为柱础。柱础可圆可方，以圆形居多；做柱础的石料，要坚硬耐蚀，以红石、青石、花岗岩居多。柱础周围可以是净的，也可以雕以图案。现在有了混凝土水泥柱，直接从地基中制出来，因此就不需要柱础了。

9. 房坡石板

房坡石板主要在山区建石板顶房屋时用到，一般是利用一些页岩，按照一定的纹路，劈成较薄的石板，互相叠搭使用，实际上起到了平原地带房瓦的功能。

10. 镇宅石

镇宅石是中原地区民宅常用的石刻件，大小形状不一，根据需要而设置，但都刻有用于安宅的石敢当神像或者刻有“泰山石敢当”的字样，一般安放在迎着大路或者宅主人认为需要的地方。镶嵌在墙上的“泰山石敢当”镇宅石形状较小，做工精致。安放于门前、路口的形状就较大，甚至是一块整石。

（七）木料制作

中原民居的传统房型，基本上是从屋脊到房檐呈现一个舒缓的曲线。这种房型既美观又实用，有助于雨水快速排泄，降低疾风暴雨的冲刷力量，正所谓“上急下缓，水疾流远”。中原民居的传统屋架结构，源于中国古代建筑结构的原始技术。无论是北京的四合院，还是西安的宫殿园林，许多留存至今的建筑都有中原古代民居的影子，也渗透了农耕文化的灵魂。它们是活的文化幽灵，在数千年、几万里、上百代的时空转换中，上承下传，生生不息。它自下而上，基础上有柱，柱上有梁，梁上有檩，檩上有椽，椽上有板、箔，箔上铺泥灰，泥灰上扣瓦。

梁、檩、椽等屋架结构（王志军摄）

木构架要求工匠具有高超的技术，工匠的技术关系着一座新房的质量，因此，在中原民居建筑中，木匠的地位就显得特别重要。在建造房屋的工匠里边，木匠的身份是比较高的。一般来说，木匠都要懂一些设计原理或力学知识。老木匠们都知道“前后老檐柱，上下金脊枋，东西南北向，穿插抱头梁”的师训。哪里重要，哪里该细心，构建的位置，组装的方向，都得心明肚亮。怎么用墨盒放墨线，怎么开榫卯，怎么标尺寸也得得心应手。俗话说："长木匠，短铁匠，不长不短是石匠。"如果木匠把木料截短了，那就是神手也没有办法挽救。"长一尺，算合适""长一丈，用得上"也是木匠师傅教徒弟的口头禅。代代相传，师徒相授，是中原民居的建筑技术不断延续的根本法宝。

1. 制梁

在我国，人们把一个有才能、可以担当大任的人叫作"栋梁之材"，这充分说明了"梁"在一栋建筑中的作用和分量。中国古代建筑惯用木构架作房屋的承重结构。木构梁柱系统约在商周时代就已初步完备并被广泛应用，到了汉代发展得更为成熟。中原地区把民居建筑中的梁叫大梁（即横梁）。它是在房顶建造中，在墙体上水平安放的长条形承重构件。在传统的木结构屋架中，专指顺着前后方向架于墙体、柱上的一根最主要的木头。大梁以千钧之力，抬起整座屋脊，是一座建筑骨架的重中之重。

中原民居中的木构架具有几个特点，这与欧美国家的建筑体系截然不同。一是承重结构与维护结构可以分开，建筑物的重量全由木构架承托，墙壁只起维护和分隔空间的作用。二是便于适应不同的气候条件，可以根据地区寒暖之不同，随意处理房屋的高度、墙壁的厚度、选取的材料，以及确定门窗的位置和大小。三是木材的特有性质与构造节点有伸缩余地，即使墙倒而屋不塌，有利于减少地震损害。四是便于就地取材和加工制作，古代黄河中游森林茂密，木材较之砖石更为方便取用。

但是，在中原民居建筑中，木构架也不是绝对的。这是因为，木构架需要许多上好木材，对工匠的技术要求苛刻，只有有一定经济条件的富裕人家才能办到。因此，在中部平原地区，许多乡村建房，就采用半木架结构。具体就是房顶用木构架，墙体以下部分为砖土（或砖石）结构。大梁直接放在前后墙上，没有明暗立柱。梁与墙的接触部分，可以用石板、木板作为支墩，以减少房顶对墙体的局部压力，用墙体来支撑整个房顶。当然，采用这样的结构，就需要墙体宽厚结实，且在干燥少雨的地区才行。但不管哪种构架，大梁都是最重要的。

传统的大梁，要选用几十年树龄的桐木、榆木或松木制成。这是因为，中原地区多产桐树和榆树，桐木材质轻、木质细，而且柔韧性强，非常适合用作屋梁，是中国传统木结构建筑中骨架大梁的第一选择；榆木材质柔韧，结实耐用，又有“余庆”之祥。过去，中原地区较大松木不多，只在山区才有。将从外地运来的松木作为梁柱之材，只有极少数大户人家才能做到。其他的木材就差些，难堪大用。特别是在乡村盖房，忌用槐木、柳木、花果木、桑木、枣木，因槐树被视为“木中之鬼”，槐上房犹如鬼压身；柳木会让家中财气“溜走”；花果木是女性的象征，不能顶门立柱；桑木谐音“丧”；枣木棍为乞丐讨吃棍，不吉。因此，民谚有“桑柳枣梨槐，不入阴阳宅”的说法。杨树尚且可以，但中原地区有“前不栽桑，后不栽柳，院里不栽鬼拍手”的说法，“鬼拍手”即指杨树。除却迷信的说法，杨树的材质也和桐木、榆木差得远。

中原民居中的房屋结构，大体可分为抬梁式、抄手式、井干式，其中以抬梁式最为普遍。抬梁式结构是沿房屋进深或在柱础上立柱，柱上架梁；或在墙的支墩上架梁。梁上重叠数层瓜柱和梁，再于最上层梁上立脊瓜柱，组成一组屋架。所以，人们也把这样的一组木结构称为“一架梁”。平行的两组构架之间用横向的枋连结于柱的上端，在各层梁头与脊瓜柱上安置檩，以联系构架与承载屋面。各个檩条之间架椽子，构成屋顶的骨架。这样，由两组构架可以构成一间屋子。如果两头是山墙，传统的一座三间房子就需要两架梁。

2. 制檩

一所房屋的木构架，除了梁就要数檩条最重要，它是架在梁与梁之间或梁头与山墙之间的水平构件，与梁一起完成房顶的承重任务，其作用当然不容忽视。檩木又叫檩条，也称为桁条，檩条的作用是直接固定椽子，并将屋顶载荷通过梁而向下传递。檩的名称随其梁头所在位置的不同而不同，如在檐柱或墙体之上的称檐檩，在金柱之上的称金檩，在中柱之上的称脊檩。檩条与大梁呈垂直方向，檩与檩呈平行方向。檩条的长度依据房屋开间的大小而定，也可按房长拼接成为通长的连续檩条。

檩条因此与大梁的木材要求是一样的，最重要的是顺畅笔直。檩条比大梁细一些，无论在平原还是山区，都比大梁木材更容易找到。

檩条支承于山墙或者屋架上，一般用三角形木块即檩托（又称托木、三角木、爬山虎）来固定就位，檩条的间距及断面需根据屋架的间距，以及屋面板的厚度等因素综合考虑。中原民居前后两个房坡一般使用五道檩（一道脊檩，四道坡檩），房屋开间较大的，要用七道檩。檩木必须放在屋架节点上，以使其受力更为均衡。檩条虽有圆木和方木两种形式，但以圆木较为经济。

3. 制椽

椽子是放在檩条上的、共同架起屋顶的木条，它是屋面木架构的最末端构件，垂直安放在檩木之上。在中原地区，一般民居用椽，多数是把比较直的原木棍去掉树皮，在两头接近檩条的地方，砍出三四寸长的平面，用钉子固定。有钱的人家对椽子的要求更高，他们会用木刨把木棍刨成笔直的圆柱形或方形，以使装配起来更加规整，并使单调平淡的檐底增加立体和华实的视觉感。

有些讲究房屋美观的富豪官宦之家也会在较大的房屋上设置飞檐，飞檐附着于檐椽之上，向外挑出。挑出部分的椽头，叫飞檐椽。飞檐椽头径同檐椽。中国民间有句俗语，叫“露头的椽子先糟”，其中“露头的椽子”就是指飞檐椽头。

4. 制柱

柱子是建筑物中垂直的主体构件，用以承托上方物体的重量。中原民居建筑讲究横梁直柱。在主柱与地基间，常建有柱础。柱子所在位置不同，其名称也不同。在建筑物四角的柱子，称为角柱；在屋檐下的柱子，称为檐柱，在外的称为外檐柱，在内的称为内檐柱；在檐柱以内中线以外的柱子，称为金柱，金柱按其位置，分别称为内金柱、外金柱；在山墙正中支撑屋顶的柱子，称为山柱；在建筑物中线上支撑屋脊的柱子，除山柱之外的，统称为中柱。另外，亦有其他较小的立柱，不置于地基之上，而是置于二道梁或三道梁架上，以承托上方物件的重量，再通过梁架结构，把重量传至主柱之上。安置在横梁或枋之上的短柱称为童柱；安置在上下梁之间的短柱，称为瓜柱，例如脊瓜柱，安置在梁架之上承托部分屋檐的重量；直通上下层的柱子称为通柱。

（八）辅料制作

中原民居在建筑过程中还需要许多辅助材料，诸如各种钉子、绳子、石灰、腻子、箔、泥巴、捻子、木棍等，这里简单列举几种。

1. 钉子

钉子由铁匠炉打制。屋梁房架上用的钉子都比较大；钉椽子的宝盖钉较小且带有平整的盖子；固定梁檩的叫作抓钉，两端弯头分别钉入梁和檩；还有中间粗两头细尖的枣核钉，用于拼接联结。

2. 石灰

石灰是人类最早应用的胶凝材料。这种胶凝材料是以氧化钙为主要成分的气硬性无机体，是砌砖、黏瓦、抹墙必不可少的东西。用今天的化学成分分析，石灰是用石灰石、白云石、白垩、贝壳等碳酸钙含量高的原料，经 900℃ ~1100℃煅烧而成。原始的石灰生产工艺是将石灰石与燃料（木材）分层铺放，引火煅烧一周可得。现代则采用机械化、半机械化立窑以及回转窑、沸腾炉等设备进行生产。煅烧时间也相应地缩短了，用回转窑生产石灰仅需 2~4 个小时，比起用立窑生产，可提高生产效率 5 倍以上。近年来又出现了横流式、双斜坡式及烧油环行立窑和带预热器的短回转窑等节能效果显著的工艺和设备，燃料的范围也扩大为煤、焦炭、重油或液化气等。烧成出炉的石灰称为生石灰，生石灰加入水浸泡后成为熟石灰。石灰泥浆加入黏子，用于填充砖石缝隙，干结凝固后相当坚固。

我国在公元前 7 世纪的春秋时期或者更早，就已经掌握了将石灰石煅烧成粉后，用于黏结和固定器物的技术，并开始逐步应用于建筑。直到今天，石灰仍然是用途广泛的建筑材料。

3. 腻子

腻子，分泥腻子和灰腻子。泥腻子就是掺入草黏子的泥巴或泥浆，用于抹墙贴瓦。灰腻子是在石灰中掺入碎麻绳等较细的黏子。装饰墙面时，泥腻子和灰腻子往往配合使用，先用泥腻子打底，然后再用灰腻子涂抹表面。

4. 箔

在中原地区民居建筑中，箔在屋面建筑中的作用也是非常大的。多数制箔材料是高粱秆儿，去叶后用细麻绳交叉连接，大小依屋面长短而定。

南方多水地区，也有用苇子制箔的。山区多竹木，有的用细木棍或毛竹制成箔的样子。总之，中原各地制箔材料五花八门，因地制宜。在建筑用途上，箔是紧贴于椽子上的一层托衬物，在下边，起到了干净、美观的作用；在上边，箔是屋面基层的中间层，上边就要打腻子扣瓦了，所以，它起到了承上贴下的连接作用。

5. 粘子棍儿

在中原农村，过去由于条件所限，有的穷人家连箔也买不起，或者没有材料做，为了盖房，就砍回来一些树枝，把它们截成尺把长的短木棍存放起来，日积月累，到盖房时，就把木棍一根根蘸上石灰或泥巴，粘在椽子上，所以叫粘子棍儿。它没有箔美观耐用，但对于穷人盖房，也是经济实用的。

6. 里子笆

当地百姓叫它“斜笆”，原料是白蜡条、荆条、苇子、毛竹、树枝等，找一片空地，像编大席一样进行编制，然后直接铺到房坡上的檩椽架子上使用。斜笆可大可小，可宽可窄，有的一个一间大小，有的一个两间大小，有的甚至一个三间大小。如果是五间，编一个斜笆太大，也不容易往房坡上摆放，于是就编成两个。放斜笆时，一般是把它卷成大卷抬上去，然后再展开。

二　建筑技术

（一）地基建造

地基是一所建筑的基础，无论是高楼大厦还是农家民居，打好基础都是非常重要的。中原地区的民居有几千年的历史，中华民族农耕文明的基因已经点点滴滴融汇其中。在民居建设中，从选址到建成，每项行为、每个程序，角角落落、方方面面都渗透着中华民族优秀传统文化的基因，这首先就体现在地基的选址与建造上。

1. 选址

建房前，房主都要对周边地质进行考察，水道、池塘、粪坑、墓地、寺庙的附近是不宜建房的，应予避开。这是因为，一要防止地基不均匀沉降，造成房屋开裂，甚至倒塌；二要避免污秽侵宅；三要远离鬼神之地。

中原民居在选址上，自古都有遵循风水基本原则来选择房址的习俗，要求住房格局以负阴抱阳、背山面水为最佳。按照古代阴阳五行学说，北为阴，南为阳；低为阴，高为阳；山北为阴，山南为阳；水南为阴，水北为阳。还要具有良好的自然环境和相对封闭的空间，有利于形成良好的生态循环的小气候。背山能屏挡冬季北向寒风，面水则迎纳南向季风。朝阳具有良好的日照，缓坡可避免淹涝之灾和保持水土。此外还要考虑有利于农副业发展的良好的自然条件。

2. 辟场

辟场，就是开辟建房的场子。房子选址以后，就要择时辟场。辟场需要注意时间、方位和祭奠太岁。按照中原农村的风俗，第一步，建房必须找准黄道吉日，一般来说，每个村里或十里八村都会有一两个懂得黄历知识的老人或公认的“文化人”，他们能够结合新址的五行方位和户主人的生辰八字，算出哪一日是吉日，然后方能开工辟场。第二步，算出当年的太岁在哪个方位，尽可能避开它，免得“太岁头上动土”，招来各种祸患。第三步，在辟场动土前，还要买上几斤大肉作供品（民间称“刀头”），燃上三炷香，烧上几刀纸，放上几挂炮，告诉土地爷和四方神祇：“俺要在这里建房了，您该挪地儿的挪地儿，请多关照，多多包涵！”人们相信人神相通，认为这么一祭拜，就会平安无事了。这道程序，是中原地区建房垒屋绝对不可含糊的事情。

3. 夯地

辟场之后，就是夯地。在辟开的场子四周，放线方地，挖出地基。中原农村盖房子施工，极注意地基必须挖至老土层，土质均匀一致，并且依所盖房屋的大小承重，进入老土的深度也不同。基沟挖好后，再把土回填沟内，用石夯、木夯，乃至大石磙，一层一层把地基夯实。

所谓“夯地”，就是使用重物用力夯砸，挤压掉泥土中的空隙，使泥土变得更结实。夯地所使用的重物通常远超一个人负重的能力，所以通常由数人协同进行。在中原农村，夯地一般使用专门的石夯（当地称“石峨”），石夯的四角有四个空，拴上粗绳子，留出四个或八个绳头，由四人或八人

中原农耕文化博物馆藏品：地基建造工具（石夯、木夯）

协同操作；或者把碾场的碌碡（石磙）作为夯石，把四根木棍牢牢捆在夯石四面，由八个壮劳力一边喊着号子，一边把石磙高高抬起，再重重落下。夯地需要一个主夯，即把方向、喊号子的人。这人声音要洪亮，身手要灵活，脑瓜子要聪明，嘴皮子要顺溜，因为抬夯的其他人都要听他指挥，指哪儿打哪儿，喊啥应啥。这样夯脚才能排得整齐，夯得实落，保证质量。打夯是力气活，有时候还需要两班倒。为了保证劳动效率，主人家往往会在两顿饭中间的半晌儿再加一顿饭，烙一些葱花大饼或张罗馒头咸菜送到活儿场，招待夯工。

有考古材料证实，我国使用夯土技术的历史十分悠久，可追溯至新石器时代。商、周、秦、汉时期，重要建筑的高大台基都是夯土筑成，宫殿台榭也是以土台作为建筑基底，可以说我国古代的夯土技术是非常发达的。官用大型工程，往往会动用成百上千甚至上万人夯打地基。这种夯土技术，中原农村直到 20 世纪五六十年代还在普遍使用，后来改用电动工具了。一些偏远地区目前仍然使用人工夯土技术。

4. 扎根脚

中原农村民居建筑中，把垒建墙基叫“扎根脚”。建房地基夯成后，清除浮土，用线绳拉直找出水平线，然后把修整备好的石块从基底垒到高出地面。在石料开采、运输方便的地方，高出地面后还要往上边垒上三五层甚至更多的石基；不方便的豫东大平原地带，石料奇缺，高出地面即可。然后就是垒墙了，根脚的层数也有讲究，取阳不取阴，要为单数，三、五、七层都可以，但不能是双数。

现代的农村建房，与传统的做法大不相同。现代农村建房多用水泥砖混结构，砌体砂浆按照一定的比例配比。先用钢筋探测地基下是否有孔洞或软土层，若有，就挖至老土，或者进行夯打压实。地基挖好后，就把水泥砂浆灌注浇实，待凝结成型，再往上垒墙。

（二）土墙建筑

民居中的土墙，在中原农村建筑中，可以说历史悠久，在我们的先人脱离巢穴居住，学会搭屋筑居之后，土墙就产生了。中原地区的土墙，粗分为夯土墙、泥垛墙和坯垒墙。夯土墙和泥垛墙都叫打墙，俗话说：“打墙甩泥，活脱层皮。”这指的就是土打墙和泥垛墙是建房程序中最累的活儿。

1. 夯土墙

夯土墙又叫版筑墙。版筑夯土墙是我国最早采用的筑墙方法。它以木板做成长方体墙模，由两个长长的木板和一个堵头组成，版壁长 2 米、宽 0.35 米左右，堵头约 0.6 米，两块长木板和墙堵头木板连接呈活动状，后端可以张开合拢。作业时，将筑墙夹板平稳安放，用上下左右四根夹板棍进行固定，然后向中间的空槽内填入湿度合适的黏土或灰石，用铁杵夯打密实。然后一截接一截接续前行，一层压一层螺旋上升。

历史资料证明，在四五千年前，我国就已经在用夯土方法修筑城墙。夯土造墙技术，原形成于中原民居建筑，并在逐渐得到完善后，才大规模应用于城墙建造。所以，中原民居中的夯土墙，产生的时间会更早，而且逐步由乡村传向城市，由民用技术转向军事技术。在近些年的考古中，也出现了殷商时代夯土造屋的实物证明。孟子曰：“舜发于畎亩之中，傅说举于版筑之间。”这里的“版筑”，指的就是夯土技术。

在公元前 16 世纪至公元前 11 世纪的殷商时代就有成熟的夯土技术，商代早期都城遗址——郑州商城是一座拥有宫城、内城、外郭城和护城壕的规模庞大的城址，其防御体系是通过外郭城和护城壕与东部湖泊内的大面积水域构成的。这是中国商代最早且最大的一座王都，也是中国历史上第一座建有城垣的王都，它拥有的城墙宫殿、手工作坊、祭祀窖藏、青铜礼器、防御设施和配套的供排蓄水系统，在中国城市发展史上具有开创性的地位。郑州商城外郭城的南面、西面是坚实的夯土墙，长达 6000 多米，是夯土墙的代表。

到了汉代，民居建筑使用夯土墙的更多，并且在夯土墙中，开始使用水平方向的木骨墙筋，称为“纴木”。在长城沿线，也可以看到不少地方使用夯土墙。它们有的是用黏土和沙土，再夹以红柳或芦苇的枝条夯筑成的，也有的是用土、砂、石灰加以碎石夯筑成的。版筑夯土墙的高度一般是底厚的一倍左右，顶部宽度为墙高的 1/4 至 1/5，所以城墙有明显的收拢。这种墙有一定的承载能力和防御功能，能阻止敌人步、骑兵的行动，抵抗冷兵器的袭击，并可就地取材，施工也很简便。所以隋朝以前的长城，多采用版筑夯土墙。汉代的筑城夯层在十五层左右，由于筑城术的进步，唐代和明代筑城夯层则在三十层左右。但这种墙容易被敌人破坏，而且不耐风雨剥蚀，天长日久会自行坍倒。

我们如果去新疆旅游，就会在新疆的交河等故城中看到城墙残体上竹木墙筋裸露，明显打有木筋，相隔数米并规则呈现。在由陕西到宁夏的公路旁，汉长城烽火台残存遗址上也有一些腐烂的木筋。这体现了筑城术成熟的技巧。部分汉长城采用了版筑夯土墙方法构筑。

这种做法到南北朝、唐、宋，最晚到元代还在使用。唐代皇城长安的宫墙均为夯土墙，城内的里坊也用夯土墙分隔。到了北宋，夯土技术又有进步。北宋匠作少监李诫编修的《营造法式》一书中就系统总结了当时夯土版筑技术的成就。其中规定“筑墙之制，每墙厚三尺，则高九尺，其上斜收，比厚减半；若高增三尺，则厚加一尺，减亦如之”。元明时期，中原人大量迁徙南方，福建的客家人建成的土楼，把夯土施工技术推向了顶峰。

夯土墙经济实用，建起来的房屋冬暖夏凉，所以直到今天，在中原农村的偏僻山乡，这种版筑夯土打墙技术仍有使用。

中原农耕文化博物馆藏品：打造夯土墙的木夹板

目前，夯土墙在中原大多数农村基本上不用了，但在那历史烟尘中存留的一个个古老的村庄，依然有夯土墙的影子。

杨崇演在其《土墙岁月》一文中对乡村土墙有一段十分精彩的描述。

早些年，老家的土墙触目所及，蕴含着浓郁的乡土气息，饱蘸着深厚的人世沧桑——一排排、一堵堵、一截截的，往往圈着一户户农舍，讲述着农家一个个故事；或者圈着一头头牛或猪，倾听着牲畜一段段喘息；抑或圈着一个个菜园，见证着青禾一畦畦枯荣……

土墙，履行“守家护院”的使命，割不断四季田园牧歌的浪漫。记得父亲垒垛土墙时说：“搡土墙和做人一样，根基要稳。”我当时对这句极富哲理的话似懂非懂，不过，父亲搡得土墙牢固、结实，仿佛筑在我心。

这句话，我铭记了几十年，也琢磨了几十年。这句话像是在说，土墙可裂、心墙不能裂。这句话又像是在说，哪个家庭没有点点滴滴的裂缝？只要及时修补，定会风雨难侵。这句话更像是在说，做人不能让朋友、邻居心寒；做官不能让百姓心寒，墙裂了可以修复，如果人心裂了，就难以取信于民了。

光阴，在高高低低的土墙间流转着。故事，随着窸窸窣窣掉落的墙皮，娓娓道来。我庆幸——如今的洋楼宛如雨后春笋，东一座，西一座，拔地而起，一座比一座秀气；我庆幸——时虽远，人虽变，墙依在！真怕有一天它们会在岁月侵蚀中坍塌、消失！

2. 垛墙

垛墙是打墙的一种。中原农村民居中的土墙，大部分是泥垛墙。泥垛墙要把黏土先运到房基四周，待放一段时间增加其“活性”后，隆成槽状土龙，里低外高，放水洇透。然后撒上柔软的麦子糠秆或稻草秸秆作“粘子”，用泥叉反复掺砸，使之均匀，否则，垛出来的墙就会不结实，影响建筑的质量。泥的干湿程度要恰到好处，太干会减少泥墙的黏结度；太湿会使泥坯的承受度降低，容易堆卧倒塌。一般来说，以剁上一米高低，不能堆落下来为好。和好泥后，打墙的人一般两人一组，一人拿一把三齿铁叉铲泥，递给另一个垛墙的人。待垛到一米左右，就得停下来晾晒几天，等稍干时再继续往上垛，这时就需要一人在墙上，一人在地上。这样轮番进行，直到屋墙垛成。泥垛墙比夯土墙要结实得多，也更能经受风刮雨淋的剥蚀，因此，在中原地区的许多地方，传统的土墙民居多是泥垛墙。

3. 坯垒墙

坯垒墙，是指把土坯一块一块垒叠成墙。土坯晾晒干透之后，就架起待用。等扎好墙根脚，就把土坯用稀泥黏连垒成土墙。垒土墙虽说不像垒砖墙那么细致，但也要注意压茬，即上一层的土坯要压到下一层两个土坯的接茬中间，这样才能使垒出来的土坯墙结实美观。中原地区的土坯墙比较厚实，建成的民居冬暖夏凉。土坯墙体垒成后，待房屋盖成，入住前还要里外抹一层泥灰腻子，既美观又干净，更主要的是把土坯凝结成一体，增加墙体的结实程度和耐风雨的程度。有句俗话说：坯墙打层腻，如同固铁皮。

（三）砖（石）墙建筑

在中原农村，垒砖墙的方法，和垒土坯墙的程序和方法基本相同，只是更细致些。先在墙根脚上排砖（俗称摆砖或撂底），在放好墙体线的石头或水泥基体上，将第一层砖留出接缝宽度试摆，使接缝宽度在允许的范围内进行调整，并顾及门窗位置和交接墙。要考虑在门窗口上边的砖墙合拢时不出现“破活儿”。前后檐墙排每一批砖时，要考虑甩窗口后砌条砖，尽量多用整块砖，然后用石灰或水泥灌缝砌牢。所以排砖时必须要全盘考虑。排砖从山墙和纵墙转角开始，山墙排丁砖，纵墙排顺砖。砌法有一顺一丁、三顺一丁、梅花丁等多种方法，窗角上必须是七分头才算好活。

较土坯墙来说，砌砖墙有一些独特要求。

其一，要细致和好灰浆。中原地区传统的垒砖方法，就是用石灰浆黏结墙砖。石灰是用石灰石经过煅烧而成的传统建筑黏结材料。用时得把生石灰泼水粉化，再用筛网过滤掉渣滓，水冲到预先挖好的石灰坑中，停放几天以增其活性。用时挖出来放到工匠的灰盆中，搅和均匀，就可以使用了。

其二，砌前适度洇料。墙砖是黏土烧制的陶制品，有一定的吸水性。砖在砌筑前，要进行浸水，然后才能用于垒墙。黏土砖必须在砌筑前一天浇水湿润，一般以水浸入砖四边 1.5 厘米为宜，含水率为 10% ~15%，常温施工不得用干砖上墙；雨季不得使用含水率达到饱和状态的砖砌墙；冬期浇水有困难，则必须适当增大灰浆稠度。否则，墙砖含水饱和或者过干砖，就会不黏灰浆或快速吸取灰浆中的水分，达不到凝结墙体的效果。

其三，墙体横平竖直。砌砖时，砖墙灰缝必须饱满，要求灰线笔直，不留瑕疵。古代的优秀工匠垒出来的砖墙，要求“灰线似箭直，灰隙塞秫米”。这是指两砖之间的灰线，不但要直，更要细如高粱米。当然，要达到这样的质量，就得从制坯、烧砖、垒墙等一系列工艺做起，哪个环节出了问题，都不可能达到这样的要求。

其四，严格盘角挂线。砌砖前应先盘角，每次盘角不要超过五层，新盘的大角，及时进行吊靠检验，如有偏差要及时修整。盘角时要仔细对好砖层和标高，控制好灰缝大小，使水平灰缝均匀一致。大角盘好后再复查一次，平整和垂直完全符合要求后才可以挂线砌墙。砌筑一砖半墙必须双面挂线，如果几个人使用一根通线，那么长墙中间应设几个支线点，小线要拉紧，每层砖都要穿线看平，使水平缝均匀一致，平直通顺；砌一砖厚混水墙时宜采用外手挂线，可以使砖墙两面平整，为控制抹灰厚度奠定基础。

其五，杜绝游丁走缝。砌砖工匠有“上跟线，下跟棱，左右相邻要对平”的谚语，说的是砌砖一定要跟线，宜采用一铲灰、一块砖、一挤揉的

“三一”砌砖法，即满铺满挤操作法。砌砖时砖要放平，里手高，墙面就要外张；里手低，墙面就要内凹。为保证立缝垂直、不游丁走缝，当砌完一步架高时，宜每隔 5 尺左右水平间距，在丁砖立楞位置弹两道垂直立线，以分段控制，避免游丁走缝。在操作过程中，工匠们干一会儿就要认真进行自检，如出现偏差，便容易随时纠正，绝不能有事后砸墙重砌的现象发生。砖砌实落后，还要随砌随将冒出的“舌头灰”刮尽，保持墙面干净美观，这才称得上师傅的“活儿”，师傅才能称得上“好手儿”。

其六，切记“出砖入石”。中原地区的石头墙，除山区石料充足外，一般是在扎根脚时用石头细料垒成，平房层数少，楼房层数多一些，或者是砖石相混垒墙。垒的时候，砖石用料和层数根据各种建筑材料的多少而定。石要竖砌，砖为横叠，砌筑到一定高度后，石块与砖互相对调，使其受力状态平衡，前后砖石对搭，使用石灰或水泥浆黏合，砖通常要比石块面多出来一点，这叫“出砖入石”，是泥水匠们必须牢记的。同时，根据各工匠的习惯及现有材料的条件，“出砖入石”中石块的形态种类繁多，点状、条状、块状都有。“出砖入石”中石块所占的面积比例不定，有的是用一两块石头作为点缀，有的却是满铺满排。“出砖入石”中灰缝的处理，凹缝、平缝均有。“出砖入石”的运用部位，有的是整个墙面，有的是下部墙体，有的是拐角处。这种石块与砖缝所形成的点、面、线的结合，很好地利用了石材表面与砖表面所形成的色彩与质感对比，穿插组成变化多样的不规则构图。无论是石、砖的明暗度对比，两者色彩上的和谐共融，还是其中所表达的缓和与冲突的意境，都是中原砖石文化的别具风格之处。

（四）屋架建造

屋架，即屋顶的框架，是房屋建筑的主要工程，决定着屋子的质量。

1. 屋架的结构

房屋的木构架由柱、梁、檩、构架连接件和屋面基层五部分组成，每一部分都程序严密，要求严格，对工匠的技术要求也很高。宋代《营造法式》推行后，房屋的进深以椽数称呼，如“四架椽”即四椽之深，“八架椽”即八椽之深。到了清代，房屋的进深则以檩数称呼，如“五檩”即宋代的四架椽，“七檩”即宋代的六架椽，“九檩”即宋代的八架椽。现代中原民居，一般以几檩相称，农村的传统房屋，一般为五檩四椽。豫南住房多有檐下柱廊，前边或多一檩椽距离，或前墙入内一檩椽距离，留出门前柱廊。这主要与南方多雨，气候潮湿有关。

破房的屋架结构暴露无遗（王志军摄）

因传统的中原民居多是斜坡式建筑，构架连接件和屋面基层一般由椽子、望板（粘子、箔、瓦底、扒砖等）、飞椽、连檐等构件组成。

椽子：连接檩条的木料，上边铺望板，以承接房面材料；望板是安放在椽子上边的隔层，用于在上边摊泥灰和扣瓦。中原民居建筑，一般就地取材，如平原地区用高粱秆制成箔，近水地方用苇草作材料，而山林地带则用削好的短木棒，即我们前面介绍的粘子棍儿。比较富裕的人家，也有用瓦棚在椽子上的，既干净又美观。更富有的人家置房建屋，就会用扒砖。只不过，用瓦和扒砖作望板，对椽子的要求也要高很多，必须是方出来的上好木椽子，平常庄户人家是用不起的。

飞檐、连檐：房子檐头的样式，它与房子主坡连在一起，是一个整体。

立柱：在中原民居中，立柱是直立支撑受力构件，它在不同的地方有不同的用法，起到不同的作用。以五檩房屋为例，依其位置和功用不同，梁檩的支撑柱子就有山柱、檐柱、金柱、瓜柱等。

山柱：整个房屋构架最尽端，紧贴山墙一排梁中立于山尖位置的柱子，它是硬山建筑中承接脊檩末端的主要支承构件。由于硬山式的檩条只能搭上山墙的半边，所以，硬山式屋子为了加强承重力，就会在山墙安檩处加上柱子。山柱由地面直通脊檩，是上述柱中最长的柱子，也有每檩都有山柱的情况，这要依房屋的大小、质量要求而定。

檐柱：房屋前后檐最外排的柱子，前面的叫前檐柱，后面的叫后檐柱。

金柱：房屋前后檐内排的柱子，宋称“内柱”，清叫“金柱”。

瓜柱：下端立于大梁上用来支承上面梁架的短柱，有的称为“童柱”。

2. 架梁

在中原民居建筑中，架梁就是把梁架放到屋墙上。梁是组成屋架的横向承托构件，是最重要的建筑材料和房屋构架部分。我们俗话说“架梁盖屋”，没有梁架这道工序，盖屋便无从谈起。由此可见架梁在民居建筑中的重要性。

狭义的梁，指承载屋顶木构架的下部横向木料，它是横架于前后金柱之间（或直接架在前后墙壁上）承托瓜柱和檩木的构件，也称大梁；广义的梁，指全梁构架的整体，包括二梁三梁，随梁和枋，即承接前后檩、支撑瓜柱连接顶檩的屋梁各个部分。中原农村人称这样的梁架为“二梁起架”“三梁起架”。

还有一种叫抄手式的，它是用三根木料，作为坡梁（斜梁）和随梁，呈三角形式支撑起屋顶的，横架于檐柱（前后墙）和金柱之间，承接檐檩的构件。梁头上部剔凿有槽口，与坡梁紧紧咬合，或者用抓钉把他们牢牢钉在一起。民间把这种梁的样式形象地比喻为两手相扣，如同“抄手”。也有将这种样式称为“抱头梁”的。抄手梁一般用于屋身浅，屋架、房坡轻的建筑。它其实不是梁，并不承接上面的荷重，只是将前后金柱连接起来，形成一个稳定排架的横向连接构件，把屋顶重量传导到前后墙或是檐柱上。

中原民间习惯于把架梁称为“上梁”。上梁既然如此重要，就必然会有一些固定的仪式。我国之所以被称为礼仪之邦，是因为古人无论干什么事情都讲究礼仪。建房作为生产生活的一件大事，自始至终都伴随着各种各样的礼仪。中原地区是中华礼仪传统的发源地，自然会把一些传统礼仪和习俗赋于建筑艺术上，世世代代流传下来，融入架梁盖屋，以示它在盖房各项程序中最为重要。

建房礼仪实际上是一种求吉礼仪，人们举行这些礼仪的目的是祈求房屋永固、富贵长久、子孙满堂。据我国史料记载，建房上梁仪式始于魏晋时期，到明清时期已普及全国各地。它被人们视为建房过程中最重要的礼仪。

中原农村民间认为，上梁是否顺利，不仅关系到房屋的结构是否牢固，还关系到居住者今后是否兴旺发达。过去农村有句俗语："房顶有梁，家中有粮；房顶无梁，六畜不旺。"可见梁在老百姓心目中的重要性，所以每逢上梁都要举行隆重的仪式。尽管各地的习俗有所不同，但上梁仪式都十分隆重。

上梁是建房最隆重的仪式，在上梁前，必须看好日子。上梁日子定好后，亲戚送来团子（或馒头）、糖果、红绿布、爆竹等礼品，表示祝贺。礼品中要放少许柴和米，以讨吉利。上梁当天，东家和工匠都要举行祭梁仪式。人们将贴上红纸或系上红绸的正梁抬到新屋堂前，在堂前挂"紫薇星"或"太公图"，并在两旁中柱上贴上"竖柱适逢黄道日，上梁正遇紫薇星"的对联。在供桌上摆上各种祭品和香烛等，先由主家长辈焚香拜叩，再由工匠的领头人代表全体泥水匠、木匠等边说吉利话边敬酒，大意是祈求神灵保佑家庭安康吉祥。祭拜完毕，便由匠人下边抬、上边拉，热烈隆重地把大梁安放到合适的位置。抬梁或拉梁的时候，鞭炮齐鸣，上梁师傅要唱上梁歌，高喊："上啊，大吉大利！"在上梁的过程中，有的地方要求将正梁平平稳稳往上抬，忌讳一前一后，高低倾斜。大梁是由一个树木主干做成的，分大小头，安放大梁一定要大头朝前。

将正梁放平稳后，主人要将亲朋好友送来的"五谷彩袋"搬到屋顶，放在梁的正中，寓意五谷丰登，并将红布披在梁上。有的地方在红布的底端缝上一双布鞋垫，其寓意为给新房主人铺垫家底。有的地方在正梁中间挂上装有红枣、花生、米、麦、万年青等的红布袋，寓意"福、禄、寿、喜，万古长青"。此后，匠人将果品、食品等用红布包好，边说吉祥话边将布包抛入由主人双手捧起的箩筐中，这个程序称为"接包"，寓意为接住财宝。

上梁仪式中最热闹的程序是"抛梁"。当主人"接包"后，匠人便将糖果、花生、馒头、铜钱、"金元宝"等从梁上抛向四周，让前来看热闹的男女老幼争抢，人越多东家越高兴。在“抛梁”时，匠人还要说吉利话，他们常说“抛梁抛到东，东方日出满堂红；抛梁抛到西，麒麟送子挂双喜；抛梁抛到南，子孙代代做状元；抛梁抛到北，囤囤白米粮满堆”等。

热闹过后，就是贴梁花。梁花是用写春联的大红纸做成的，也有的地方忌讳红色而用黄表纸，包括上梁日期和梁联两部分。上边请村里能写毛笔字的文化人，在红纸上专门写上上梁的日期，以及“太公在此诸神退位，上梁大吉”等特别吉祥的话语，恭恭敬敬地贴在大梁上。两边写上诸如“金梁光耀日，玉柱力擎天”“青龙送财宝，白虎进田庄”的对联。然后，众人退出新屋，让太阳晒一下屋梁，这叫作“晒梁”。最后，主人设宴款待匠人、帮工和亲朋好友，并分发红包，整个上梁仪式结束。

大梁上好，就可以在上面安放瓜柱和小梁，中原地区叫二梁起驾。如果是比较简单的房屋，或者是草房，多用抄手梁，即大梁上好后，从两边梁头向上到房顶，定两根长木头，在房顶交叉，形如两手相抄。在交叉处，放上顶檩，半坡放置二檩、三檩，连接处被抓钉扣紧，不让檩条脱落松动。檩梁之下，常有斜瓜柱支撑，组成三角形，把房顶两坡部分的压力引向大梁。

3. 安檩

檩木又称“檩子”“檩条”“桁条”等，它是承托屋面重量并将其均匀传递给梁柱的构件，从一端山墙横贯梁架架到另一端山墙。它在宋代颁布的《营造法式》中被称为“榑”。檩条根据不同位置，可分为顶檩、二檩、檐檩等。

在安放梁、檩时，为了使梁、柱、檩木等各排架紧密衔接成为整体，还需要枋子、垫板等。枋子是起连接作用的矩形断面木材，它同檩木一样，分别称为“檐枋”“脊枋”和“金枋”。垫板是填补檩枋之间空隙的木板，木匠们通常把檩、垫、枋称为“檩三件”。

4. 钉椽

椽子是屋面基层的最底层构件，垂直安放在檩木之上。还有一种飞椽，是安装在檐口部位望板之上的椽子，与檐椽相对布置，较檐椽挑出更远，称为飞檐。它是作为抬高檐口，减缓屋坡陡势的构件。中原地区的传统建筑中，飞檐在官衙、庙宇建筑中多有使用。在村镇民居中，飞檐极为少见，只在官宦大户的遗宅才可看到。

5. 摊箔

箔是用竹、苇子或秫秸编成帘子状的房瓦底部的主要构件，为望板的前身，在中原民居中被广泛使用。使用时，把成卷的箔卷拉到房顶，顺坡摊开，在箔上均匀摊上泥灰，就可以扣房瓦了。

6. 粘子棍

有些山区或平原上不太富裕的人家，盖房时会用到一种叫作“粘子棍”的东西，以代替箔，起到支撑房瓦的作用。粘子棍是把拇指粗的树枝截成两椽长短的木棍。这东西只能在日积月累的长期准备中完成，做一些粘子棍后，就用麻绳捆起来，码放在空闲的屋子里，或者就堆在屋檐下。等到盖房时，一捆一捆地提上房坡，再由工匠一根一根地平铺在椽子上，用泥灰粘牢。用粘子棍的好处是它比高粱秆箔结实，不好的地方是没有像箔那样结成一个整体，屋里房顶看起来也不太干净美观。

7. 扒砖

在中原农村，有钱的大户人家，盖房时不用箔或粘子棍，而是用扒砖作为椽子上边的承接房瓦的一层构件。这对椽子的要求相当严格，必须是按尺寸方出来的方椽。用时把扒砖一块一块地铺装在椽子上，下边用钉子钉牢，上边抹上石灰，就可以扣瓦了。用扒砖铺成的房里子干净、结实、美观，当然成本是较高的，只有富贵之家用得起。

8. 底瓦

底瓦就是把房瓦架在椽子上，代替箔或粘子棍，在豫南的传统建筑中比较多见。也有的直接把瓦铺在椽子上，叫“干茬瓦”，这是豫南及湖北、皖西一代农村的简易扣瓦方法。

（五）瓦房屋顶建造

1. 挑脊

屋脊是房顶建筑的关键部位，房坡的柱、梁、檩、椽安放停当后，接着就是挑脊。为什么叫“挑”呢？传统民居建筑中，原没有挑脊，到了后来，在天地神灵思想的左右下，人们的思想意识自然也作用于住房的建筑意识上。古人会在屋顶摆上吉祥的或辟邪的物件，或建成特殊的形式，如挑脊、安兽等，以预防雷电、风雨、妖魔鬼怪和不可知灾害的侵害。这样的风俗，又会影响到王宫、官衙、寺庙建筑的样式。在封建等级制度的影响下，屋脊的样式与上边的装饰越来越花样繁复，寓意深刻，再加上封建皇权与官本位思想的不断影响，因此逐渐成为身份地位的象征，一点儿也不能马虎。稍有不慎，还会犯坐牢甚至杀头的“忤逆”之罪。一般来说，中原农村的传统建筑，都会把屋脊中间和两头仰起来，或者在屋脊上安放制作好的陶制兽头等物件。

2. 抹灰

在箔、粘子棍或扒砖等铺好之后，就要把搅拌好的石灰均匀地抹在上边。石灰是要熟好的灰泥，拌以剪碎的破麻绳作黏子，以增强石灰泥的黏连强度。

3. 扣瓦

扣瓦是和抹灰同时进行的。石灰泥容易凝结，工匠要边抹灰边扣瓦。扣瓦的工匠又称泥瓦匠或泥水匠，顾名思义，瓦匠和泥水是分不开的。在古代，建筑工匠有“五行”“八作”之分，在匠作的瓦、木、油、石、土五行和瓦、木、石、扎、土、油漆、彩画、黏糊八作中，瓦匠都是排在第一位的。他们最先到达工地现场，最后离开工地现场，也就是说，在建房扎根脚清地基时，他们就要开始干活，到房子铺瓦完毕才算就绪，批墙铺地之后，才算大功告成。有人形容泥瓦匠是“齐不齐，一把泥”“中不中，手下功”，说他们可以不必那么细致，用泥抹一下，用手推一下，就能纠正稍微的偏差，不至于做坏了活计。其实，泥瓦匠是房子建得好不好的关键匠作，从和泥、和灰到挑脊扣瓦，都需要精湛的技术。

扣瓦是一个非常需要技术的活儿，特别是在中原淮河以北地区，如果房瓦扣不好，新房就要漏雨，那先前的一系列努力就白费了。所以，农村工匠形容扣瓦是“一推二靠三扣筋，前后不能差半分；眼看手摁脚使劲，脊脚滴水上下根”。这里形容的“一推”就是用手推瓦，一般下边递瓦的人都是一次一摞，或者用荆条萝头向上拉，扣瓦匠也一摞一摞地把瓦均匀地放到屋面上。成熟的扣瓦工匠，是不需要一个一个去扣的，他们只需要左手扶住瓦摞子，右手往上均匀地用力一推，一摞子瓦就会均匀地摊到房坡上。“二靠”是把瓦紧紧靠在一起，扣瓦匠一般是弓腰站在房坡上，两腿叉开，一次扣四拢瓦，少了背工，多了把不过来。扣得粗细快慢，就要看各自的手艺了。“三扣筋”是指把瓦推开靠牢后，要看看每个瓦筋扣没扣住，如果扣不好，就会翘筋漏雨。“前后不能差半分”是指各拢瓦要齐整，这样扣出来的屋面才平展整齐，像鱼鳞一样漂亮结实。“眼看手摁脚使劲”是说扣瓦匠在干活时要手、眼、脚并用，使出浑身解数。当然，熟能生巧，对于熟练的巧匠来说，这都不是问题，而且也不会如常人想象的那样累。“脊脚”是房子起脊后，扣瓦要与脊脚严密结合，即便是用石灰粘缝，也需要扣瓦匠的巧手合缝。扣得不好，粘得不牢，时间长了就会脱瓦。“滴水”是专用在屋檐上的瓦，它的作用一是接雨水，二是护房檐椽头，三是美观漂亮。它与上头屋脊脊脚的瓦一样，需要与房瓦结实相扣，所以说是房坡的“上下根”了。

豫南地区存在传统的“干茬”扣瓦方法，不需要抹泥粘瓦，而是在瓦筋上面直接再“背”上一层“背瓦”，恰好盖住瓦筋，这样就避免了瓦筋互相接口不严而漏雨。这样的工匠必须具备专门的扣瓦技术，否则就免不了会漏雨。正规瓦匠扣出来的瓦房结实漂亮，匀如鱼鳞，坚固美观，甚至天长日久下边的箔烂掉，上边紧扣的瓦还能互相紧扯在一起，抵挡风刮雨淋，其传统工艺堪称一绝。

（六）草房屋顶建造

草房屋顶的建造，和瓦屋相比就简单得多了。但要做好草房屋面，也不是那么容易的事，必须由专门的草房师傅来实施。草房屋顶建造的主要步骤有：拿檐、上草、平坡整沿、合脊、抱飞头、泥脊等。

拿檐，就是先做好屋檐，如果是金镶边儿，就要先做檐扣瓦；如果是草檐，就要先把草捋整齐，或者用绳子、泥浆把草按压结实。

上草，是在做好的椽箔房坡里子上铺草。为了让上草师傅有处站立和左右移动，需要用粗绳把一根木杠子吊放在房坡上，它的作用不仅是供工匠脚蹬，而且还能镇压上好的房草，使之更加平整实在。在地面配合的助手会把截好的房草捆抛到屋顶上，上草师傅接住后，随即一层一层地铺上去。铺一段，就把木杠往上提升一点，逐渐铺上屋顶。不同的房草材料，如黄稗草、稻草、麦草、蒲草、苇草、谷草，铺的方法、厚度等有所不同。如果房草比较柔软，如麦秸、稻草、蒲草等，一般是散草压实，层层相遮；如果房草比较粗硬，如黄稗草、麦秆、谷杆、芦苇等，就可以顺着房坡方向压茬铺开，也可以事先做出苫草片，然后把这些苫草片层层叠压成屋面。

飞头是指位于山墙的房坡边沿，这里因为是横向的边沿，而且高高在上，承受的风雨强度更大，所以必须做得更加科学、牢固，否则就很容易被风雨损坏。民间把铺设飞头称为“抱飞头”。抱飞头的师傅必须是技术最好的师傅。高级师傅做出的飞头不仅能顶风抗雨，而且整齐美观。

合脊，是前后房坡及飞头都做到房顶时完成的步骤，就是合拢成房脊。草房的房脊比较简单，远不及瓦房复杂，只需合拢压实，不偏不斜即可。

平坡整沿，是在房坡上草完成后的善后整理工序，就是用拍筢拍打压实房坡，修剪整理房檐，进行统一整理，使房坡平整、顺畅、实在，方便雨水快速下排，并能抵抗狂风的吹袭。

诗圣杜甫有著名诗篇《茅屋为秋风所破歌》，就是说的这样的茅草屋顶。

> 八月秋高风怒号，卷我屋上三重茅。茅飞渡江洒江郊，高者挂罥长林梢，下者飘转沉塘坳。南村群童欺我老无力，忍能对面为盗贼，公然抱茅入竹去。唇焦口燥呼不得，归来倚杖自叹息。俄顷风定云墨色，秋天漠漠向昏黑。布衾多年冷似铁，娇儿恶卧踏里裂。床头屋漏无干处，雨脚如麻未断绝。自经丧乱少睡眠，长夜沾湿何由彻？安得广厦千万间，大庇天下寒士俱欢颜，风雨不动安如山！呜呼！何时眼前突兀见此屋，吾庐独破受冻死亦足！

（七）安放门窗

建筑门窗在我国有着悠久的历史，可以追溯到三千多年前的商、周或更早的时代。

中国传统门窗形式多样，从形制方面来说有单扇门和双扇门；从使用方面来说有外门和内门；从类别方面来说有板门和隔扇门。门窗尺寸的大与小，并没有固定的标准，大多顺应当地的环境和习惯。

双扇门和单扇门古时就有，是最传统的两种房门样式。我们从甲骨文和繁体的“門”字，就能看出这一点，其形状就是两扇门板。院门临街一般都是用双扇的板门。房门（院内）既有双扇也有单扇，样子就多种多样了，有双扇板门、双扇隔扇门、单扇格子门、单扇板门，各种门又有多种样式。外门是遮挡、保护门户的，注重的是雄浑厚重结实，既要有威仪森然之感，又要有安全防范之用。房门的装饰性大于它的防范性，因为都是一家居住，门户不需太严，所以内门多用格子门或隔扇门，这样就有了通透性，与门外有了某种意义上的沟通，其中最基本的形态是“隔扇”。隔即木格，故隔扇又叫“格扇”，是既高又长的一种门窗结合形式。隔扇有窗的功能，又有墙和门的作用，对外能围护，对内能分隔，还能采光和通风。这种高而长的隔扇左右相连，一扇接一扇，一般为双数，以保证房屋的中央是可以开启的两扇隔扇门。在中原农村，用这样格扇门的人家，豫北较少，豫南较多，庄户人家少，官宦人家多，一般都是较有钱有身份的富裕户。

人类最早的住所是天然岩洞。“上古穴居而野处”，无数奇异深幽的洞穴为人类提供了最原始的家。洞穴口用树枝、草片遮挡风雨，这就是最早的门窗。进入奴隶社会后，我国出现了最早的规模较大的木架夯土建筑和庭院，从而出现了具体意义的门窗。门的主要形式为板门，有文字记载表明其历史可以追溯到商代。到先秦时期，用于城门或宫殿、衙署、庙宇、住宅的大门，一般都是两扇。

从西汉至唐代的千余年中，门窗形式几乎没有太大的变化。这个时期的门，主要是双扇板门或单扇板门，窗则主要是直棂窗。唐代出现了格子门（清代称为隔扇），门窗的功能也更加齐全，各类门窗各司其职。门有板门、软门、隔扇门，窗有槛窗、支摘窗、什锦窗；工艺技巧多样，装饰手法各异。

宋朝《营造法式》规定每扇门的宽与高之比为 1∶2，最小不得低于 2∶5。这主要是针对官府、宫廷而言的，对于民居，虽没有这么严格的要求，但也有了大致的比较和模仿，一直发展到今天。

（八）粉刷装修

中原农村的新盖住房，最后的工序是粉刷与装修。农村的装修，以实用为主。

1. 粉刷

一般来说，房子建成后，需等一段时间，经过风吹日晒，使整个房体干透，房体墙壁稳固后再进行粉刷，最好让新房过个冬天和夏天。中原百姓称粉刷为“绞泥”，把绞泥墙的用料称为“麻渣泥”，即把揉软的碎麻、麦糠等掺到土里，和水成泥。用麻渣泥把土墙里外都抹上一遍。如果是里生外熟的外砖包墙，就只把屋内的土坯一面粉刷。绞泥墙的作用一是美观、二是护墙、三是隔风。

2. 搭浮棚

稍微讲究一点的家庭会在屋内搭设浮棚。搭浮棚需要在靠近房檐的墙上打眼儿，架上竹木作为托架，然后把席子或箔摊到上面，主要作用是遮顶和干净。如果竹木结实，上边空间还可以存放一些杂物。如果房间比较高大，浮棚可以用实木板制作，这便成为简单的“阁楼”。

3. 垒夹山

在中原民居中，如果主房是三间屋，把中间屋设为中堂客厅，两边需要住人，就要在两架梁下垒上“半截墙”，这叫夹山。其主要作用是将明间和侧间分隔开来。

4. 夹箔篱

如果房屋空间不大，或者家庭比较贫寒，不少人家就不垒夹山，而是用高粱秆织成的箔在梁柱下立起来，成为明间与侧间隔开的屏障，称为“箔篱”。人们有时会对箔篱再做一些装饰，在箔篱上拉上布围子或贴上旧报纸，或者在箔篱上糊上一层麻渣泥，这样，就可以使箔篱更结实美观一些，也更能起到保护侧间隐私的作用。

5. 铺地面

房间内的地面是家人经常活动的场所，需要平坦坚实。过去民间百姓家的地面大多是把土质地面夯打平整坚实即可，稍微讲究的或比较富裕的人家，会用青砖铺设地面。现在有了水泥及更多的地板材料，铺设的地面自然比传统的地面漂亮多了。

陆

中原民居的建筑艺术

中原民居在几千年的发展中，不断融入传统文化的元素，从而形成了从设计理念到制作模式的一整套建筑艺术系统，这一系统大到梁檩结构，小到榫头镂花，从门窗飞檐到厅堂廊院，从石柱石墩到筒瓦滴水，从门楣装饰到影壁图绘，都有着非常严格的规定与考究，有着丰富的文化内涵和审美价值。在不同的建筑形式、规格和等级下，建筑艺术的要求和繁简程度大不相同。本书立足于记述中原地区平民百姓的居住房舍，关注的重点自然是普通民居艺术，当然也会涉及一些高等建筑的艺术。

一　房脊装饰

中原民居的传统房子结构，多是硬山式和歇山式。硬山式的特点是山墙面没有伸出的屋檐，山尖显露凸出。双坡屋顶的两端山墙与屋面封闭相交，将木构架全部封砌在山墙以内，这样可以保护檩条免受风雨侵蚀，也可以免使冷风吹入屋内。也有屋顶两坡在山墙上外出两椽，把檩条直接放在山墙上的歇山式；豫南已可见于徽派建筑的马头墙，即在房屋两端的山墙头或隔山顶上，垒上像马头样的出屋顶山墙。这样的马头墙，既能显得屋宇大气，也可以防风防火，因此也有叫防火墙的。这样的房型，都是两山和前后墙合成的长方形。无论是硬山式还是歇山式住房，都是房顶中间横向起脊，沿房脊两端，各向下走出一条垂脊，形成整个房顶的轮廓。人们往往从远处就会看到房子的模样，因此，人们在盖住房时，对美化房脊是最看重的。

（一）五脊六兽

1. 五脊六兽的含义

五脊，指正脊和四条垂脊，房架最顶上水平方向的脊为正脊（大脊），两端沿房坡而下的四条边脊为垂脊。其中正脊两端有龙吻，又叫吞兽。这是镇脊之神兽，起吉祥、装饰美和保护建筑的三重功能。这就是明代杨慎《升庵外集》说龙的九子“二日螭吻，形似兽，性好望，今屋上兽头是也”中的“螭吻”。四条垂脊排列着五个蹲兽，分别是狻猊、斗牛、獬豸、凤、押鱼，与正脊的龙吻统称“五脊六兽”。这是对五脊六兽最传统的说法。

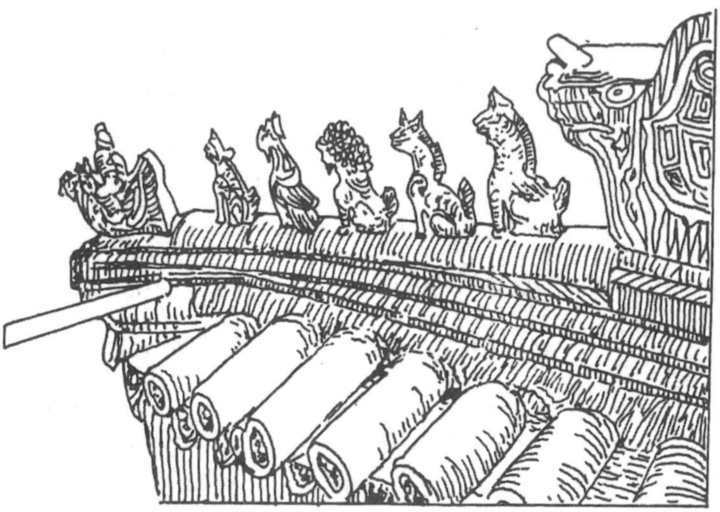

保和殿西庫房北面前坡硬山垂脊走獸

垂脊走兽（采自范有信等著《中国古建筑图典》）

2. 五脊六兽的来源

中原民居建筑中的五脊六兽，都有着民俗文化的底蕴，这主要体现在古建筑房顶为木结构，以兽镇脊，祈求避火消灾。于两坡瓦垅交会点，以吞兽严密封固，防止雨水渗漏，既增装饰美，又收护脊之实效。龙吻张开的巨口吞脊，据说是源于中原民间龙子争位的传说：龙王的二子争夺王位，先吞下屋脊者称王。龙兄最先登上屋脊，一口吞下脊头，龙弟乘兄吞脊，拔剑刺兄于脊上，剑柄尚露在外面，就赶紧张口吞向另一端屋脊。龙兄负剑忍痛，拔出剑掷向龙弟。最后，兄弟两个双双负伤，卧在屋脊两头不能起来，从此成了屋脊两头的守护神。

3. 五脊六兽的安放

过去，五脊六兽的安放是有严格规矩的，越到后来，越增加了封建等级观念。弥松颐先生引《国语词典》解释说："宫殿式建筑，有上脊五条，四角各有兽头六枚。"这里的"六兽"一说指的是六个兽头，而在民间，"六兽"就变成了"六畜"：牛、马、羊、豚、鸡、犬，这是因为，城乡民宅不敢追随官府，自然一般只设六畜，为的是五谷丰登，六畜兴旺。多了幸福吉祥，少了张牙舞爪。不论是瓦质还是陶质的兽头，都叫瓦兽，都是脱模烧制。清代褚人获《坚瓠二集》收有吕蒙正的题鸱吻诗："兽头本是一团泥，做尽辛勤人不知。如今抬在青云里，忘却当初窑内时。"把一团泥坯，脱却胎范、入窑烧制，而后抬入青云的蹲兽，写得清清楚楚明明白白，以抨击房顶兽头的张牙舞爪，批判社会上一些爬上高位忘却根本的势利小人，可以说是一针见血，入木三分。

（二）宝顶

一座古代建筑，首先给人印象的，就是那条横贯两山、两头陶兽高昂，甚至龙吻长啸的屋脊了。而在观赏屋脊和兽首的同时，映入眼帘的，就是那座直指蓝天、七彩斑斓的宝顶。

作为中国古建筑的构件，宝顶位于建筑的中轴线中央，原用于封护屋脊以求不受雨水浸蚀的部件，一般用陶、石材料做基本构件，经过工匠的勾画装饰，既美观又增强了屋脊的结实程度。后来，宝顶逐渐突出装饰性，特别是唐宋时代的宫殿、庙宇，所用材料也由一般的砖石变为金属或琉璃，使装饰更加丰富多彩。其形状也变得多种多样，有圆形、束腰圆形、楼阁形、宝塔形等。但是，在中原民居建筑中，即便是大户官宅，宝顶也一直是以实用功能为首要条件，最多结合户主身份和五脊六兽的摆放，把宝顶相应加以美化罢了。

（三）花脊

在中原民居建筑中，叠脊，绝对是一项特别受重视的技术。它直接决定着房顶的质量，同时，也代表着屋子主人的身份和地位。一般的民居，屋顶上会有五条屋脊，按照位置不同，叫正脊和垂脊。如果是官宦人家，主人有一定的功名，所建屋宇高大，还会有相应的角脊、戗脊等。

花脊与飞檐（王志军摄于社旗县赊店古镇山陕会馆）

1. 正脊

正脊是处于建筑屋顶最高处的一条脊，它是由屋顶前后两个斜坡相交而形成的屋脊。由建筑正面看，正脊是一条横向的直线。在一座住宅的各条脊中，正脊最大最长也最重要，所以也称为“大脊”。

2. 垂脊

在庑殿顶、悬山顶、硬山顶建筑中，除正脊之外的屋脊都叫作“垂脊”。而在歇山顶建筑中，除正脊和戗脊外的屋脊都叫作“垂脊”。垂脊都是沿着山面的博风板走势下垂，因而名之。

3. 戗脊

在歇山顶建筑中，垂脊的下方从博风板尾处开始至套兽间的脊，叫作“戗脊”。

中原民居中的屋脊，也是与辟邪求安、守护家宅，冀求丰衣足食、人丁兴旺的传统观念紧密联系的。不论建筑等级高低，宅主均会在屋脊上摆上望兽，按照规制，平民百姓的住宅一般不得用大型的龙吻兽。因而在民居建筑中，饰以素瓦或陶质者为多，或用石雕。陶兽装饰，其形象有狮、马、牛、羊、鸡、鱼，通称“六兽”。“六兽”装在屋脊上一字排开，中间为鱼，左右顺序为鸡、羊、牛、马、狮，两端脊头高挑，安放陶质或石雕“大兽”，看上去美观大方，也很壮观。

二　山墙造型

中原民居的房子结构，多是硬山式和悬山式，也有少量歇山式。

（一）硬山造型

在中原地区的民居建筑中，硬山式屋顶非常普遍，它的屋面是由一条正脊和四条垂脊组合而成。这种屋顶造型最大的特点是比较简单、朴素，只有前后两面坡，而且屋顶在山墙墙头处与山墙齐平，没有伸出的部分，山面裸露没有变化。

关于硬山这种屋顶形式，在宋代修纂的《营造法式》一书中没有记载，现存宋代建筑遗物中也未见，有人推想，在宋代的建筑中，无论官府还是私宅，屋顶可能都还没有硬山这种形式。明、清时期及其后，硬山式屋顶被广泛地应用于我国南北方的住宅建筑中。硬山式屋顶是一种等级比较低的屋顶形式，在皇家建筑和一些大型的寺庙建筑中，几乎没有硬山式屋顶。同时正因为它等级比较低，所以多用于普通民居，屋面都是使用青瓦，无论是土墙、坯墙还是砖石墙，都有硬山屋型。

（二）悬山造型

悬山式屋顶出现得比较早，可以说是与房屋建筑同时产生的，是中原地区两面坡屋顶的早期做法。它与硬山式屋顶一样有一条正脊和四条垂脊，不过，它又有不同于硬山式屋顶的地方。悬山式屋顶在山墙处不像硬山式屋顶那样与山墙平齐，而是伸出山墙之外。这部分伸出山墙之外的屋顶是由下面伸出的檩头挑于山墙之外。从外观上来看，这可以说是悬山式屋顶与硬山式屋顶最大的不同点。

悬山式在民居建筑中是常用的一种山墙形式。中国古代的许多重要建筑都是悬山式屋顶，特别是宫殿、庙宇，显得庄严大气。

（三）歇山造型

歇山式屋顶在两侧山墙处，不再像硬山式和悬山式那样，山墙是由正脊处向下垂直一线。歇山式屋顶有一条正脊、四条垂脊和四条戗脊，笔直的垂脊好像要歇一歇似的，歇山的名字正由此而来。歇山式屋顶的正脊比两端山墙之间的距离要短，因而歇山式屋顶是在上部的正脊和两条垂脊间形成一个三角形的垂直区域，称为“山花”。在山花之下是梯形的屋面，将正脊两端的屋顶覆盖。

豫南多马头墙。马头墙也是歇山式的一种，即在房屋集中的山头或隔山顶上，垒上像马头样的出屋顶山墙，显得屋宇大气、美观。

透空式山花：在歇山式屋顶的两端、博风板下的三角形部分即为“山花”。山花在明代以前多为透空形式，在博风板上用悬鱼、惹草等略加装饰。

封闭式山花：明代以后多用砖、琉璃、木板等，将歇山式屋顶山花的透空部分封闭起来，并在其上施以雕刻作为装饰。这种山花形式称为“封闭式山花”，它与早期的透空式山花有了不一样的效果与韵味。自此以后，山花也逐渐发展成为建筑的一个重要装饰区域。

（四）奇异山墙造型

奇异山墙造型主要以歇山顶为基础。中原地区以传统文化厚重著称，世代民宅大多循规蹈矩，奇异山墙造型不多见，在豫南地区的信阳、南阳等接近徽、鄂省份的江淮地区为多。歇山顶结合了直线和斜线，在视觉效果上给人以棱角分明、结构清晰的感觉。歇山式屋顶在具体形式上又有疾奔形式的单檐歇山顶，以及变化形式的二层、三层或多层屋顶的重檐歇山顶，还有最上面的屋顶可以不设正脊而形成卷棚式的卷棚歇山顶等多种形式。一般的歇山顶共有九条屋脊，即一条正脊、四条垂脊和四条戗脊，因此也有叫它九脊顶的。

歇山顶由于其正脊两端到屋檐处中间折断了一次，分为垂脊和戗脊，好像“歇”了一歇，故名歇山顶。它的出现晚于庑殿顶，早期的歇山顶比较小，山墙侧透空，没有山花板，只有悬山式的博风板。其样式最早可见于汉阙石刻，在汉代的明器、北朝石窟的壁画上，也都可看到歇山顶。现存最早的歇山式建筑是五台山的唐代南禅寺大殿。

明清时期，由于官式做法使用采步金和草架柱子，因此出现了大歇山，同时，山面开始不透空，明朝时多用砖头垒砌山花，到了清朝才常在博风板里加上山花板。自明代以来，歇山式建筑日益高大，同时收山的尺度缩小，正脊的尺度加长，这使得建筑看起来更加高峻凝重。所以，在清代之前它又有“曹殿”“汉殿”“厦两头造”等不同名称，到了清代才有了“歇山顶”的叫法。

由歇山顶的基本样式加以延伸，可以演变出四面歇山顶、卷棚歇山顶等变体。豫南的马头墙，也是歇山顶的演变形式之一。

三　房屋装饰艺术

（一）内墙装饰

中原地区民居的内墙装饰，一般是用麻渣泥先把毛墙粉刷一遍，下边就看主人的经济实力和审美要求了。如果是殷实人家，墙体是砖墙或者“里生外熟”墙，就会用石灰再粉刷一到两遍，在放床的地方，还会用白纸糊上一层，免得石灰脏了被褥。也有用花布围起来的情况，或者用竹席或高粱秆席子贴墙做一层防护。

（二）外墙装饰

在豫南多雨地区，人们会把稻草或茅草一层层插入土墙墙体，给屋墙披上一层“蓑衣”，以抵挡风雨的侵袭剥蚀，增加房屋的寿命。

中原地区其他地方的民居，外墙装饰一般用麻渣泥或石灰粉墙，有的画上驱魔图案，有的在固定的地方设定一个凹陷进墙壁的神位，用于安放镇宅神灵的塑像或图案，或者设置“泰山石敢当”之类的镇宅物。20 世纪 50 年代以来，农村民宅的墙壁上也常常是书写标语口号或商业广告的地方，既有美观效果，又有宣传功能。

（三）房门装饰

房门的构件可分为门上和门下两大类。门上有门搭、门鼻、门锁、门槛、门插等，门下有顶门杠、接脚石、台阶等。

最常见的房门装饰（耿亚伟摄）

门户代表着一家一户在周围村民中的影响和地位，在中原农村，即便是寻常百姓家，对房门的装饰，也绝不含糊，大有讲究。大门和房门不同，正房和厢房不同，偏院和主院不同。门和门饰是依房门的种类而定的。一般来说，有单扇门、双扇门和过车大门。单扇门主要用在偏门偏院和厨房柴房，上边钉上门鼻搭链就行；双扇门一般是用一个双爪搭钩，上有金属门搭，在门框上安有门鼻；过车大门就要有金属门环，用于外部人叩门用，同时也可以用于上锁。双扇大门的门板上还有一排排门钉，它们的作用是固定门板内侧的横木，而外侧的门顶盖又有装饰作用。

为了安全，中原农村的民居宅院，会在单扇门上加上内搭链，在双扇门上加上内门插、顶门杠，还可以设计上门闩。大户人家为了保护家中钱财，防备盗贼，除了门扇上自带的门插，还会在门后的两边墙上安装用于上门的石头窝槽，晚上睡觉前，插上门闩后，再用一根两把粗细的圆木棍插入左右窝槽，把门闩固定起来，避免强盗用刀把门拨开。

（四）窗户造型

窗户是中原农村民居建筑中的重要组成部分，是指墙或屋顶上建造的洞口，目的是使光线和空气进入室内。窗户有板棂窗、格扇、隔断、支摘窗、遮羞窗等。在先民们告别洞穴树窟，开始建造房屋时，用于透光通风的窗户就出现了，久而久之，窗户成为人们居住中的重要建筑构造，也融入了不同的审美格调，从而成为中原建筑艺术的形象构件。

窗户多以木材为材料，少数也用石、砖、坯等。在古代民居建筑发展过程中，古人不断在窗户设计中融入自己的审美理念，在窗户的制作上费尽心思。因此可以说，窗户是一幢建筑的眼睛，构画出来的这双眼睛，无不流露着建筑的神态与韵味。事实上，窗和户的本意分别指窗和门，在现代汉语中，窗户则单指窗。“窗”本作“囱”（“囱”为古字），即在墙上留个洞，框内的是窗棂，可以透光，也可以出烟，后加“穴”字头构成形声字。《说文》说：“在墙曰牖，在屋曰囱。窗，或从穴。”

1. 窗框

窗户可以分成两大类，一类为死扇窗，一类为活扇窗。再有就是用于装饰的窗户，如漏窗、哑窗、百叶窗等。

中原古代民居中，大多都是死扇窗，它出现较早，更多的是为了透光透风的实用功能。出土的汉代陶瓷陶楼中，窗户都是死窗户，装饰有直棂、斜方格、正方格等。这种窗户形式，在两千多年来的中原民居建筑中，几乎没有多少变化，仅仅进行了一些美化修饰。

汉、唐之后，建筑形式有了很快发展，在宋、辽、金的砖、木建筑和壁画中，传统的直棂窗亦有大量表现。宋代大量使用格子窗，除方格之外还有球纹、古钱纹等，改进了采光条件，增加了装饰效果。但直棂窗固定不能开启，因此其功能和造型都受到了限制。

从宋、明时代起，窗户在重要建筑中逐渐被槛窗取代，但在中原民居建筑中仍被广泛使用。其后开关式活动窗户渐多，在类型和外观上都有很大发展。宋代槛窗已适用于殿堂门两侧各间的槛墙上，是由格子门演变而来的。

活窗之后，出现了有支摘窗，又叫“和合窗”“合页窗”等，它是一种可以支起、摘下的窗户，由下往上作纵向式开启，开启后有一定的坡度，再用摘钩固定。支摘窗通常做成上下两层，上为支窗，可以推出、支起；下为摘窗，必要时可以摘下。支摘窗的类型有多种，除上下两段同等宽的以外，还有上下分三段的支摘窗，及上段支摘窗长于下段支摘窗的形式。支摘窗没有槛窗那样有气势，但较实用，显得清美雅致。所以，后来支摘窗也经常出现在民居中。

窗子的形状，在历史发展中也有不断创新，有四方形、长方形、多边形、组合型等，圆形是寺庙里的专用窗子样式。

2. 窗棂

窗棂即窗户里面安装的横的或竖的窗格。窗子的传统构造十分考究，工匠会在窗棂上下很大工夫，雕刻线槽和各种花纹，构成种类繁多的优美图案。从外看，如同房子的一双眼睛；从内看，可以看到外面的不同景观，好似镶在框中挂在墙上的一幅画。因此，窗户成为中国传统建筑中最重要的构成要素之一，成为建筑的审美焦点之一。而窗棂设计，则是门窗艺术设计中的精巧部分。

中原民宅常见窗棂式样之一

中原民宅常见窗棂式样之二

在传统的房屋建筑中，常会出现一些形状不同的窗棂，如仙桃葫芦、福寿延年、石榴蝙蝠、扇状瓶形等，极富装饰趣味，让居室主人在窗子中漫游，移步于窗外天地之间，浏览窗上秀丽景观，犹如在画廊中赏景，在墙壁中观画，在一个小小的窗户里尽赏大自然的风光，在有意或无意间，便油然而生出无穷无尽的诗情画意来。古诗中对于窗户多有赞颂，如“窗含西岭千秋雪，门泊东吴万里船”“画栋朝飞南浦云，珠帘暮卷西山雨”“今夜偏知春气暖，虫声新透绿窗纱”等。由此看来，窗子绝不是单单为了透光和通风。一个好的窗子应当是一个好的画框。人们在面朝窗子时，首先感受到的应当是一首无限优美的诗文，一幅流连忘返的画卷。

中原农耕文明在不断发展的过程中，也诞生了窗棂艺术这样奇丽多姿的文化现象。它是中原历史文化的组成部分，存在于生活的各个领域和角落。在中国这样一个历史悠久的国度里，地名也好，村落也好，胡同街道也好，房屋建筑也好，往往浓缩了中原历史文化的精华。在现代都市里，古老建筑多被拆除，高楼密集，窗外难见蓝天绿地，阳光照射也显得珍贵了。加之窗子的造型千篇一律，古代窗棂文化处于灭绝状态。

3. 窗花

剪窗花、贴窗花是中原人民的美好传统，也是中原民居中的优秀艺术。这一传统源自中原剪纸艺术。中国的剪纸起源于汉，至南北朝时期，剪纸艺术已相当精熟，然而真正繁盛却是在清朝中期以后。古老的剪纸多在乡间，是具有独特艺术风格的民间艺术，多出自农家妇女之手，一把剪刀一张纸，在她们的手中出神入化，趣味天成。传统的窗花所表现的内容，主要有戏曲人物、名花异草、鸟兽虫鱼，以及一些吉祥谐音的物象，洋溢着欢快、健康和热爱生活的情感，深为群众所喜闻乐见。人们把它作为年节的装饰，贴在纸窗上，所以又叫作“窗花”。

4. 窗帘

如果说窗花完全是为了美观，能寄托一些人们的爱好与情调，那么，窗帘的使用，则更多的是为了遮阳挡风避隐私了。

古代人们是什么时候用窗帘的，现在无法确切考证。窗户在开始使用的时候，只不过是在墙上和天花板上凿出或留出非常粗糙的孔洞，其基本的用途还只是限于通风。也许在建筑有了门窗之后，人们就会用一些树枝草帘兽皮之类遮挡，既可以通风透气，又不至于让室内摆设与活动让外人一览无余，这就是原始的窗帘形式。而由于草席的美观性，这种窗饰流传至今。在现代城市，有些家庭或酒店还会专门购置一些竹帘、草帘，以增加古朴风味和田园情调。

随着人类的进步和发展，人们发明了纸、帛、棉布，正式的窗帘自然逐渐兴起。宋朝出现布艺之后，人们便把它用作窗饰，因为它的花纹丰富，又轻便易挂，便成为人们装饰居室的常设之物，演绎出了万种风情。特别是在王公贵族官宦人家，更把窗帘的制作艺术发展到极致。除纸、麻帛、绵绸外，还有竹帘、珠帘、玉帘等。后来，窗帘便不断出现在文人墨客的诗文画作之中，越来越增加了它的文化因素，成为房间窗子装饰艺术不可或缺的组件。

需要提及的是，在中原民居中，一般庄户人家的窗帘就不那么讲究了。这是因为，自家人居住的小院，没有外人出入，多数家庭用一般的薄布挂在窗框上的铁丝或者细绳子上就行了，白天往旁边撩起，晚上放下来。有了白纸后，人们开始用绵纸作为窗的遮盖物。在窗眼细密的窗棂上，糊上一层窗户纸，既透光挡风，又能防人偷窥，还省去了来回撩放窗帘的麻烦。不好之处是，外人看不到里边，里边的人也看不到外边。如果风太大，窗眼的窗户纸也容易被风刮破。

建筑门窗作为我国古代灿烂建筑文明的组成部分，堪称中华文化宝库中一颗璀璨的明珠，其艺术性、观赏性和审美性无不在门窗建造中显示。如今，虽然有了玻璃的大量使用，而且透明与磨砂的玻璃花样繁多，但也难以代替窗帘的艺术魅力。所以，如今城市楼房的居民家家都会在室内悬挂铺满墙壁和窗户的落地窗帘，花色品种不可胜数。

（五）屋檐装饰

在中原民居中，屋檐装饰必不可少。一般的民居，以简单的实用装饰为主，如椽头的瓦当、滴水，多采用陶材，饰以简单图案。如果是大户人家建房，屋檐装饰就应有尽有。

屋檐装饰（汪庆华摄）

中原民居中的屋檐装饰，以木雕为主，砖石雕刻极少。木雕的品种繁多，如浅浮雕、深浮雕、镂雕、空雕等。原本朴拙的木头，在工匠的手中会焕发出无穷的生命力和艺术感染力。人物、花草、虫鱼在木头上重生，成就了一幅幅格调高雅、寓意深刻的文人画。

1. 浮雕

在早期民居建筑的屋檐装饰中，浮雕艺术就开始显现。工匠把自古传下来的陶画艺术，转用于屋檐木雕，这些木雕艺术，最终发展为中华民族建筑艺术的顶峰，被世界惊叹与赞美。开始的木雕，多为浅浮雕，这是与当时的技艺水平相一致的。浅浮雕虽然近似平面，但依然给人三维空间的立体感，具有较强的视觉美。而且在细部处理、装饰效果上亦表现出灵动的意象。

南宋邓椿的《画继》，集载北宋熙宁七年（公元 1074 年）至南宋乾道三年（公元 1167 年）间画家二百一十九人小传，写道：工匠郭熙在影壁创作时以手推泥于壁，或凹或凸，俱所不问，显示出对“塑”的语言的娴熟把握与心领神会。其《画继 · 论远》谓“世徒知人之有神，而不知物之有神”，亦为真知灼见。中原木匠、石匠在屋檐艺术方面的创造，是“娴熟把握与心领神会”运斤雕凿出来美丽的梁柱、匾牌、堵板、拱头、多层盖檐等繁花似锦的浮雕等珍品。如汝州风穴寺的唐代木雕，是现存不多的早期屋檐装饰木雕艺术。

明末清初，浮雕产品逐渐转为深雕，工艺日趋精细。后又由深浮雕转入透雕，品种繁多，工艺精湛，造型追求繁丽。其时，那些龙凤花鸟、虎豹麒麟及人物雕制千姿百态，争奇斗艳，备受人们赞美。河南平顶山市郏县张店为汉初三杰之首谋圣张良的故里，现为中国历史文化名村，张店的提督府私邸，其透雕艺术，亦为他处少见。

2. 卷檐

卷檐也多见于官衙和官宦富豪的宅院，平顶山市叶县明代县衙的大堂建筑，就是采用了古代卷檐式营造方法，它前边的廊柱高于檐柱，利用传统木构架技术，把廊顶的椽檩做出一个弧形，但弧度和挑起的廊檐，比一般的飞檐更高，形成了一定的曲线。远远望去，檐头形如卷起，使县衙大堂更给人肃穆威严之感。豫南民居中也有少量传统建筑为卷檐和廊柱结构，这种样式除了美观大气，也可减少雨水外流，不至于在大雨天气檐流如注。

3. 飞檐

飞檐，是中原传统建筑檐部形式之一，多指屋檐特别是屋角的檐部向上翘起，若飞举之势。飞檐是在古代建筑屋檐部分的一种特殊处理和创造，常用在亭、台、楼、阁、宫殿、庙宇的屋顶转角处。它也是中国建筑民族风格的重要艺术表现形式。飞檐不但扩大了采光面，有利于排泄雨水，而且增添了建筑物向上的动感，仿佛有一种气将屋檐向上托举。建筑群中层层叠叠的飞檐更是营造出壮观的气势和中国古建筑特有的飞动轻快的韵味。飞檐设计构图巧妙，造型优美的屋顶给人们以赏心悦目的艺术享受。飞翘的屋檐上往往雕刻辟邪祈福灵兽，似麒麟，像飞鹤。有人喜欢鸟兽，有人喜欢祥云，或是一条活蹦乱跳的鲤鱼，代表着年年有余或者吉祥如意，作为中原传统建筑中屋顶造型的重要组成部分。飞檐巧妙地运用了古代木结构的梁架组合形式，很自然地可以使坡顶正脊和檐端形成曲线，使屋顶与坡顶、正脊和翘起的飞檐，共同组成这一中国传统建筑艺术中最突出的特色。

结合中原建筑中的斗拱木构技艺，历代能工巧匠在飞檐中勾画出许多类型，或低垂，或平直，或上挑，或舒卷，其不同的形式呈现出不同的艺术效果，或轻灵，或朴实，或威严。飞檐的连接与组合，形成了亭、台、楼、阁的无休止音符，表达着古人或欢快，或凝重的情感。飞檐的高低、长短往往会成为建筑设计的难点和要点，正所谓“增之一分则太长，减之一分则太短”，其设计必须恰到好处，才能显得轻灵而不轻佻，朴实而不机械，威严而不呆板。

（六）斗拱艺术

斗拱艺术是中华传统建筑艺术的标志性符号，但大多用于豪华宫殿、官衙或官宦私宅建筑中，在中原农村民居中，斗拱技艺使用不多，在此仅略加介绍。

门楼斗拱（采自陆元鼎等著《中国民居建筑艺术》）

1. 斗拱

古代建筑中的斗拱，是中国古代建筑特有的构件，处在较大建筑物柱与屋顶间的过渡部分，起着承上启下，传递荷载的作用。在民间，一般是非常重要或带纪念性的建筑物，才有斗拱的安置，如在众多庙宇中，我们就常见到斗拱雕刻。它在外观上给人一种神秘莫测的奇妙感觉，在美学和结构上拥有一种独特的风格。无论从艺术或技术的角度来看，斗拱都足以象征和代表中华古典建筑的精神和气质。

斗拱由方形的斗、升、拱、翘、昂组成，统称斗拱。斗与升都是斗形木垫块，只是所处位置不同；拱和翘都是弓形的短木，也只是放置的方法各异。昂在唐、宋时是斗拱中的斜置构件，起杠杆作用。明、清时昂的结构作用下降，常常仅起装饰作用。其形式为将翘向外的一端特别加长，并斜向下垂或上挑。拱架在斗上，向外挑出，拱端之上再安斗，这样逐层纵横交错叠加，形成上大下小的托架，分别起到传递梁的载荷于柱身和支承屋檐重量，以增加出檐深度的作用。

斗拱的产生和发展有着非常悠久的历史。从两千多年前战国时代采桑猎壶上的建筑花纹图案，以及汉代保存下来的墓阙、壁画上，都可以看到早期斗拱的形象。到了唐、宋时期，斗拱发展到高峰，从简单的垫托和挑檐构件发展成为联系梁枋置于柱网之上的一圈“井”字格形复合梁。它除了向外挑檐，向内承托天花板，主要功能是保持木构架的整体性，成为大型建筑中不可或缺的部分。宋以后木构架开间加大，柱身加高，木构架结点上所用的斗拱逐渐减少。

斗拱的制作技艺，在宋《营造法式》中称为铺作，清工部《工程做法》中称作斗科，通称为斗拱。唐、宋时，它同梁、枋结合为一体，除上述功能外，还成为保持木构架整体性的结构层的一部分。到了元、明、清，柱头间使用了额枋和随梁枋等，构架整体性加强，斗拱的形体变小，不再起结构作用了，排列也较唐、宋更为丛密，装饰性作用越发加强了，成为显示等级差别的饰物。明、清以后，斗拱的结构作用蜕化，成了在柱网和屋顶构架间起装饰作用的构件。

在许多建筑中，斗拱层层外挑，可把最外层的桁椽挑出一定距离，使建筑物出檐更加深远，造型更加优美、壮观。因而斗拱也是区别建筑等级高低的标志，越高贵的建筑斗拱越复杂。

2. 榫卯

斗拱和其他一些木质结构，都需要榫卯把各个材料结合在一块儿。这种结合是抗震的关键。榫卯结构是中华民族木工制作和建筑艺术的独特技法，延续至近现代，才被其他建筑材料和手段所代替。它和现代梁柱框架结构极为类似。构架的节点不是刚接，这就保证了建筑物的刚度协调。遇到强烈地震时，采用榫卯结合的空间结构虽会“松动”却不致“散架”，可消耗地震传来的能量，使整个房屋的地震载荷大为降低，起抗震的作用。中国古建筑屋顶挑檐采用斗拱形式的较之没有斗拱的，在同样的地震烈度下抗震能力要强得多。斗拱是榫卯结合的一种标准构件，是力传递的中介。过去人们一直认为斗拱是建筑装饰物，而研究证明，斗拱把屋檐重量均匀地托住，起到了平衡稳定作用。

榫卯技艺直到现在，在中原农村的民宅建筑和木制家具制作中，还有一些工匠在坚持使用，这些榫卯结合制作的木器和建筑的许多精巧工艺，现在都存在濒临失传的危险。

（七）刻镂艺术

1. 刻画

刻画，主要是工匠在砖石和木板上作画，这在中原传统建筑中，是一项常用的技艺。特别是砖雕这门复杂、古老的手工艺，在匠人的劳作中，感觉更像一门艺术。钻子、刨子、锯子等在熟练的匠人手中好像大师的画笔，演绎出复杂的深浅、空心的技艺，让人物、花鸟、山水在砖上复活，有古典、质朴的美丽与优雅。它让建筑有了美感，有了灵气，也向后人一代代传递着中原建筑文化的无穷魅力。安徽亳州的明代古戏楼，其砖雕艺术是我国目前保存最好的，堪称建筑艺术珍品。

瓦当也是中原建筑艺术的一绝，有着强烈的不同时代的艺术风格。在制作上，秦至西汉初期带圆形瓦当的筒瓦，先从瓦筒上横切到一半，再向下纵切成瓦筒。半瓦当从中央连瓦筒一起切开，因此在瓦的背面留有明显切痕。到西汉中期，瓦的制法采用一次范成，瓦筒则仅做半筒，瓦背没有刀切之痕迹。此外，秦代带纹饰的圆形瓦当，中央无大圆柱，而汉代的则必有圆柱。秦瓦当边狭，用手捏成，宽窄不匀，汉瓦当的边轮整齐。秦瓦当面积不大，汉瓦当即使面积小者，也较秦瓦当略大。

白虎纹

瓦当纹饰：白虎纹（采自范有信等著《中国古建筑图典》）

飞龙纹

瓦当纹饰：飞龙纹（采自范有信等著《中国古建筑图典》）

在纹饰方面，秦代瓦当，绝大多数为圆形带纹饰，纹样主要有动物纹、植物纹和云纹三种，有文字的绝少。汉代的纹样较秦代更为精美，画面仪态生动，有各种动物、植物等纹样，如龟纹、蚊纹、豹纹、鹤纹、玉兔纹、花叶纹等。王莽时期的青龙、白虎、朱雀、玄武四神瓦当，形神兼备，姿态雄伟，是这一时期的代表作。当时出现了大量的文字瓦当，大都反映了统治者的意识和愿望，如“千秋万岁”“汉并天下”“万寿无疆”“长乐未央”“大吉祥富贵宜侯王”等。汉代瓦当中，文字瓦当的数量最大，其特点是在形制上分区划界，中心是乳钉联珠，给铭文安排一个固定模式，在此范围内作上下左右的变化。这些文字瓦当，字体有小篆、鸟虫篆、隶书、真书等，布局疏密有致，章法茂美、质朴醇厚，表现出独特的中国文字之美。文字数目不定，最多可达十余字，布局疏密相间，用笔粗犷，成为中国陶制品中独具特色的珍藏，也展示了中原建筑艺术的无穷魅力。

2. 镂雕

镂雕是一种雕塑形式，在中原建筑艺术中被广泛使用，只不过官方建筑与一般民居用得多少和简繁不同罢了。它是在浮雕的基础上，镂空其背景部分，有的为单面雕，有的为双面雕，也称镂空或透雕。镂雕指在木、石、陶、玉等可以用来雕刻的材料上透雕出各种图案、花纹的一种技法。

在中原农耕文化发展过程中，距今5000年前的新石器时代晚期，陶器上已有透雕圆孔的技术。汉代到魏晋时期的各式陶瓷香熏器皿上，都有透雕纹饰。清乾隆时烧成的镂空转心、转颈及镂空套瓶等作品，使这类工艺的水平达到了顶峰。建筑工匠把这些镂雕工艺借用到木石雕刻上，使镂雕艺术有了广泛传播与发展的天地，最终让它成为中华建筑艺术宝库中最绚烂的瑰宝。

镂空雕也是镂雕的一种。镂雕的镂刻是创作最关键的技艺，要求工匠施刀的功力、线与面的处理以及各种造型手段的变化，都必须切实服从主题内容的需要，使意、形、刀有机地融为一体。同时灵活运用冲、划、切、刮等刀法和浮雕、透雕等表现方式，以及具有丰富内涵的东方艺术语言，在造型的疏密虚实、方圆顿挫、粗细长短的交织、变奏中，表现精巧入微、玲珑剔透的艺术效果，使作品产生音乐般的韵律和感染力，成为珍品佳作。

镂雕的难度很大，所以从选料、布局、刀具配备到雕刻程序等，都与一般的雕刻技法有所不同。镂雕的石料必须质细性纯，尤其是镂空部分，更不应有裂纹和高密度的砂格，否则容易造成断裂。如果是木料，必须木质细密，纹理顺畅，无疤痕和空腐现象。镂雕使用的工具，除一般雕刻刀具外，还需要特制的长臂凿、扒剔刀、铲底刀、钩型刀，以及小锯刺等专用刀具。由于镂雕内部景物的空间限制，只能依靠扩大入刀方向的办法来克服操作上的困难，所以镂雕景物的设计要求最好是多面透空。艺人不仅需要有高度集中的注意力，更要有熟练的圆雕基本功。镂空雕常与其他雕刻技法结合使用，成为整件作品的一个组成部分。

四　庭院装饰艺术

（一）院门装饰

1. 门楼

中原民居的院落大门，大多都设有门楼，但门楼的豪华程度有很大区别。即使较差的，也会在门楼顶上简单用两坡草或瓦罩着，起到保护宅院大门的作用。在中原农村，无论穷富，人们对宅院的门楼都是很在意的，除非是穷得叮当响，毫无办法修理宅院的人家，否则绝对不能使自己的家成为“破宅漏院”。但门楼顶修成什么样，就要看自家的经济实力和日常生活需要了。如果是豪门大户，有车有马有轿子，那就需要修成过车大门，还会在门额石上刻上象征家族郡望的“弘农门第”“南阳明堂”，以示雅居的“耕读之家”“幽林山居”，或者是表景功名的“进士门第”等，门楼也会修得气派；稍差一点的农户，会修建一间屋子大小的门楼；再差一点的，会在院墙开门的地方，在墙上用木棍支撑起来一个顶棚，上边盖上瓦或草，用于遮盖门脸和挡风避雨，这就是“门楼顶儿”。当然，安装时，大门要和门楼的高度相匹配。现在农村逐渐富裕，实现了机械化，许多家庭有了汽车，因此，院子的大门楼也修建得宽大气派，并饰以“紫气东来”“金玉满堂”“五谷丰登”门额和吉祥如意的楹联。

2. 门枕石

门枕石俗称门礅、门座、门台、镇门石等，是门槛内外两侧安装及稳固门扉转轴的一个功能构件，因其雕成枕头形或箱子形，所以叫门枕石。因乞丐上门讨饭，会坐在门枕石上，人们就又给它起了一个“乞丐椅”的俗称。

在作用方面，门枕石不仅能承受和平衡门扉的重量，还可强固门框。故其门内部分是承托构件，门外部分是平衡构件。古时候的门没有铰链、合页等，是靠门枕和连楹（宋代称鸡栖木）来固定门扇的，如果没有门枕来抵住门框，开关门扇时就会摇晃不定。后来为了区分门第，便加大门的面积，门外枕石部分也相应地扩大凸出，头部越做越高，以致用料用工远远超过门枕的实际功能作用，并出现了类似鼓状的抱鼓石。

3. “门当”与“户对”

“门当”与“户对”是古代民居建筑中大门建筑的组成部分，这种用于镇宅的建筑装饰现今存留不多了，但是，在中原人民的日常生活和民俗民风婚嫁文化中，形容男女双方家境条件相当，贫富、地位相等的一个成语“门当户对”却被保留了下来。

所谓门当，实际就是门枕石，俗称门墩，主要是指伸出大门外侧的装饰部分。门当主要以箱形和抱鼓形居多，也有狮子形、水瓶形等。其寓意分别是圆形为武官，象征战鼓；方形为文官，形为书箱。抱鼓石用石鼓，是因为鼓为古代进军之号，惊天动地，声威如雷，人们以为其能驱鬼辟邪，故民间广泛用石鼓代门当。

院门装饰：门当与户对（采自陆元鼎等著《中国民居建筑艺术》）

所谓户对，是中原传统民居中用于装饰门楣的构件，就是在门楣上镶嵌正六边形的方木或者刻有各种图案的圆木，其上按照品级涂以油彩或图画，或写上吉祥福寿等祝语。这些都是地位的彰显，相应脍炙人口的词语“光耀门楣”，其实就是人们对于权力和财富向往的一种直观表达。典型的户对用的是圆形短柱，短柱长一尺左右，与地面平行，与门楣垂直，由于它位于门户之上，且取双数，至少两个一对，或四个两对，或更多，均成双，故名“户对”。“户对”为什么要用短圆柱形呢？一些民俗文化专家认为，它代表了人们生殖崇拜中重男丁的观念，意在祈求人气旺盛、香火永续，此大概属于一家之言，似乎没有太多根据。

如果是官宅，户对大小与官品大小成正比。门楣上有两个户对的，对应的是五至七品官员；门楣上有四个户对的，对应四品以上官员；至于十二个户对的，则只能是亲王以上的品级才能用，换句话说，即便是皇亲国戚，不是封王的也不敢建三开门，嵌十二个户对。

有门当的宅院，必须有户对，这是建筑学上的和谐美学原理。“门当”“户对”常常同呼并称，后成了社会观念中男女婚嫁时衡量家庭条件的常用语。元朝王实甫《西厢记》第二本第一折：“虽然不是门当户对，也强如陷于贼中。”明朝凌濛初《二刻拍案惊奇》第十一卷：“满生与朱氏门当户对，年貌相当，你敬我爱，如胶似漆。”戏剧、小说中的这些话，充分说明了门当户对的文化寓意，已经深深地烙在民间风俗中，成为门第高低的象征和男女婚嫁的标准了。

4. *石狮子*

石狮子的作用，一是彰显主人家的地位与尊严；二是镇宅辟邪；三是装饰。石狮子原只有衙门门口才可以摆放。后来发展到官宦宅邸，再后来，豪门富户也有在大门前摆放石狮子的。平民百姓即便修了门楼，也不会摆放石狮子。石狮子一般都是整块青石雕成，一雄一雌，有的还口含石珠，

中原农耕文化博物馆藏品：石狮子

寓意珠玉满堂；有的造型是狮子滚绣球，寓意财源滚滚。在大门口左右成对摆放石狮子，看上去威武气派，以示与众不同。如今，石狮子成为传统建筑艺术传承保留下来的重要物件，在许许多多的现代建筑物的大门口，都可见到形态各异、雕刻精美的石狮子，它们与现代建筑已经和谐地交融为一体。

5. 台阶、接脚石、拴马石

古代农村门前，多毗邻街道或开阔场地。为了避免雨水浸泡，人们都会把房子地基建得高于地面。加之牛车经年累日在外面碾压，把道路碾成低低的辙道，进家就需要上坡。所以，大多家庭都会在门前修筑台阶，用石头垫作接脚石。接脚石在官宦人家也是门前的下马石。有下马石的人家，当然就得设有拴马桩了，拴马桩有单独竖立的，也有的设在门前房墙的拔石上，建房时就需要预留下缰绳穿孔。

在古代，台阶也代表着房主人的身份高低。一般的老百姓，原则上不能修台阶，只能铺上几块垫脚石。城镇或乡村的官家私宅的台阶，是非常讲究的。官员们讲究门高于路，所以会把院子的地有意抬高，以示与众不同。这门前的台阶也不是随便乱修的，要按照官制规定：六、七品官员门前的台阶不能高于二级，五品官员门前的台阶不能高于三级，以此类推，但台阶数目最高不能超过八级，超过八级那就是九了，九乃数之极，那是代表顶点的数，除了九五至尊的皇上，谁也不能用。随着官员晋升，其门前的台阶数目也会慢慢增加，古代文人或古今官场中经常谈的一个词“进身之阶”，其中的“阶”就是从这儿来的。台阶的石板，都是上好的青、红石料，还会刻上一些吉祥花卉或人物故事。

（二）院内装饰

院内装饰因家庭而异，非常复杂，无法描述。在这里，我们不妨以一段描写祁县何家大院与巩义市康家大院院落设计的文章，来管窥中原地区豪宅民居的庭院装饰。

> 位于祁县城南街路东的何家大院，为晋中大户。其院门为砖木结构挑角门楼，下置八仙石砖，里施木雕垂花门。进院门由西向东是条

百米长的青石甬道，甬道南是车马大院，甬道北是两座楼院。东面的明楼院是里十外三的双进四合院，院中部以过厅分隔。里院中又筑花栏，分隔为二庭院，东西约 6 米，方砖铺地。北楼为主楼，二层楼房。前有出檐设廊，砖砌窗户外圆内方，7 架木结构房顶，木构件上都雕有吉祥花纹，建筑工艺十分精湛。西面的称筒楼院，拱形大门，入门庭院中有戏台一座，多功能性，平时可作住房。进院便是里五外三的四合院筒楼院。院有筒楼 5 间，为砖木结构建筑，单坡顶、门窗均为砖砌拱形，这也是晋中住宅的典型建筑之一。河南洛阳巩义市的康家大院，其特点也很别致，因为是豫晋之间，历代主人为官，行商各地，在建宅方面，自然就引进了一些其他地方的建筑装饰特色，特别是一些楹柱装饰，别有特色。

当然，在一般民居中，村民的院落不会这么复杂，但影壁墙、甬道、廊檐等，还是会顾及并兴建的。

柒

中原地区民居习俗

自古以来，中原地区就有独特的民居习俗，这些习俗，常常带着中原农耕文化的传统信息，如把村镇的布局、建筑的选址、房屋建造中的有关仪式、居室的安排、辅助房屋的位置，都和中华传统文化中的神祇、八卦、干支、五行、二十四节气等相联系，并把日月星辰、江河山水、天文气象、道路林木统统囊括在内，甚至安排猫舍鸡窝，也有一定的说辞，更不用说院落住房、村镇脉象了。民间习俗在乡村流传千年，它的力量来自与乡民生活共同呼吸，与乡土敬畏共同相处。其古代乡村生态文明传统，在千万个村镇的一代代建筑、修葺、兴废中得以体现，在祖祖辈辈的价值体系里蕴含，在民间共同认可的生活方式中传承。民俗文化在物质的生命之外，也给传统村落精神生活的不断延续提供了源源不断的能量。

新中国成立后，随着新思想新文化逐渐深入人心，科学技术不断进步，无神论被人们慢慢接受。随着农村经济的发展和农民生活水平的提高，农村住宅建设也发生了很大变化，无论是在住宅样式上，还是在村镇布局上，都有着颠覆式的改变，传统文化再次受到人们的重视，无论是知识分子还是一般群众，无论在城市或者乡村，都掀起了学习传统文化的热潮，对于传统民居的审美追求重新受到重视。在这个过程中，传统的易学、堪舆学等借潮重生，甚至被一些人推波助澜，高立潮头。它自然也波及城乡住宅建设，特别是城乡民居领域。

与此同时，传统的风水学相伴着现代建筑美学，复苏并进入人们的视野，继续在城乡民居建筑中发挥影响，而且影响越来越多，越来越大，越来越广，甚至到了越来越“滥”的程度。

我们需要在此说明的是，中原民居中的风水学说，是在原始人还极其缺乏天文地理知识和科学意识的条件下产生的。它是我们的先民们在经过无数次的辨认、研究、实践、总结而形成的传统建筑美学体系。我们既不能把它完全当作封建迷信去一概否定，也不可过分地夸大其作用与影响。当它与现代科学相碰撞的时候，我们还是要以科学为准绳。其次，我们不能把风水与民俗，即几千年来中原人民所养成的习惯混为一谈，而要把其中优秀的习俗传承下去。敬畏自然是传统乡村的主题词，和谐发展则是新时代乡村振兴的必然要求。因此，我们在此把中原地区民居习俗，作为中原农耕文化、中原民居文化的信息密码，简略地加以论述，供人们审视和批评借鉴，还是有必要的。

一　宅院选址习俗

在传统的民居选址中，中原地区的先人们认为人所居住的地方，首先应以大地山河为依托，来龙去脉气势最大，与人的祸福关系最为密切，当然也就最为重要了。这一思想，是与中华民族优秀传统文化中的天人合一、天人共处理念所契合的。

（一）东四宅与西四宅

根据周易的后天八卦原理，堪舆师把五行所属分为八方属性：震属阳木，巽属阴木，离属阴火，坎属阳水，乾属阳金，兑属阴金，艮属阳土，坤属阴土。

根据住宅坐向的不同，中原居民可分成东西四宅，其中震宅、巽宅、离宅、坎宅是东四宅；坤宅、兑宅、乾宅、艮宅是西四宅。同时，根据人的生肖与性别的不同，将人分成八种命卦，分别是震命、巽命、离命、坎命、坤命、兑命、乾命、艮命。

命卦属震、属巽、属离、属坎的人，最适合他们的居所是东四宅；而命卦属坤、属兑、属乾、属艮的人，最适合他们的居所是西四宅。如果不是适合的居所，那就要采取一些补救的措施，才能够避凶化吉。如东四命的宅主居于西四宅中，则可通过改门来避免。改变门位的方法，一是把门位改到宅院和主人命卦都属吉位相互和谐的地方，二是在门内加置屏风。屏风在现代家居中的重要性甚大，而在古代，其使用更广，凡厅堂居室必设屏风。屏风有三大作用：改变门位、分割空间、保护私隐。根据制作材料的不同，屏风又分成木制的雕镂屏风、书画屏风及现代的玻璃屏风等。屏风的特点是占地面积小又容易灵活移动，在以下的情形里，作为化解外煞的工具，屏风可以发挥重要的作用。

八卦和对应的自然方位如下。

震，代表雷，位在东方。

巽，代表木，位在东南方。

离，代表火，位在南方。

坎，代表水，位在北方。

坤，代表地，位在西南方。

兑，代表沼泽，位在西方。

乾，代表天，位在西北方。

艮，代表山，位在东北方。

根据八卦的方位，每个宅院定有四凶位和四吉位，用于开门和厨厕设置等。按照要求，宅院大门的坐向最好应该是生气方，属大吉。

（二）四大吉凶方位的确定

坎宅：大吉（生气方）在东南方，次吉（延年方）在正南方，中吉（天医方）在正东方，小吉（伏位方）在正西方；大凶（绝命方）在西南方，次凶（五鬼方）在东北方，中凶（六煞方）在西北方，小凶（祸害方）在正北方。

离宅：大吉（生气方）在正东方，次吉（延年方）在正北方，中吉（天医方）在东南方，小吉（伏位方）在正南方；大凶（绝命方）在西北方，次凶（五鬼方）在正西方，中凶（六煞方）在西南方，小凶（祸害方）在东北方。

震宅：大吉（生气方）在正南方，次吉（延年方）在东南方，中吉（天医方)在正北方，小吉(伏位方)在正东方；大凶(绝命方)在正西方，次凶(五鬼方)在西北方，中凶(六煞方)在东北方，小凶(祸害方)在西南方。

巽宅：大吉(生气方)在正北方，次吉(延年方)在正东方，中吉(天医方)在正南方，小吉(伏位方)在东南方；大凶(绝命方)在东北方，次凶(五鬼方)在西南方，中凶(六煞方)在正西方，小凶(祸害方)在西北方。

乾宅：大吉(生气方)在正西方，次吉(延年方)在西南方，中吉(天医方)在东北方，小吉(伏位方)在西北方；大凶(绝命方)在正南方，次凶(五鬼方)在正东方，中凶(六煞方)在正北方，小凶(祸害方)在东南方。

坤宅：大吉(生气方)在东北方，次吉(延年方)在西北方，中吉(天医方)在正西方，小吉(伏位方)在西南方；大凶(绝命方)在正北方，次凶(五鬼方)在东南方，中凶(六煞方)在正南方，小凶(祸害方)在正东方。

艮宅：大吉(生气方)在西南方，次吉(延年方)在正西方，中吉(天医方)在西北方，小吉(伏位方)在东北方；大凶(绝命方)在东南方，次凶(五鬼方)在正北方，中凶(六煞方)在正东方，小凶(祸害方)在正南方。

兑宅：大吉(生气方)在西北方，次吉(延年方)在东北方，中吉(天医方)在西南方，小吉(伏位方)在正西方；大凶(绝命方)在正东方，次凶(五鬼方)在正南方，中凶(六煞方)在东南方，小凶(祸害方)在正北方。

(三)东四命与西四命

在中原住宅民俗中，命卦与住宅具有对应关系，可以用来衡量该住宅与宅主人的命卦是否和谐。那么，什么又是与之对应的东四命和西四命呢?算命师给出了一定的计算命卦的公式。需要说明的是，他们用的是公元年计算方式，但这也是从农历的干支进行换算的，所以，必须以立春为节点，来确定被计算者的出生年份。如 2018 年的立春是 2 月 4 日，农历十二月十九日，如果是这一天前，还应该算 2017 年，从立春之日起，才能按 2018 年计算。

他们首先把八卦进行排列。

一属坎；二属坤；三属震；四属巽；六属乾；七属兑；八属艮；九属离。五为中宫。计算出的余数所属的卦象，即为该人的命卦。余数是五的男性视为坤，女性则视为艮。

下边是男性的命卦计算公式：用 11 减去出生年数字的两次和数。

例如：求 1971 年出生的男子命卦。就得先把出生年份数字相加，即 1+9+7+1=18

再把求得的数字再次相加，即 1+8=9

然后用 11 去减得数，即 11-9=2

最后得数为 2。由后天八卦数可查得，“2”为“坤”卦，故 1971 年出生的男子命卦为“坤”，即西四命卦。

若是女性，命卦的计算公式，就得用 4 去加出生年数字的两次和数，但若大于 9 则减去 9。

例如：求 1993 年出生的女子命卦。

先把出生年份数字相加，即 1+9+9+3=22

再把求得的数字再次相加，即 2+2=4

然后用 4 去加得数，即 4+4=8

最后得到的数字为 8。由后天八卦数可知，“8”为“艮”卦，故 1993 年出生的女子命卦为“艮”，也属西四命。

在风水卦师那里，计算命卦的方式不止一个，还有其他多种。上述是最简便的方式，无论哪一种，其结果都是一样的，都是利用古代干支、五行结合夏历纪年的算法，并将其套用到公元纪年的换算之中。如上所述，这里的公元某年，也只限定在上下年度以立春为界。我们只是在这里将其作为中原民居建筑文化中的习俗，举例加以简单介绍。

东西四宅与东西四命，都是中原人民在数千年的建筑文化养成中，结合周易八卦和阴阳五行学说，总结出来的宜居习俗，其中虽然被历代风水师加进了许多唯心的东西，有着浓厚的迷信色彩，但也蕴含着合乎自然规律与建筑美学的成分，如坎宅巽门，既符合中原地区坐北朝南负阴抱阳的地理境况和生活要求，又有主房与大门之间的距离美和视觉美；还有在中原民居中，一般不在东北开门，除风水先生的绝命、五鬼、六煞、祸害的说法之外，东北方的阴冷多风，才是人们规避的真实原因。所以说，无论是在古代建筑还是现代建筑的规划上，它都是具有一定科学道理的。

（四）宅院位置的优劣及吉凶

传统的宅院选址习俗认为，如果居住地的总体形势把握不好，即使屋宅的内部格局符合法度，也还不能算完全吉利。因此，建造房屋必须选用宽阔平坦的地方。其明堂区域要宽广，根据宅院的形势、方位与朝向，厅堂、门庑的位置应首先确定，然后再一一规划东、西两侧的厢房及厨房、庭院、楼台、花园等处的位置。无论是住在山里或住在平原，只有前后均有水环抱的位置，才是扎宅立院的好地方。左右两侧有路通过也无妨，但碰上有返跳的情形必须禁忌。曲形、直形、圆顶、方顶这四种状貌的山峦，用作阳宅的屋基，始终是吉利的风水。只有尖顶的山峦不适宜建阳宅盖房屋，如果在朝山处耸立有卓笔、牙旗，无须忌讳。水口也必须迂回曲折，要收束得好，不宜太过急促。案山要求明堂宽广，接近明堂但不能过于狭窄，这里讲的是住宅基地的大体局面，另外还有各种奇特状貌，更需进一步区分出优劣。

1. 宅院的环境

凡是屋宅，左边有流水的叫青龙，右边有长道的叫白虎，前面有池塘的叫朱雀，后面有丘陵的叫玄武。这四个条件齐备的便是最好的建宅地点。以一般的坐北朝南向宅院为标准，所处地形若是平原，则以东低西高为佳，西低东高为凶；如果两边是山丘，便要相反。道理是龙强虎次，如果白虎压着了青龙，当然就不好了。住宅后高前低为优；前高后低为凶。因此，如果是在北坡建宅，就绝不会把院门开向南方。愚公移山的故事，说是愚公子子孙孙世代努力，要移走挡住家门的太行山，可想而知，家宅在中原人心中的位置是多么重要。

2. 宅院的朝向

宅院朝向，一般要稍微朝阳为好。屋宅不能建在正对大路口的地方；不能建在寺庙和靠近祠堂、神社、窑灶、冶炼作坊及官府衙门处，更不能与之正对门口；不能建在正对牢狱大门或正对水头的地方；不能正对纵向山脊、大城门口、多条河流汇合地，这样的地方都容易犯“冲”；也不能与别人家的屋门对照，造成一箭穿心。实际上，我们从以上诸多的不易建宅情形，都可以看出一个道理，即一旦家宅如此，肯定看在眼里别扭、塞在心里难受。且不说有无道理，就依心理作用而言，人们计较这些忌讳也是可以理解的。

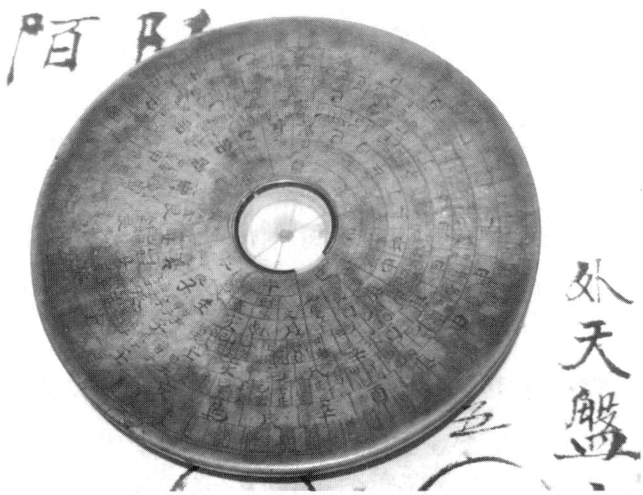

中原农耕文化博物馆藏品：用于阴阳宅选址定位的罗盘

3. 宅院的地形

凡宅院地形，处在水足温润、当阳明亮、空气清爽的地方是吉，处在干燥无润泽的地方是凶。宅院不能建在草木不生的地方，也忌讳古代战场或军营；东侧有流水直达江海的属吉利，有大路则尽量规避；南北走向长而东西走向短窄的便吉利，东西走向长而南北走向短窄的，则犯凶煞。后面有大路的就凶，前面有大路的便吉。在这方面，即便是现在，也以水足温润、当阳明亮、空气清爽的地方为宜居，谁又不想生活在青山绿水之间呢？后边的叙述，就属于阴阳五行的范畴了。若以习俗论，中原民居讲究家大业大，人丁兴旺，立宅也必定为以后的多进院落打基础，当然是以南北长为佳了。

4. 宅院的布局

屋宅周边、门前不能开挖新池塘，不然会被称作血盆照镜，但可在离门稍远，有街路相隔处开挖半月形池塘；大门直冲阳台、窗户等，会造成穿堂煞，漏气而不聚财；门前双池叫哭池，西头有池的叫白虎开口，都必须忌讳；两所新宅夹着旧宅即凶，两所旧宅夹着新宅即吉；新宅旧宅对等的，会不愁吃喝，生活富裕。这个方面，应该还是从五行生克、四象要求衍生而来的。对于宅院周边及开门习俗，中原民居中有很多讲究，这里也只是部分表述。实际生活中，这些要求也具有一定的科学性与审美标准。它起到了告诫人们注意居住环境和谐安全的作用。

5. 宅院的美观

屋宅忌讳先筑围墙及外门，否则便难以成功。凡是大门的门扇必须一样大小，忌讳高过墙壁，避免孤寡。两旁的墙壁要与门楼一般高或低于门楼；迎门中间忌讳开挖水坑窖井；大树不能正对门口，门下不能水道漫流；还有“门对水井，梦魇难醒。粪屋对门，痈疔缠人。大门对仓，家运败光。门对直屋，家中没谷。门前垂杨，家难吉祥”等说法。其实，这些虽然有迷信的成分，但也有自然规律或者观瞻美学的道理存在其中，如门扇不对称，看上去自然不美观，从而让人觉得这家人没有品位；水坑、水井对门，既不美观又不安全；粪屋或厕所对房门，又怎能不让人看着别扭恶心？从卫生角度说，自然会“痈疔缠上人”了。既不清净，又不美观，当然不是好地方了。

二　中原民居建房习俗

在中原农村民居修建中，有一套很系统的习俗，贯穿建房的始终。在地址选定之后，无论贫富，首要的程序，就是要看太岁的方位，免得在“太岁头上动土”，给家人招致灾殃。

（一）择太岁方位建房

1. 太岁

太岁就是天上的木星，民间称太岁星君，因为木星每十二个月运行一周，恰好人间一年，所以古人称木星为岁星或太岁。太岁又称太岁星君，或者岁君，乃道教值年神灵之一，一年一换。当年轮值的太岁神叫值年太岁（流年太岁）。它既是星辰，也是民间奉祀的神祇。太岁神在所有神中，影响力最大，素有年中天子之称，掌管人世间一年的吉凶祸福。

道教《神枢经》说：“太岁；人君之象，率领诸神，统正方位，翰运时序，总成岁功。”《渊海子平》记载：太岁乃年中之天子，故不可犯，犯之则凶。《三命通会》说：夫太岁者，乃一岁之主宰，诸神之领袖。太岁当头有灾祸，刑冲破害鬼推磨，流年若还逢忌神，头破血流难躲过。古语有云：太岁当头坐，无喜恐有祸。可见，太岁乃诸神中最有权力的年神。

在民间，“太岁”向来被人们看作一种神秘莫测的力量，能在冥冥之中支配和影响人们的命运。其实木星就是一种天体，是古代人假设的神灵。还有许多地方出现关于“太岁”的说法：《本草纲目》上有记载，太岁是一种单细胞生物，看上去像一团肉，生长在潮湿的土壤里，可食用、入药。传说有人挖到太岁会灾祸连连，所以叫犯太岁；还有一种说法，民间称太岁为太岁神，是诸神之中最有权力的年神，掌管人间一年的祸福，统摄众神。太岁神计有六十位，每一位太岁都有自己的姓名，顺序值年，周而复始。一般人的年庚，若与值年太岁相同，民间则称为犯太岁，年庚对冲者，则叫冲太岁。传说如果是冲、犯太岁的人，则会全年运程反复不定，健康较差，容易破财，招惹官司，事事不如意，阻碍重重。

2. 犯太岁

如果一个人的生辰八字与太岁有刑、冲、破、害等都叫犯太岁。若一个人的本命生肖与流年太岁相同，就是流年逢忌神，需要特别注意，避免灾祸缠身。

3. 刑太岁

刑太岁又称为“偏冲”，所属的生肖与现年所属的生肖相差三年，便犯了“刑”太岁。比如巳（蛇）年，巳（蛇）为太岁，亥（猪）为冲太岁，而申（猴）和寅（虎）为“刑”太岁。

4. 冲太岁

一个人的年庚，若与值年太岁对冲者，则叫冲太岁。冲即“六冲”，即子午冲、丑未冲、寅申冲、卯酉冲、辰戌冲、巳亥冲。以辛巳蛇年为例，巳与亥为相冲，因此属猪的人在辛巳蛇年，便是冲了太岁。凡是遇到冲太岁的人，都要到庙里拜太岁，才会诸事顺吉。

年冲就是指到了本人所属的生肖年，即俗话说的“本命年”，比如今年是鼠年，那属鼠的人便是年冲，犯了太岁，称为“冲”太岁。

5. 破太岁

破是破坏的意思，比如子（鼠）破酉（鸡），酉（鸡）破午（马）等，指属鼠的人到了鸡年就是“破”太岁。

6. 害太岁

害是妨害、相害的意思，比如子（鼠）害未（羊），丑（牛）害午（马）等以此类推，指属鼠的人到了羊年、属牛的人到了马年，就是“害”太岁。

风水轮流转，太岁方位也是随流年而变化的。最近 12 年流年太岁方位如下。

鼠年（2020 年）的太岁方位在正北，岁破方在正南；

牛年（2021 年）的太岁方位在东北，岁破方在西南；

虎年（2022 年）的太岁方位在东北，岁破方在西南；

兔年（2023 年）的太岁方位在正东，岁破方在正西；

龙年（2024 年）的太岁方位在东南，岁破方在西北；

蛇年（2013 年）的太岁方位在东南，岁破方在西北；

马年（2014 年）的太岁方位在正南，岁破方在正北；

羊年（2015 年）的太岁方位在西南，岁破方在东北；

猴年（2016 年）的太岁方位在西南，岁破方在东北；

鸡年（2017 年）的太岁方位在正西，岁破方在正东；

狗年（2018 年）的太岁方位在西北，岁破方在东南；

猪年（2019 年）的太岁方位在西北，岁破方在东南。

7. 避太岁

有犯太岁的行为，也就有规避太岁的方法。

在中原地区，古人避免冲、犯太岁的方法是，如果是在某年盖房，就要避免该年太岁的值班方位，太岁头上不可动土。也要避开其相对的“岁破”方位。例如 2016 年自家建房，就要避开西南方，也不要在东北方有取土工程，否则便属于方位犯太岁。如果是乔迁，也不能把睡床、办公桌放在当年的太岁方、岁破方，那样就会给自身招来麻烦。即便是去到流年太岁方或岁破方求学、经商、务工、远足，也都属于方位犯太岁。如果实在要去，那就要以阴阳五行护身符随身携带，护佑元神，以保平安吉祥。

六十甲子各有岁神轮值，而当年轮值之岁神称为值年太岁，如想知道自己的值年太岁，只需找出自己在六十甲子中所属的名称，便可找出自己的值年太岁，相应地规避自身的凶险。

当然，有关太岁神祇的说法，在今天看来，都是封建迷信。但它的理论却影响了中国几千年，特别是在建筑方面，上到帝王宫殿，下到百姓民居，无不受它的影响。作为中原民居建筑理论中的一个重要的文化符号，我们不必苛求古人摒弃它。我们需要做的是更深入全面地研究它，去探索它在传统建筑方面的积极意义与审慎态度。

（二）选黄道吉日架梁

1. 黄道日与黑道日

黄道日与黑道日共十二位，称建星，也称十二神。其顺序是：建太岁、除青龙、满丧门、平六合、定官符、执少耗、破大耗、危朱雀、成白虎、收贵神、开吊客、闭病符。可简单地记为：建、除、满、平、定、执、破、危、成、收、开、闭。

黄道日与黑道日的分辨歌诀："建满平收黑，除危定执黄。成开皆大用，闭破不相当。"就是说：逢建、满、平、收、闭、破之日为黑道日；逢除、危、定、执、成、开之日为黄道日。择日首先要选择黄道吉日，不选黑道凶日。民间在运用黄道日与黑道日上有所变通，现将歌诀录于下，供大家了解。

建宜出行收嫁娶；定宜上梁满修仓；
破除疗病执宜捕；危利安床闭丈量；
成开所遇均大吉；平日做事总平常。

十二建星即每月的月建，正月建寅、二月建卯、三月建辰……以此类推，查月建同排四柱一样，以节为准，即：立春、惊蛰、清明、立夏、芒种、小暑、立秋、白露、寒露、立冬、大雪、小寒。

怎样寻查某建星呢？关键要知道从何处起"建太岁"。方法是从每个月所值的地支起，比如正月地支为寅，那么寅日则为建太岁，以下顺数，卯日则为除青龙，辰日则为满丧门，巳日则为平六合，午日则为定官符，未日则为执小耗，申日则为破大耗，酉日则为危朱雀，戌日则为成白虎，亥日则为收贵神，子日则为开吊客，丑日则为闭病符。其他月份以此类推。

从历史文献上看，建除之说起源于战国时代，也有人伪托是黄帝所造。不过这实在是年代久远，众说纷纭，无从考证。但有一点是可以肯定的，建除被以为是历家结合了相关历法和阴阳五行，用来判断吉凶祸福的。必须注意的是，凡某建星碰到换“节”那天，就要重复使用。如 1998 年 12 月 18 日建星为“收”，19 日是立春，属换节，则 19 日重复使用建星“收”。这个问题很重要，如不明白，仍按建星排列顺序去查，就会把黄道日与黑道日弄错。

清代《协纪辨方书》中有更为精彩的理论上的描述。

> 建者一月之主，故从建起义，而参伍于十二辰，古之所谓“建除家”言也，建次为除，除旧布新，月之相气也，一生二，二生三，三者数之极，故曰满，满则必溢矣，易曰坎不盈，祇既平，继满故必以平也，平则定，建前四位则三合，合亦定也，定则可执矣，故继之以执，执者守其成也，物无成而不毁，故继之以破，对七为冲，冲则破也，救破以危，在易己日乃革之，己十干之第六，破十二辰之第七，其义同也，是故救破以危，既破而心知危，孟子曰，危故达，夫心能危者，事乃成矣，不必待其成，而后知为达也。

实际上，它不过是说明了一个道理，即世间之事，都遵循具有一定的辩证法，是可以互相生克，互相转化的，正所谓福兮祸所伏，祸兮福所存，没有什么是绝对的。古人用这样的道理告诉我们，人类要敬畏神灵，也就是要敬畏自然，按照大自然的运行规律，去做好我们要做的事情，达到天人合一，人神相应，避免灾难。

2. 上梁仪式

选好了黄道吉日，到上梁这一天，必定要举行热闹隆重的上梁仪式。

据史料记载，造屋上梁作为礼仪始于唐、宋时期，到明、清年间已普及全国各地。中原地区上梁仪式至今仍然流行，且十分隆重。20 世纪 80 年代前，“屋梁”都是用圆木制成，之后一般住房改用水泥、钢筋浇铸而成。进入 21 世纪，随着城乡一体化进程的推进，传统的农村民居越来越少，逐渐被新式住房所代替，但毕竟盖新房对每家每户来说，都是十分重要的大事、喜事，上梁仪式虽不如以前那么虔诚、热闹，但放炮、喝酒、吃饭等习惯仍被保留着。

民间认为，上梁是否顺利，不仅关系到房屋的结构是否牢固，还关系到居住者今后是否兴旺发达。农家小户财力有限，因此建房木料尽量节省，多用自植树木，也用旧木料，但旧木料须刨出新茬，俗称“见新”，忌原封不动地使用旧木料建房。过去农村有句俗语：“房顶有梁，家中有粮，房顶无梁，六畜不旺。”可见梁在老百姓心目中的重要性，所以每逢上梁都要举行隆重的仪式。

传统的上梁仪式，就是在房屋上梁这天，主家和匠作人员共同举行祭祀祈福和庆贺活动。上梁的日期是可以选择和调控的，按传统习俗，上梁这一天不能和房主一家任何一个人的生辰八字相冲，否则会产生不利影响。另外，其他人的生肖如果与上梁的时辰相冲、相克，也要回避。上梁前几天，房主应提前将一对古钱币（一般是方孔青铜钱）、一双新红筷子、五色新布条用红线捆到一块香木上。一般人家都要订做满满一箩筐大馒头，馒头顶上盖有大红喜字，放上花卉。有的还会做面狮子、面龙、面凤凰，煞是好看。上梁这天，新房里里外外贴上大红对联，屋脊的主梁上贴上吉祥红幅，或写上年月日时。系上香木，披上大红布，主人在新房子里放礼炮、点响鞭、摆宴席。

尽管各地的习俗有所不同，但上梁仪式都十分隆重，整个过程可分为祭梁、上梁、接包、抛梁、谢匠等程序。

上梁前祭梁是必不可少的一道程序。人们将贴着红纸且上面写着“姜太公在此诸神退位”的正梁抬进新屋堂前，在供桌上摆上猪、鱼、鸡、蛋、豆腐、香烛等祭品，由泥瓦匠、木匠等边说吉祥话边敬酒。上梁要先上梁头、后上梁尾，梁头朝前、梁尾朝后，绝对不能颠倒。

有一篇散文，写到农村上梁的热闹场面。

祭梁结束后，便由匠人把正梁抬上屋顶，或用绳子将正梁拉上去。抬梁或拉梁的时候，鞭炮齐鸣，上梁师傅要唱《上梁歌》，高喊：“上啊！大吉大利！”在上梁的过程中，有的地方要求在正梁放平稳后，主人要将亲朋好友送来的“五谷彩袋”搬到屋顶，放在梁的正中，并将红布披在梁上，寓意五谷丰登。有的地方在红布的底端缝上一双布鞋垫，寓意给新房主人铺垫家底。有的地方在正梁中间挂上装有红枣、花生、米、麦、万年青等的红布袋，寓意“福、禄、寿、喜，万古长青”。此后，匠人将果品、食品等用红布包好，边说吉祥话边将布包抛入由主人双手捧起的箩筐中，这个程序称为“接包”，寓意接住财宝。上梁仪式最热闹的程序是“抛梁”。当主人“接包”后，匠人便将糖果、花生、馒头、铜钱、“金元宝”等从梁上抛向四周，让前来看热闹的男女老幼争抢，人越多主人越高兴，此举称为“抛梁”，意为“财源滚滚来”。在“抛梁”时，匠人还要说吉利话，他们常说：“抛梁抛到东，东方日出满堂红；抛梁抛到西，麒麟送子挂双喜；抛梁抛到南，子孙代代做状元；抛梁抛到北，囤囤白米年年满。”抛梁结束后，众人退出新屋，让太阳晒一下屋梁，这叫作“晒梁”。最后，主人设宴款待匠人、帮工和亲朋好友，并分发红包，整个上梁仪式结束。

（三）按阴阳五行开门

原创于中原农耕文化中的道家阴阳五行理论，对中华民族的方方面面都有着深远影响。五行是中国古代的一种物质观，广泛地用于哲学、中医学和占卜方面。五行学说认为大自然由金、木、水、火、土五种要素所构成，彼此之间存在相生相克的关系，随着这五种要素的盛衰转换，大自然也产生变化，这不但影响到人的命运，同时也使宇宙万物循环不已。

数理五行

金——一，木——二，水——三，火——四，土——五

方向五行

金——主西方，木——主东方，水——主北方，火——主南方，土——

主中央

气候五行

金——燥，木——风，水——寒，火——暑，土——湿

颜色五行

金——白色，木——青色，水——黑色，火——赤色，土——黄色

按照木火土金水互相支持和互相制约的理论，各个成分的好坏、多少都是相对的，因此，在中原民居的建筑中，特别是院落设计与大门朝向，是一点都马虎不得的。

木：木旺得金，方成栋梁。

木能生火，火多木焚；强木得火，方化其顽。

木能克土，土多木折；土弱逢木，必为倾陷。

木赖水生，水多木漂；水能生木，木多水缩。

火：火旺得水，方成相济。

火能生土，土多火晦；强火得土，方止其焰。

火能克金，金多火熄；金弱遇火，必见销熔。

火赖木生，木多火炽；木能生火，火多木焚。

土：土旺得木，方能疏通。

土能生金，金多土变；强土得金，方制其壅。

土能克水，水多土流；水弱逢土，必为淤塞。

土赖火生，火多土焦；火能生土，土多火晦。

金：金旺得火，方成器皿。

金能生水，水多金沉；强金得水，方挫其锋。

金能克木，木多金缺；木弱逢金，必为砍折。

金赖土生，土多金埋；土能生金，金多土变。

水：水旺得土，方成池沼。

水能生木，木多水缩；强水得木，方泄其势。

水能克火，火多水干；火弱遇水，必然熄灭。

水赖金生，金多水浊；金能生水，水多金沉。

在中原民居建筑中，从方位到设计，从屋宇到门窗，无不浸润着阴阳

五行的传统理念。依据这些理论，再加上住宅方位、户主生辰八字、太岁流年，才能决定大门的开门方位。一般认为，庭院之门，犹如入口，气之进出，关乎兴衰，因此院门又俗称“气口”。若以坐北朝南的宅院为例，院门应选东南方，俗称“青龙门”，但也要视街道走向而定。大体上主房在北，院门开设于东南方；主房在南，院门开设于西北方；主房在东，院门开设于西方；最忌在院落的东北方开门，这被认为是“怪异”之门。

院门不论开向哪一方，宜正不宜斜，个别院落为了辟煞，才开斜门。但有些地域，则较特殊，如信阳市新县丁李湾村就有“歪门”对“斜道”的现象。人们把院门门框设计得一边出一边进，两边差有半尺左右，而门楼却是与门前大路平行的，这样一来，就形成了“斜门”，他们认为如此才能大吉大利。我们在对丁李湾村的实地考察中看到，院门与街道为斜角，这与当地山川地势的风水习俗有关。

按照阴阳五行理论，住宅的修建，要“负阴抱阳”。不一定要有山有水，在平原地区只要形成背靠依托、面临全局和处于主动有利地位的内向空间即可。“一层街衢一层水，一层墙屋一层砂，门前街道即是明堂，对面屋宇即为案山。”（《阴宅房心集》）现代负阴抱阳的建筑布局，也是通过层数层高和地理的调整，整幢建筑前低后高和左右翼呈环抱状，去迎合古代负阴抱阳的自然环境理论。《黄帝宅经》对居住环境的描述为：“夫宅者，不是阴阳之枢纽，人伦之规模……人因宅而立，宅因人得存，人室相扶感通天地……”《黄帝宅经》是我国现存最早的住宅风水书，为晋代郭璞托黄帝所作，讲述人与住宅的和谐，人与天地的和谐，人与自然的和谐，人与宇宙的和谐。它的学说以太极、阴阳、三才、四象、五行、六神、七政、八卦理论为主，强调“宅以形势为身体，以泉水为血脉，以土地为皮肉，以草木为毛发，以舍屋为衣服，以门户为冠带，若得如斯，是事严雅，乃为上吉”，是中国传统建筑文化的经典。近人张述任整理阐释出版，并对中原民居建筑格局与风俗进行了系统论述。

在这种阴阳谐和的观点下，中国民居从中原走向祖国南北四面八方，塑造了以院落为中心和单元的基本平面格局。屋宇为阳（实），而院落为阴（虚），这种阴阳相成、虚实相间的院落空间，在密集的居住状态下，较好地协调了人与自然的关系，解决了日照、通风、保温、隔热、反光和防噪等问题。住宅与院落，院落与门楼，门楼与大门，大门与影壁，影壁与门外环境等，都有着内外、虚实、阴阳、明暗的相互作用。

这种按阴阳五行理论开门的习俗，不单适用于四合院或者单宅院落，它同样适用于豫西的天井窑院。天井窑院一般为独门独院，也有二进院、三进院，即多个井院联合。进入村内，只闻人言笑语，鸡鸣狗叫，却不见村舍房屋，“进村不见人，见树不见村”就是它的真实写照。有人称它是“地下的北京四合院”，殊不知，中原四合院包括天井窑院，还是北京四合院的“老祖宗”呢！我们在调查中发现，过去，村民对修建窑院十分重视，不亚于中原其他地方建立宅院的隆重，甚至还有过之。建前主人必请阴阳先生察看，根据宅基地的地势、面积，按易经八卦决定修建哪种形式的院落。宅院一般分为四种类型。

一是东震宅，长方形，凿窑 8 孔，南北各 3 孔，东西各 1 孔，门走正南方，厨房设在东南；

二是南离宅，长方形，凿窑 8~12 孔，门走正东方，厨房设在东南；

三是西兑宅，群众叫西四宅，正方形，凿窑 10 孔，东西各 3 孔，南北各 2 孔，门走东北方，厨房设在西北；

四是北坎宅，长方形，凿窑 8~12 孔，门走东南方，厨房设在正东。东西南北各按易经八卦排列，主窑高 3~3.2 米，可安一门三窗，其余为偏窑，高为 2.8~3 米，一门二窗。

三　竣工安神习俗

（一）竣工仪式

在中原农村，住宅建筑完工后，要举行安神仪式。一般是将天地爷、家神、灶王爷、门神、土地爷等都供奉起来，摆供品，燃香烛。在天地爷前置清水一碗，杨柳枝一条，祭拜者口诵祝词：“天阳地阴，二气化神，三光普照，吉耀临门，迎请家堂，司命六神，万年香火，永镇家庭，诸邪莫入，水火难侵，门神护卫，杀鬼诛精，太乙敕命，保护吾门，急急如令！”

拜毕诸神，用杨柳枝将祭神净水遍洒门柱各处，宅主同时口诵："天地阴阳，日月星辰，凡有魔魅，俱变吉祥，吾奉太上老君律令！"反复拜诵，直至净水洒完。有的还要鸣放花炮，张贴对联，然后把盖房的工匠、亲戚朋友和左邻右舍都请到家里，喝竣工酒，庆祝大功告成。

（二）安放泰山石敢当

石敢当，又称泰山石敢当，立于街巷之中，特别是丁字路口等路冲处的墙上（这些地方被称为凶位）。石敢当在不同的地方也有不同的样式，有浅浮雕的，有圆雕的，有的刻有八卦图案，有的什么装饰也没有，石碑上只刻有"石敢当"，或"泰山石敢当"的文字，有的在碑额上还有狮首、虎首等浅浮雕。泰山石敢当习俗从内涵上体现的是"平安"二字，它源于泰山，遍布全国，远播海外。在传播过程中逐渐形成了丰富多彩的"泰山石敢当"故事系列，在民间广为流传。泰山石敢当习俗以石刻为有形载体，与无形的口传民间故事共同存在。平顶山临沣寨朱家古宅等多处古村落，就有制作精美的泰山石敢当。

相传姜子牙在封神时，诸将分封完毕，一将发现自己尚未被封神，于是指山前一石曰，"我是泰山石敢当"，于是化为石人。古代认为东岳泰山之石具有独特的灵性和神力，因此泰山石敢当是一种灵石崇拜。也有传说汉朝时汉武帝登泰山，带回四块泰山石，置未央宫的四角以辟邪。泰山被认为有保佑国家的神功，因此泰山的石头就被认为有保佑家庭的作用。

中原民间较为流行的传说是，五代时有一名大力士，名"石敢当"，以勇猛闻名。传说有妖魔鬼怪经常祸害民间姑娘，人们听说泰山脚下有一个叫石敢当的力士可以打败他，就请他去，果然妖魔被吓跑了。可是妖魔又会到别处继续作恶，石敢当就想："我赶它一回，它就逃到别处，全国这么大，我怎么跑得过来呢？对，泰山有很多石头，我请石匠在石头上刻上我的家乡和名字——泰山石敢当，谁家闹妖风，就把这石头放在谁家的门外，妖怪就不敢进去了。"此后，泰山石敢当降妖的故事越传越远，人们为了辟邪，在盖房子的时候，总是把刻有"泰山石敢当"的石头砌在墙上或放在门口，用来辟邪。

关于"石敢当"的文字记载，最早见于西汉史游的《急就章》："师猛虎，石敢当，所不侵，龙未央。”元代陶宗仪《南村辍耕录》中记载“今人家正门适当巷陌桥道之冲，则立一小石将军，或植一小石碑，镌其上曰石敢当，以厌禳之”。其本意就是：灵石可以抵挡一切。从民俗学方面来说，这源于古人对石头的原始崇拜。远古人类曾用石斧、石刀、石镰来猎兽、采掘、种植、取火、自卫……得以在艰难的洪荒时代顽强地生存下来。“石敢当”，正是对石头崇拜的流风余韵，是民俗学上一个有趣的现象。

在镇宅石上出现“石敢当”字样是在唐朝末年。据宋代人王象之《舆地碑目记》记载，宋代庆历年间，福建莆田县令张纬维修县衙，出土一块石碑，上刻：石敢当，镇百鬼，厌灾殃，官吏福，百姓康，风教盛，礼乐张……诸字，这是国内出土的最早的石敢当实物史料。可见那时候石敢当已经名扬天下，但当时还没有“泰山”二字。

明代以后，随着泰山信仰的发展，在各地石敢当的石刻中，有的加上了“泰山”二字。在传播中，石敢当和泰山石敢当同时存在。同时，还有一些其他字样的石刻，如“石将军”“石大夫”等，清代、民国年间以及当代，则以“泰山石敢当”为主。石敢当习俗历经各代达于今日。清代以来，泰山周边还出现了祭祀石敢当的庙宇——石大夫庙，同时存在庙会“石大夫会”，还有以石敢当为题材制作年画的。国务院公布的首批国家级非物质文化遗产名录中，“泰山石敢当”习俗榜上有名。

四　入住习俗

古往今来，新居入住都是一件隆重而严肃的事情。待新房竣工、晾晒、装修后，一切布置停当，就要入住新居。中原地区称之为乔迁之喜。

（一）择日迁居

中原乔迁新居，都要选择日子，喜双日忌单日，还要看看黄历，算算吉凶，挑选一个适宜迁居的吉祥时段。一旦吉日吉时选好，接下来就是进宅时的仪式。中原地区的迁居仪式，一般是在大门口挂上灯笼或是贴上对联和门神。在进宅之时，都要鸣放炮仗，然后由辈分最高的人带领一家人打开大门，手上捧着火盆进去，意为暖屋暖宅，也称旺宅旺屋，即吉祥之意。

在现在的农村，很少有人会手上捧着一个火盆，而改为进宅之后，打开全屋的灯，满屋光亮，这就被视为捧了火盆进屋，为的也是让新房子里充满生气。进宅时，每个人手上都要带一样东西，而且都要是新东西，特别是要带上一些好兆头的东西，比如男的可以带算盘或是秤等，预示乔迁后能财源广进，发家致富；女的可以带柴米油盐或是碗筷；小孩可以带葱蒜或糖，预示今后的甜蜜幸福生活；未结婚的男女可以手上带一串红绳。所有人进宅时不能往回望，这些其实都是一种心理上的暗示和满足，因为乔迁新的宅院，毕竟是全家非常高兴的事情，要有美好的向往和祝愿。

有时候，天不凑巧，挑选的吉日下起雨雪来，或者是有了意外情况，不便隆重地举行仪式，主人也可以先搬进两把椅子，放挂鞭炮，做做样子，叫“应好”，即算是应了搬家的好日子。

在现代社会，这些烦琐的仪式正在慢慢被简化，一来，年轻人讲究时尚，在他们看来，手上捧着一个大火盆既古板又无趣，不如省事点；二来，有些风俗习惯或仪式正在慢慢被人遗忘淡化。所以，现在很多人新居入住采取的都是一般的仪式，有些人甚至干脆直接搬进去了事，叫“撞（巧遇）好”，即碰巧遇到的好日子，有一句俗语，就叫作“选好儿不如撞好儿”。在比较偏僻的乡村，或者家里有经过旧习俗的老人，还会坚持自己的传统做法。

（二）安放家具

进宅之后，户主马上要做的，就是在中堂摆放好神龛，或者贴好写着祖宗灵位的“祝纸”和香炉，意为先把祖先请进新家。一家人在长辈的带领下，焚香磕头，告慰先人们新的宅子启用了。然后就是安放好自己的新床、桌子、椅子、衣柜等要紧物件。当然，现在还有电视、电脑、电冰箱、洗衣机等，都要按习俗和要求摆放得当。

（三）开火做饭

新的住宅启用，最关键的标志就是生火做饭，这样才能算新生活的开始。一般要在新炉灶上煮一些有象征意义的东西，比如圆的东西，照应圆圆满满；或做一顿甜食，照应甜甜蜜蜜等。有的地方迁居时，多数人家还要吃油糕，有“步步登高”之意。豫南民间就流传有“搬家不吃糕，一年搬三遭”的谚语。中原地区称乔迁新居的第一顿饭为“燎锅底”，直到现在，这里的一些人住上新宅后往往还会请亲朋好友吃一顿。

五　住宅结构布局习俗

一所宅院，不外乎主房、厢房、厨房、柴房（牛棚）和厕房，大的格局安排好后，就是院内房屋的功能布局了。

中原民居最注重风水的“气”。按照风水学理论，人们居住的房屋有如人体，室内各部位功能有如人体各个器官，均有新陈代谢的作用。

气在室内必须平衡地流通，从大门通道到卧室、厨房、书房、客厅之气，要顺畅地出入。尤其大门和窗户是房屋的口和鼻，使室内室外之气分开。大门之气经由室内门窗、通道、墙壁、屏风、屋角、家具等物品，引导至各个空间。这样，居住的人才能获得健康的平衡之气的滋养。宅院的这种气场，不仅密切关系着人的吉凶祸福、智能发挥、事业成败、财运机缘，而且关系着每个人的家庭幸福、身体健康。这种气，不能太强，也不能太弱，要适中。实际上，这是把中国传统文化中儒家的中庸之道、和衷相济，道家的道法自然、气脉循环与佛家的圆通豁达、禅理因果融会贯通了。

（一）尊卑有序

古代中原人崇拜祖宗，把祖宗崇拜与神灵崇拜进行了巧妙的结合。传说上古三皇五帝时便有了祭天、祭祖的习俗，到商代就出现了被称作“名堂”的祭祀性建筑，在家中，也产生了家族共祭祖宗的宗祠。《周礼》对此做了记载，并规定了王城中祖庙的位置，按“左祖右社”进行布置。其后，在“尊祖”基本思想的影响下，中国古代宗法礼制思想产生，这一思想观念同样深刻地影响着民居习俗。

首先，宗族观念要求父子、亲属生活在一起，以避免削弱宗族的力量。这一思想基础，决定了建筑的基本模式，即许多房间组合在一起的建筑群体；其次，中国古代以农业为根本，土地是宗族赖以发展的根基，因此房屋必须以大地为基，立足于土，即所谓的接地气。加之当时建筑技术有限，于是排除了建筑无限向上发展的可能。这就是中原古建筑以四合院为中心，向前后左右伸展的多组单层建筑布局的原因所在。

即便是在豫西的天井窑院或南方土楼建筑群、客家围屋建筑群，这种尊卑有序的中原文化传统，照样得以传承和延续。以豫西地坑院为例，它就全面呈现了封建宗法制度的政治、经济、文化、技术等形态，是中国民间文化中的奇葩。朴实无华的地坑院在体现家庭礼制、尊卑关系方面十分讲究，如地坑院里长辈住的主窑高九尺五寸，宽九尺，俗称“九五窑”，安装一门三窗。其他窑洞则高八尺五寸，宽八尺，俗称“八五窑”，安装一门两窗。主窑所在的崖面至少比其他三面高出 20 厘米。通过这些数据的不同，来突出主位和长辈的尊贵，看似普通的细节却传达着重要的文化信息。

（二）主配分明

尊卑之序注意到后，就要照顾阴阳合德了。一般来说，房主夫妇的卧室是主房。因为人的一生有一半是在卧室里度过的，故卧室是家庭的主穴、中枢。其设计主导思想应该是舒适、宁静、平和，利于休息。尤其是床和其他家居，都要摆放在适当的位置。要注意到诸如刚柔、明暗、凹凸、硬软等的协调，清代丁臬论说：“凡天下之事事物物，总不外乎阴阳。以光而论，明曰阳，暗曰阴；以宇舍而论，外曰阳，内曰阴；以物而论，高曰阳，低曰阴；以陪楼而论，凸曰阳，凹曰阴。……唯其阴中有阳，阳中有阴，故实中之虚，虚中之实，虚者从有至无，渲染是也；实者着迹见痕，实染是也。虚乃阳之表，实即阴之里，故高低凸凹，全凭虚实。”

中原民居中的建筑立面的构图，同样表现了上述高低凹凸、明暗虚实的阴阳变化与相和。传统建筑的基本立面构图是三段式的，底部为墙基，中段为屋面，顶段为屋脊。这一构造本身就表现出虚实有规律的变化。墙基实体一块为阳，房面青瓦如鳞，加上有的建筑飞檐斗拱，虚实结合，细巧灵动，表现出阴柔一面；屋脊飞扬流动，五脊六兽，充满着阳刚之美，三位一体，虚实互换，阴阳变化，寓意无穷。

（三）神位肃穆

中原地区自古以来都有崇拜天地君亲师的传统，无论穷富贵贱，除在宗族祠堂里祭拜外，在自己家中设立神龛也是少不了的，用于逢年过节祭拜祖先和神灵，这是一种近乎宗教的信仰，是中国人特有的精神寄托方式。

因而，在家中，供奉神圣的位置是最为庄重、神圣、严肃的，一般都是把神龛设置在堂屋主墙壁正中位置。

（四）书房静雅

中原地区是华夏文化的起源地，耕读传家的理念无时无处不指导着人们的生活，影响着人们的习俗。忠孝门第春常在、耕读之家庆有余的观念，牢牢扎根在中原人民的心中。因此，无论穷富，他们都会在建立宅院时，给子女安排读书的地方。书房是家庭智慧所在，一般比较注重采光，通风良好，主调宁静谐和，书桌方位要在文昌位置。文昌原是天上六星之总称，即文昌宫。一说在北斗魁前，一说在北斗之左。六星各有星名，称上将、次将、文昌帝君贵相、司命、司中、司禄等。相传玉皇命文昌帝君掌天曹桂籍文昌之事。凡世间之乡举里选，大比制科，服色禄秩，封赠奏予，乃至二府进退等，都归文昌帝君管理。对于以科考为进身之阶的中国古代仕途制度，文昌帝君当然是人们敬崇的神灵了。按照八卦和风水学理论，不同的宅相，其文昌位也不同。

文昌位的寻找，就是依据宅屋的坐向，按八卦九星之吉凶方位，确定此宅的文昌位。文昌位依房子坐向而定，如门朝向西，房子就是坐东朝西，这就是震宅。所有文昌位如下。

震宅：坐东朝西，文昌在西北位；

巽宅：坐东南朝西北，文昌在正南位；

离宅：坐南朝北，文昌在东南位；

坤宅：坐西南朝东北，文昌在正西位；

兑宅：坐西朝东，文昌在西南位；

乾宅：坐西北朝东南，文昌在正东位；

坎宅：坐北朝南，文昌在东北位；

艮宅：坐东北朝西南，文昌在正北位。

（五）客厅敞亮

客厅是家人休息活动，并与外界交流的场所。一家人在这里聊天议事，或者招待外来亲朋、左邻右舍。它的设计主导思想是和合福庆。整个格局宜清雅平稳，充满生机。豪门大户之家，在所有的住宅中，应把客厅设在前方位置，并与玄关相接；小门小户人家，大多把堂屋明间作为客厅。

（六）厨房通风

厨房是一家人的重要生活场所，又是家中供奉重要神祇灶王爷的地方，因此应特别重视。按照阴阳五行学说，它象征着财运和食禄，要明亮且具有生气。空间尽量宽广舒畅，通风良好，并且要注重整洁。炉灶燃放位置一定要摆在吉方。延年长寿与兴旺发财是密不可分的。

中原农耕文化博物馆农家客厅场景

（七）厕所僻背

常言道，吃喝拉撒睡，是人们最基本的生理要求。不管是中国人还是外国人，古代人还是现代人，在住宅安排上，厕所都是必不可少的。中原地区的民居也是如此。再者，厕所又是脏秽之处，更要选择适当的位置。要讲求卫生，最重要的避忌是厕所与厨房不能对门，厨房也不能背向厕所。其他如厢房、柴房、牲畜家禽圈窝等，也都有相应的位置。如果不符合风水要求，就会家宅不安了。

即便是现代的乡间民居或是城市楼房，也都是入院先见影壁，或入门先见客厅。现代的建筑设计，有时为了考虑空间配置，一进门往往先见到厨房、餐厅或浴厕，这是阳宅的大忌，也不合常理，居住期间，主人生活不便且心中别扭，这种屋子，最好敬而远之。

六　宅内功能布局习俗

（一）门与窗

门与窗是生气出入的通道，在风水学上称“气口”，古代风水学认为“气口如人之门”。其大小应与整个房屋的空间相协调。中国风水古籍对大门的方位、形状、尺寸有着严格的规定。门的方位，原则上与整个住宅方位相一致，但有时为了改善风水，也可以例外。按照传统的风水理论，太强的气流对人身之气不利，不但对居住者的健康有损害，而且影响财运，使家庭问题增多，以致失和。

窗户的数量与门的数量应和谐，中原民居一般的屋子是三间、五间组合，中间一间开门，两边每间开窗。如果房间小，又是单扇门，就只能留一个窗户。

（二）梁与檩

梁与檩，在一所民居中十分重要，它既是建筑的主要承重物，也是居室文化的主要支撑点。风水学对梁檩的位置、样式、木料都有非常严格的区分，把室内布局与之综合考虑。如果室内梁檩过低，便会妨碍兴旺和发展，梁过低会压迫宅中之气，妨碍运气贯通。另外，梁压的位置、高低、尺寸、材料、形状、质地，对室内吉凶至关重要。床、饭桌、写字台、炉灶等不能设在大梁下方，横梁压在身上会经常头痛、背痛，影响健康和时运。实际上，这是个心理感受问题，试想想，当你在晚上睡觉时，一睁眼就看到一条大梁压着自己，从心理上会感到舒服吗？梦中或潜意识中也会感到压抑，难免会噩梦缠身啊！

（三）楼梯

在中原民居中，凡有两层或三层楼的房子，楼梯设置也很讲究。风水学认为，楼梯是房屋的通道，可使气上下贯通。楼梯分内气楼梯和外气楼梯。一般说来，内气楼梯吉利，外气楼梯不吉利。内气楼梯与门相背，人一进门后通过拐弯，才可上楼梯。外气楼梯与门正对或偏对，一进门就看见楼梯是不太吉利的。另外，楼梯的层阶也以单数为吉，如九阶、十一阶。双数为凶，如八阶、十阶，一般是不用的。

（四）室内浮棚

中原民居中，浮棚是不少人家常用的装饰，如同现代装修的吊顶。房屋的墙壁如果比较高，搭一个浮棚是不错的选择，它可以起到卫生和美观的作用，同时也有风水学上的考虑，即可以“护气”“聚气”，冬暖夏凉，避免热冷空气侵身。浮棚有满屋浮棚和局部浮棚，苇席浮棚与彩纸浮棚等，具体选择根据居住者的喜爱与经济条件决定。

（五）隔山

隔山，就是在梁的下方垒的墙，把住室与明间（客厅）分割开来。中原农村贫寒人家多用箔篱，即把高粱秆织成片状，立于大梁下方，用木棍支撑固定起来，有的再用泥灰把箔篱糊住，遮挡外部视线，使之起到保护隐私的作用。讲究风水的人家对隔山和箔篱，也有着高低、形状、材料和开门方向的要求。

（六）阁楼

中原农村民居讲求方方正正，敦厚平和，阁楼形式多在官宅中出现，民居中不多。阁楼要求与院落、主房保持和谐一致，特别不能通天漏气。

七　居住安排习俗

（一）睡床不能靠空

中原地区的民宅，多为三间房子一明两暗。卧室主人在铺床时，一般要依靠一面或两面墙壁，避免床头靠空。睡床是用作休息的地方，若床靠空，无依无靠，则缺乏安全感，会让人感到不舒适。当人们熟睡的时候，身体会不知不觉地四周移动，若翻滚出睡床范围，就容易造成跌伤意外。还有可能在睡梦中产生不牢靠的幻觉，容易出现噩梦。

（二）窗台不宜作床

睡床不宜直抵窗户。睡床太贴近窗口，在遇到雷电或灯光照射时，会导致居住者睡眠不足和心理恐惧。若是儿童房间，睡床更不要太靠近窗台，因为儿童好奇心重，往往会被窗外事物所吸引，向窗外望或爬出窗框，这样容易酿成意外。所以，儿童的睡床最好摆放于靠近墙角处。

（三）饰物摆件和谐

中原地区的民居，传统摆设以宣扬耕读传家、孝亲敬老为原则，中堂是祖宗牌位，俗称神龛或“祝纸”。其他地方挂有忠孝图、读书图或圣人古训、励志书画等。

中原农耕文化博物馆卧室场景

现代人的生活变得丰富多彩，兴趣爱好广泛。如人们出差或旅游的时候，都习惯买些当地特产或手工艺品作为纪念。例如：陶瓷器具、木雕制品、巨型折扇、羊皮牛角甚至木刀木叉等装饰物品。他们会将那些装饰物品陈设于客厅或室内以营造气氛。从风水学的角度看，摆放不同装饰物品都有一定用意，要视其方位而定吉凶。一般来说，福禄寿三星、牡丹花、山水画、孔雀开屏等吉祥饰物或图画，都是适合每个家庭的。其栩栩如生的造型，不但可为住所带来吉祥之气，还可以点缀家居美观。但如果摆置一些含有戾气的饰物，如日本军刀、凶鹰猛虎、鬼怪面谱、出土文物等，就会使室内气氛压抑而不祥。儿童室内亦要注意，摆设布置要生动有趣、启睿益智，图案形象不可有恐怖的感觉。

（四）灶位安放合理

按照中原地区的习俗，灶王爷是家里的主要神祇，其掌管着全家人的兴旺发达，保佑衣食无忧。所以说，人们对灶神就格外礼敬有加，不但专门安排了每年腊月二十三作为祭灶的日子，即便是其他节日，也要给灶王爷燃三炷香，点两刀纸（送钱），祈祷几句话，如“上天言好事，下界带吉祥”等。由敬畏灶王爷，到小心布置灶台，贯穿着一个愿望，即期盼五谷丰登，丰衣足食。这也是农耕文化中最基本的含义和诉求。

中原农耕文化博物馆农家灶房场景

《易经》有所谓水火既济的说法，意思是水和火是饮食必需之物，有了火和水的调理，便达到阴阳调和。因此，要达到“既济”的状况，才能家运顺畅，人口安宁。根据五行生克的理论，东方属木，南方属火，故炉灶以朝向东方或南方火旺方位为佳，坐煞向吉才可达到风水要求的原则。如果位于吉方，则家中人口健康，夫妻感情融洽。相反，婚姻难得美满，家人经常争吵或体弱多病。

其实，炉灶朝向东方或南方不但符合五行方位，也符合实际生活的需要。因为古时用来烧饭的燃料，不外乎野草及柴枝，烧饭时灶口朝向东方便可以配合风向，容易生火。按照五行生克原理，洗碗盆和炉灶也不能成一直线，否则会导致水火不容，影响夫妻感情和健康。若炉灶摆放位置与水龙头成曲尺形（L形），则可避免水火冲射，亦符合风水要求。

（五）天花板不能过低

传统的中原民居，屋子不是太高，天花板（浮棚）又多为箔或席子搭成的。如果太低，不仅会让人感到压抑，而且离灯火较近也不安全。一般以站到床上不能顶头为宜。即便是在公众活动的地方，如人多的办公场所、餐厅、会议室等，天花板过低，也会导致通风不良，氧气不足。这样不但降低工作效率，也易影响健康，破坏人们的情绪。

中原地区的民居习俗是非常多的，这里只是简述大概。在成千上万年的中原农耕文明进化过程中，各地各民族都有自己的居住习俗，这些习俗又都在不断地互相发生着碰撞、融汇和贯通。甚至不同县市、不同乡镇，或不同的村子，习俗都有很大的不同。人们说的“十里不同音，百里不同俗”，当然也包括居住习俗。总的来说，以上所述中原地区的居住习俗，只是民俗大系里的一点点，也是一个小分支。既然是民间习俗，当然会有不科学或者迷信的因素在其中。我们只是在对中原民居建筑传统研究和记述的同时，为了更全面地反映其历史发展进程，试图留下中原农耕文明进步中的每一个因子，而把它记录在册的。至于哪是科学，哪属迷信，在科学如此进步、技术如此发达的今天，我们相信每一位读到这本书的读者，都会对其有着自己清晰而明确的研判。

捌

河南省历史文化名镇名村

汉民族称自己为炎黄子孙，炎帝和黄帝是传说中上古时期两个伟大的部落首领。那时还没有真正意义上的文字，只是“口耳相传”留下来的历史，是伟大的史学家司马迁将黄帝等五个上古人物的事迹写进了他的不朽著作《史记》中，这段历史在中华文明史中才具有了开篇意义。传说中的黄帝部落逐渐强大起来，他以武力东攻西讨、南征北战，终于统一了黄河中游的广大地区，建立了中原大联盟，奠定了华夏古国的基础。由于黄河中下游地区优越的地理条件和良好的农业基础，这里世世代代人丁兴旺，物产丰富，村落和城镇繁多。随着大量的考古发掘，中原地区发现了许多古城镇遗址，这成为中华文明的标志性符号。例如，洛阳偃师二里头遗址，在学界享有“最早的中国”之称；在郑州商城遗址，考古学家们勘测出周长近 7 千米的城垣，主城墙和内外护坡清晰可辨，在城垣以外的广大地区，广布的手工业作坊和居住遗址代替了部分农田，成为城市延伸的臂膀；安阳发掘的殷墟是商代后期的王朝遗址，大量出土的甲骨文震惊世界，考古学家们还能分辨出哪儿是宫殿、哪儿是作坊、哪儿是宗庙与王陵；还有大梁（今河南开封），洛阳、阳翟（今河南禹州），宛（今河南南阳）等，都是古代著名的都城。当然，古时的都城与今天的城市无法相提并论。这些古城，有的后来持续发展成为现代都市；有的逐渐消失；还有大量延续存留下来的，就是现在仍然存活着的众多小城镇。这些数不清的小城镇，大多有着悠久的历史和深厚的文化底蕴，它们是中华文明的重要符号，是传统文化的丰富宝藏。改革开放以来，伴随着城镇化的推进，许许多多古村名镇的历史面貌不复存在。近年来，对于古村名镇的保护，党和国家给予了高度重视，采取了积极措施，效果显著，令人欣慰。其中，对于历史文化名镇名村的评选认定和保护，就是一个非常得力的举措。

一　关于历史文化名镇的评选

（一）中国历史文化名镇评选活动

我国村镇现有大量历史传统建筑，它们是灿烂的中华传统文化的重要组成部分，其中不少具有很高的历史文化保护价值和可供借鉴的建筑艺术价值，必须注意加强保护。为更好地保护、继承和发扬我国优秀的建筑历史文化遗产，弘扬民族传统和地方特色，2008 年 10 月 8 日，住房和城乡建设部发文，在全国范围内评选全国历史文化名镇和全国历史文化名村。

按照国家建设部的文件要求，凡建筑遗产、文物古迹和传统文化比较集中，能较完整地反映某一历史时期的传统风貌、地方特色和民族风情，具有较高的历史、文化、艺术和科学价值，辖区内存有清朝以前年代建造或在中国革命历史上有重大影响的成片历史传统建筑群，总建筑面积在 5000 平方米以上的镇或 2500 平方米以上的村庄，均可参加全国历史文化名镇（名村）的申报评定。

（二）中国历史文化名镇评选标准

历史文化名镇（名村）应当具备下列条件之一。

在一定历史时期内对推动全国或某一地区的社会经济发展起过重要作用，具有全国或地区范围的影响；或系当地水陆交通中心，是闻名遐迩的客流、货流、物流集散地；在一定历史时期内建设过重大工程，并对保障当地人民生命财产安全、保护和改善生态环境有过显著效益且延续至今；在革命历史上发生过重大事件，或曾为革命政权机关驻地而闻名于世；历史上发生过抗击外来侵略或经历过改变战局的重大战役，以及曾为著名战役军事指挥机关驻地；能体现我国传统的选址和规划布局经典理论，或反映经典营造法式和精湛的建造技艺；或能集中反映某一地区的特色和风情，以及民族特色传统建造技术。建筑遗产、文物古迹和传统文化比较集中，能较完整地反映某一历史时期的传统风貌、地方特色和民族风情，具有较高的历史、文化、艺术和科学价值，现存有清代以前建造或在中国革命历史中有重大影响的成片的历史传统建筑群、纪念物、遗址等。

（三）对入选全国历史文化名镇的要求

参与评选全国历史文化名镇的，要求镇内历史传统建筑群、建筑物及其建筑细部乃至周边环境基本上原貌保存完好；或因年代久远，原建筑群、建筑物及其周边环境虽曾倒塌破坏，但已按原貌整修恢复；或原建筑群及其周边环境虽部分倒塌破坏，但“骨架”尚存，部分建筑细部亦保存完好，依据保存实物的结构、构造和样式可以整体修复原貌，且已编制了科学合理的村镇总体规划；设置了有效的管理机构，配备了专业人员，有专门的保护资金。

从全国历史文化名镇评选活动可以看到，中原地区虽然是中华民族和农耕文明的起源地，中原民居建筑文化又是中原农耕文化的重要组成部分，但由于历史上战乱不断，天灾人祸较多，这里的古村名镇及古代建筑保存下来的很少。河南省辖区内入选全国历史文化名镇的并不是很多，总的来看是山区多于平原，偏僻地区多于富庶地区。现就河南省内的全国和省级历史文化名镇加以介绍。

二　河南省的中国历史文化名镇

第一批（无）

第二批

许昌市禹州市神垕镇

南阳市淅川县荆紫关镇

第三批

南阳市社旗县赊店镇

第四批

开封市开封县朱仙镇

郑州市惠济区古荥镇

驻马店市确山县竹沟镇

第五批

平顶山市郏县冢头镇

第六批

驻马店市遂平县嵖岈山镇

安阳市滑县道口镇

信阳市光山县白雀园镇

三　河南省历史文化名镇

第一批：2 个

禹州市神垕镇、淅川县荆紫关镇

第二批：12 个

惠济区古荥镇、新安县铁门镇、山城区石林乡、禹州市神垕镇、鸿畅镇、临颍县繁城回族镇、郏县广阔天地乡、卧龙区石桥镇、遂平县嵖岈山乡、光山县白雀园镇、泼陂河镇、永城市芒山镇

第三批：9 个

巩义市康店镇、林州市任村镇、滑县道口镇、襄城县丁营乡、舞阳县北舞渡镇、郏县冢头镇、固始县陈集乡、永城市陈官庄乡、睢县后台乡

第四批：7 个

尉氏县洧川镇、滑县万古镇、桐柏县淮源镇、永城市李寨镇、商水县邓城镇、淮滨县张庄乡、济源市轵城镇

第五批：5 个

登封市君召乡、灵宝市函谷关镇、南召县云阳镇、宁陵县张弓镇、光山县砖桥镇

第六批：13 个

登封市颍阳镇、荥阳市汜水镇、安阳县蒋村镇、林州市石板岩乡、禹州市浅井镇、禹州市花石镇、宝丰县大营镇、宝丰县商酒务镇、项城市秣陵镇、滑县瓦岗寨镇、邓州市汲滩镇、永城市城关镇、永城市太丘镇

四　中原部分传统名镇简介

（一）神垕镇

神垕镇位于禹州市西南 30 千米，禹、郏、汝三县市交界处，总面积为 49.1 平方千米，总人口 4 万人，其中镇区人口 3 万余人，占全镇人口的四分之三。

神垕镇是中国九大传统陶瓷产区之一，历史悠久。早在商代时期这里就有人居住，从事农耕和冶陶。自唐代出现唐钧以来，神垕逐步发展成北方陶瓷中心之一，并把钧瓷艺术发展到了极致。宋时称神垕店，明代开始称神垕镇，属鸿畅都，清时属文风里。明清时期流行一首民谣：“进入神垕山，七里长街观，七十二座窑，烟火遮住天，客商遍地走，日进斗金钱。”由此可见当时之繁华。2005 年，神垕镇被建设部、国家文物局共同评选为第二批中国历史文化名镇。

古镇区保留有较为完整的明清古街，俗称“七里长街”。唐宋以来，随着陶瓷业的兴盛，许多富商大贾在此置田、建宅、经商，逐步形成神垕老街，由东、西、南、北四座古寨构成；从东到西有东大街、西大街、白衣堂街、红石桥街、关爷庙街等街道；道路两侧店铺林立，古民居依势而建。保存比较完整的有伯灵翁庙、邓禹楼、温家大院、白家大院、王家大院、霍家大院、苗家大院、苗家祠堂等，炮楼、古民居、庙宇鳞次栉比。其中的古民居多为明清时期建造，饰以精美的石雕、木雕和瓷艺，古朴典雅，端庄大方。一进三、一进四的庭院形成经营、生活、制作一体化的地方特色古宅院。除此之外，一些自然景点的映衬，把神垕绘成了一幅集历史、自然、人文特色于一体的旅游画卷。

神垕千年古镇的主要特色是钧瓷文化。作为宋代五大名瓷之一，钧瓷起源于神垕，其官窑遗址的发掘被评为 2001 年中国十大考古发现之一。据

考证，钧瓷始于唐，盛于宋。北宋徽宗时期，禹州设置官窑，烧制宫廷御用瓷，每年选 36 件入宫，其余的全部打碎深埋，由于官窑设在传说夏启建都的古钧台附近，所以窑名为“钧窑”，瓷名为“钧瓷”。钧瓷艺术具有独特的民族风格和独树一帜的艺术特征，它造型端庄典雅，胎骨坚实，雕工严整，线条明快，其窑变艺术有“入窑一色，出窑万彩”“钧瓷无对，窑变无双”之说，色彩非常丰富。从不同的角度观赏钧瓷，会产生不同的意境和图案，妙趣横生，韵味无穷。

近年来，神垕镇以钧瓷为依托，大力发展陶瓷产业，兴建了各具特色的工业园区和专业市场，促进了全镇的经济发展和社会文明进步，先后荣获“中国历史文化名镇”“中国钧瓷之都”“全国文明村镇”“全国小城镇建设示范镇”“全国小城镇建设重点镇”“河南省特色产业镇”等荣誉称号。现拥有的“钧瓷一条街”“古玩一条街”“手工作坊一条街”不仅充分展现了中华民族传统钧瓷文化的博大精深和陶瓷殿堂的神奇，而且游客在此还能体会民俗的魅力、民风的淳朴，接触悠久的民间工艺，甚至亲手“玩一把”，游客可以在师傅的指导下，完成一件有意义的艺术制品。

神垕有许多古寨，每座寨都修有高大厚实的寨墙，有的高达 3 丈有余，厚 2 尺多，固如城墙。寨四周和寨墙上建有炮楼，主要用于军事防御和抗击土匪，防范洪灾。每个寨子都有文雅的名字，如东寨为“望嵩”，西寨为“天保”，寨名用青石丹书镶嵌在古寨门之上。东寨建于清光绪二十年，据说站在古寨寨门上，可以看到嵩山，因此称为“望嵩门”。寨墙墙体为青砖结构，墙基高 2 米左右，均为巨石砌成，墙高 10 米左右，厚 80 厘米，绕东寨一周，长约 6000 米。寨门洞高约 4 米，上部由拱形青砖砌成，门洞长约 8 米，寨门上方有炮楼，炮楼上有三个炮孔，供瞭望和射击使用。这些古寨内都有不少传统建筑，每个寨子都像一座小城。

伯灵翁庙也称窑神庙、火神庙，是钧瓷文化的象征性建筑，也是神垕“中国钧瓷之都”“火艺之都”的重要标志，庙中窑神殿内供奉着三尊神像：第一位是窑神孙伯灵，相传是战国时期著名的军事家孙膑。第二位是司土之神。第三位是司火之神，即传说中的“金火圣母”。每一位神像背后都有着一段优美动人的传说故事。伯灵翁庙花戏楼和伯灵翁庙是一组整体建筑。

戏楼的结构属于九脊歇山顶，挑角单檐式建筑。屋顶由三色琉璃瓦覆盖，组成古朴大方的菱形图案。屋檐下边由 22 根攒斗拱和 4 个转角铺就。面阔四柱三间，主间宽 3.80 米，东西次间宽 2.05 米，进深均为 6.50 米。面向大街的山门，门额上建有一座单檐三坡、挑角厦式门楼，它依附于戏楼屋檐之下，小巧别致，风格独特。花戏楼内雕梁画栋，粉壁彩屏，各种青石雕刻玲珑剔透，精巧雅致。整个花戏楼，全是木榫连接，没用一个钉子。当地有一个神奇的传说故事，说花戏楼前的戏楼场面积虽然不大，却是一个“活地”，看戏的人再多，从来没有拥挤过。人们说这与祖师爷显灵有关，这个传说恰恰说明了花戏楼建造奇巧，如有神助。

神垕镇境内有丰富的矿产资源，陶土储量 10 亿吨，煤炭 1.8 亿吨，石灰石 10 亿吨，铝矾土、紫砂石等矿产资源也有一定的储量。唐宋以来灿烂的钧瓷文化，使神垕镇中外驰名，与此同时，许多古典传说也为古镇增添了神秘色彩和历史文化亮点。

（二）荆紫关镇

荆紫关镇，地处豫、鄂、陕三省相接的淅川县，有“一脚踏三省”和“鸡鸣三省荆紫关”的美称。全镇 5.4 万人，面积 168 平方千米，是河南省公布的第一批历史文化名镇。

荆紫关镇形成于唐，兴盛于明清，古称“豫之屏障”。荆紫关背负群山，下临清流，坐落在丹江岸边。丹江发源于商洛山，注入汉水，汇入长江，因而成为历史上可与运河、蜀栈并称的我国南北三大通道之一。丹江丰富的水力资源，使得荆襄沪杭巨商大贾直挂云帆，溯江而来。“西接秦川，南通鄂渚”，凭着优越而独特的地理位置，荆紫关成为历代贾商云集和兵家逐鹿之地。

明、清时期是荆紫关的黄金时代，沿江码头，船舸弥津。江东沿海日杂百货，秦岭伏牛山间土特产亦多在此地集散。荆紫关遂成为豫、鄂、陕等 7 省商贾云集之地。这里曾出现“三大公司、八大帮会、十大骡马店和二十四大商号”的繁荣景象。

荆紫关气候宜人，风光旖旎。现存诸多古代建筑，有古街道、关门、山陕会馆、禹王宫、平浪宫、万寿宫、法海寺、清真寺、“一脚踏三省”碑亭等，为省级重点文物保护单位。五华里的清代一条街，七百余间明清建筑，错落有致，古香古色；沿丹江而建的吊脚楼更具江南情调；规模宏大的山陕会馆、平浪宫等古建筑群向人们展示着昔日的辉煌；竹海密林中的千年古刹法海寺(又名大寺)规模宏大，气势雄伟，周围有鬼斧神工的溶洞群，清幽神秘的八龙泉，悬崖绝壁上的千佛洞、万佛洞，佛光照垂帘等多处胜景。近年，荆紫关镇把小城镇建设作为各项工作的重中之重，高标准建设集镇，着力打造豫、鄂、陕三边地区的明星集镇。

（三）朱仙镇

朱仙镇，位于河南省开封县（今开封市祥符区）西南，贾鲁河穿镇而过，相传由战国朱亥故里仙人庄发展而成。朱亥本是一位屠夫，因勇武过人，被信陵君聘为食客，曾在退秦、救赵、存魏的战役中立下了汗马功劳。信陵君的盖世英名也与他发现和任用朱亥分不开。朱亥世居仙人庄，故名朱仙镇。朱仙镇自唐宋以来，一直是水陆交通要道和商埠之地，明朝时是开封唯一的水陆转运码头，朱仙镇因此而迅速繁荣。到明末，朱仙镇已与广东的佛山镇、江西的景德镇、湖北的汉口镇，并称为全国四大名镇。明末清初是朱仙镇最繁盛的时期，当时该镇民商有 4 万余户，人口达 20 多万人。

朱仙镇人文景观众多，文物古迹星罗棋布，有中国三大岳庙之一的朱仙镇岳飞庙，其始建于明成化十四年（公元 1478 年）。伟大的民族英雄岳飞，为抗击金兵，由其母于背刺“精忠报国”四字，毅然投身于抗金战争中，岳飞智勇双全，屡建奇功，很快从一名普通的士兵晋升为抗金主将。南宋绍兴十年（公元 1140 年）岳飞挥师北伐，在郾城大败金兵，并取得了著名的朱仙镇大捷。正当岳飞即将收复东京（今开封）时，主张卖国的皇帝和奸臣秦桧等在一日内连下十二道金牌，令其收兵。岳飞扼腕长叹“十年之功，废于一旦”，后被赵构、秦桧等以“莫须有”的罪名杀害。

木版年画，据传源自朱仙镇，因而朱仙镇木版年画有中国木版年画鼻祖之称。它起源于唐，兴于宋，鼎盛于明清，历史悠久，源远流长，是中国四大木版年画之一，历来为国内外美术界重视和敬慕。其制作采用木版与镂版相结合，水印套色，种类繁多，所用原料为炮制工序，用纸讲究，色彩艳丽，庄重深厚，题材和内容大多取材于历史戏剧、演义小说、神话故事和民间传说。年画乡土气息浓郁，民间情趣强烈，具有独特的地方色彩和淳朴古老的民族风格，是民间工艺美术中的一枝奇葩。新中国成立后，这一古老的民族文化遗产得到了继承和发扬，朱仙镇成立了年画社；改革开放之后，艺术的春天让朱仙镇木版年画焕发出新的活力，这里出现了一大批制作工艺美术的人才，形成了具有现代规模的作坊和销售批发市场。随着科技水平的提高，不仅有传统的手工套色，而且有胶版印刷。木版年画艺人创作出了一大批既具有民族特色，又富有时代精神的年画新作，使这一民间古老艺术瑰宝在百花园中结出丰硕之果。

朱仙镇清真寺建筑风格独特，规模宏大，堪称东亚第一大清真寺。它初建于北宋太宗年间，扩拓于明嘉靖十年（公元 1531 年），重修于清乾隆九年（公元 1744 年），距今已有千年历史，在全国百大清真寺中，其建筑风格和装饰均属罕见。据说，岳飞大战金兵时元帅府就设在寺内。整个寺院占地面积达 9000 余平方米，建筑雄伟壮观，在全国百大清真寺中，其精湛的建筑风格和装饰均属罕见。这座清真寺有前山门、碑楼、卷棚、大殿、窑殿、耳房、南北厢房、沐浴室、后山门，以“回”字形的庭院布局构成。

清真寺山门两侧为“八”字形的扇面墙，墙中央有精美的砖雕图案。山门上边正脊中央是狮驮宝瓶，两侧浮雕为琉璃龙凤图，正面为龙，背面为凤，龙腾凤舞，惟妙惟肖。该寺可以说是研究清代伊斯兰教清真寺建筑文化的典型实例。主体院落是礼拜大殿，九级台阶烘托起十六间窑洞式殿堂。大殿之外，左、右两侧是南北讲堂。山门两边有两尊石狮，一雄一雌，左边为雌狮，怀里还抱着一幼狮，据传这两座石狮的石料来自阿拉伯半岛，通过大运河运送而来，然后在水中浸泡七七四十九天之后，经能工巧匠雕刻而成。

在开封市祥符区朱仙镇东南 3 千米的古城村附近，有古开封城遗址。在春秋时，这里是郑国疆土，五霸之一的郑庄公，命令大将郑邴在古城村一带屯兵筑城，并劝“启拓封疆”之意，命名这里为启封，即开封之意，这也是开封城名字的由来。启封故城残垣因年代的久远而侵蚀损毁，只有西北角残留地表上的一段在诉说曾经的辉煌。这里长 100 多米，高约 8 米，宽 30 多米，夯筑城墙下的夯层、夯窝和柱洞依旧清晰可见。在发掘启封故城的过程中，考古工作者靠其西南角老潭寨村发现的一方北魏墓砖，才确定了启封故城的位置。

（四）函谷关镇

函谷关镇位于河南省灵宝市北，原名北坡头乡，占地面积 60.9 平方千米；1994 年经河南省人民政府批准撤乡改镇时，因矗立在这里的千古雄关——函谷关而易名。函谷关是古代西去长安、东达洛阳的通衢咽喉，中原文化和秦晋文化的交汇地；是千百年群雄逐鹿、兵家必争的战略要塞，南至灵宝市区，北依黄河岸边，为豫、秦、晋黄河金三角地段，自然条件优势明显，物华天宝，人杰地灵，交通发达，连霍高速公路穿镇而过，灵函公路交通便利，公交车直通镇区和旅游区。

函谷关是我国建置最早的雄关要塞之一，它始建于春秋战国时代，西据高原，东临绝涧，南接秦岭，北塞黄河，是东去洛阳，西达长安的咽喉，素有“天开函谷壮关中，万谷惊尘向北空”“双峰高耸大河旁，自古函谷一战场”之说，自古为兵家必争之地。

周慎靓王三年，楚怀王举六国之师伐秦，秦依函谷天险，使六国军队“伏尸百万，流血漂橹”。成功抵御住六国联军的攻势。西汉贾谊的政论名篇《过秦论》中写道，“于是六国之士……尝以十倍之地，百万之众，叩关而攻秦。秦人开关延敌，九国之师，逡巡而不敢进”，其中的“关”就是指函谷关。秦始皇六年，楚、赵、卫等五国军队犯秦，“至函谷，皆败走”。“刘邦守关拒项羽”“安史之乱”中唐军与叛军的“桃林大战”均发生于此。1944 年中国军队与日本侵略军在这里进行了“函谷关大战”，日军损失惨重，难以西进。

函谷关是我国古代伟大的思想家、哲学家老子著述道家学派经典《道德经》的灵谷圣地，是道家文化的发祥地之一；紫气东来、鸡鸣函关等历史故事与传说都发生在此。在漫漫历史长河中，这里以名人（老子）、名著（《道德经》）、名关（函谷关）留芳青史，声播海外。

函谷关的古官道，东起宏农涧西岸的函谷关东门，横穿关城向西，由王垛村的果沟、黄河峪、狼皮沟至古桑田（今稠桑），全长 15 千米，是这一带唯一的东西通道。谷深 50~70 米，谷底宽 10 米左右，窄处只有二三米，谷岸坡度 40~80 度，谷底有蜿蜒道路相通，崎岖狭窄，空谷幽深，人行其中，如入函中，关道两侧，绝壁陡起，峰岩林立，地势险恶，地貌森然。古书上说函谷关道“车不分轨，马不并鞍”“一泥丸而东封函谷”。近年村内一农民在田间劳动时，挖掘出一具古代人遗骨，发现其身上中箭 10 多处。经文物部门鉴定，死者身上的箭镞为战国时期制品，可见当时战争之一斑。

镇内现有主要景点太初宫、道圣宫、道家养生园、藏经楼、瞻紫楼、鸡鸣台、碑林、蜡像馆、博物馆、关楼、函关古道等 20 余处。

（五）逍遥镇

逍遥镇位于周口市西华县西南部，民国时期为西华县政府所在地，新中国成立之初为西华县第六区人民政府，1985 年撤乡设镇至今。1992 年被省建设厅授予“中州名镇”称号。

逍遥镇历史悠久，始建于东汉建安年间，初名“小陶”，因沙、颍河傍镇而过，又名“合流镇”。此名最早可追溯到汉代，那时名字叫合流口，到了唐宋时代改为合流镇，又称小淘、小窑。在宋代，合流镇已经相当繁华，政府因而特别在此设立了清水县，管辖今西华县全境和今上蔡、郾城、商水县的部分乡镇。宋代在此任职的王知县有感而发，曾写诗赞叹道：“百业俱兴数小窑，官顺民安世称道。天时地利随人意，任职四载乐逍遥。”“逍遥”的名字由此而来，在明清时期，此地成为连接沙河上下游的重要商埠，与漯河、周口、界首并称沙河“四大码头”，后来就索性更名为逍遥镇。逍遥镇得到迅速的发展，一时成为周边的经济中心。商业的繁荣，必然引发城建的扩张，镇上也开始兴建土木，大量庙宇拔地而起，开建了 5 座寨门、2 座水门，以保护居民和商户的安全。不少老人至今还依稀记得寨门的模样，不过今天，和很多古建筑一样，它们早已荡然无存。

该镇北与鄢陵、扶沟接壤，西和临颍毗邻，南与商水、郾城隔河相望，镇域面积 53 平方千米，总人口 5 万人，其中回族 3500 人，是全县主要的回族聚居地。逍遥镇胡辣汤久负盛名，胡素花现已是第十九代传人。省委宣传部、省影视集团、省豫菜文化研究会、潇湘电影制片厂曾联合拍摄了电影《胡辣汤》。截至目前，该镇共拥有“京遥”“老杨家”“高记”等胡辣汤加工企业 9 家，皮革皮毛加工企业 4 家，酱油、香醋加工企业 6 家，个体工商户 1750 余个。像那让人回味无穷的胡辣汤一样，古老的逍遥镇总给人醇厚迷人的印象。

（六）张弓镇

宁陵县张弓镇位于宁陵县城西南 15 千米处，隶属于国家特别改革试验区的商丘市，南与柘城相邻，西与睢县接壤，总面积 40.3 平方千米，耕地面积 4.4 万亩，辖 27 个行政村、66 个自然村，人口 39862 人。先后被省委、省政府授予“文明村镇”“中州名镇”等称号。

这里拥有丰富的酿酒原料和优质的地下水，具有得天独厚的酿酒资源，自古有“酿酒名镇”之称。河南省张弓酒业集团有限公司（原河南张弓酒厂）就坐落在宁陵县张弓镇。

据民间传说，商代葛伯国（今宁陵县）城南三十里处有一古老村寨，村中有一勇士张弓，此人忠勇侠义。时值战乱，为报效国家，他主动戍边御敌。留在家中忠贞贤惠的新婚妻子，因时时惦念千里之外的丈夫，每逢吃饭时都要盛出一碗，恭恭敬敬地放在桌上，摆上筷子，就像丈夫在家一样，以示眷念。过后，她又不忍心扔掉，就放在瓮里，时间长了，竟积攒了满满一大瓮。

张弓抗敌得胜，荣归故里，夫妻团圆，妻子向他叙说离别相思之苦，并拉他去看瓮中饭食，张弓被妻子的深情厚谊所感动，表示一定要尝一尝瓮中的饭食。于是妻子下厨给他重新蒸煮，说也奇怪，从笼里流出来的水，却散发出浓郁的香味。张弓一尝，甘爽清冽，醇香可口，于是，他连饮满满两大碗。张弓沉沉睡去，但见脸色红晕，出气均和，只是呼而不醒，妻子焦急万分。两天后，张弓醒来，舒展身体，感到浑身通泰，连声赞好。远亲近邻得以尝之，均称美物，以后便如法炮制，地方官吏以珍稀贡品进贡商王，商王赐名“张弓酒”，赐该村为“张弓村”。

张弓系列酒以其“窖香浓郁，绵甜爽净，醇厚丰满，回味悠长”而享誉全国，曾蝉联第四届、第五届全国白酒评比银质奖，荣获阿姆斯特丹第三十届世界金奖。

（七）赊店镇

赊店镇位于河南省西南部、南阳盆地东沿，是南阳市社旗县城所在地，因东汉时刘秀而得名。流经此地的潘河、赵河曾使赊店镇成为清代“北走汴洛，南船北马，总集百货”的中原著名商埠。

据史料记载，乾嘉年间（公元1736—1820年），赊店镇达到鼎盛时期，东南有自江淮而来的船队，似游龙接连不断；西北有从高原陆路而来的马帮车辆，如流水川流不息，满载往返。镇内商业昌盛、市场繁荣，72条街道分行划市相交经营。山货街专营山货；骡马店街则为骡马驮运客商宿店；瓷器街经营各种瓷器，兼营百货、布匹；铜器街则专营铜器；兴隆街为粮行，整日车马塞道。还有八大粮行、药行、粉行、酱菜行、布行、棉花行、木材行、九家染房等。货堆如山，日进斗金，人喧马嘶，十里有声。兴盛的庙市文化和商业集贸使赊店镇名扬四海。这里整天千帆竞扬，马帮铃响，人声鼎沸，通宵达旦。

最享誉久远的还是酒行，赊店酒名闻遐迩，最兴盛的是永禄美、永隆统、玉泉、光辉、永乐、正兴隆6家酒馆。当时赊店酒已行销冀、秦、鄂、桂、粤等10多个省。镇内酒楼满布，现赊店酒厂的前身就是永禄美酒社。

到了清乾隆年间，赊店镇已发展成为长三里阔四里的繁华巨镇。与周口镇、道口镇、朱仙镇齐名，成为中原四大商业重镇之一，并享有“天下第一店”的美誉。“房舍重重依岸开，舟船日日顺河来。马帮铃响丹霞绕，钟灵毓秀惹人爱。”清代嘉庆裕州贡生李栋的诗，再现了赊店镇的繁忙景色。

（八）白雀园镇

白雀园镇位于大别山北麓，距光山县城东南38千米。东与商城县余集镇、观庙乡相邻，西和本县凉亭乡、砖桥镇毗连，北与潢川县仁和镇交界，南与新县沙窝镇、八里畈镇接壤。全镇南北长22千米，东西宽7.8千米。106国道、商武路贯穿镇境，距京九铁路光山站20千米，与武汉、合肥等城市有高速公路连接，距离均在200千米以内。境内交通便捷，公路网络健全，有豫南“小汉口”之称。据《光山县志》记载，在明嘉靖十年以前，白雀园系一片田园土地，称付家村，其两侧有大片竹园环绕，园林内常年宿集大量白毛红嘴的白娴鸟，人们视为吉兆，于明嘉靖三十四年（公元1555年）改称“白雀园”，沿用至今。

白雀园自古为兵家必争之地。两千多年的封建社会，王朝更迭，战乱频仍。历史上的战争年代，生民涂炭，或死于兵燹战乱，或流离迁徙。据《光山县志》所记载，明朝末年，白雀园几成“荒城废堡，败瓦颓垣，沃野千里，有土无人”的境地。

白雀园也是一方红色革命的沃土，为鄂东北、豫东南、皖西北三块红色区域的交通要衢。1929年就有了共产党组织的活动。1930年4月，中共白雀区委、区苏维埃正式建立，同年6月，又建立了中共白雀市委、白雀市苏维埃。白雀园革命政权建立以后，在全区实行土地改革，并建立了赤卫军工会、妇女会、儿童团等组织，同时建立了苏维埃经济公社、销售合作社、工农俱乐部和列宁小学。光山赤卫独立师师部、红73师师部、鄂豫皖红军招待所、鄂豫皖中央分局军委临时革命法庭、赤色民警局等红色机关，红军枪械修造所、红军医院、苏维埃工农演讲所等机构均曾设在这里。

1931年九、十月间，张国焘谋划和主持了骇人听闻的白雀园“大肃反”。这次“大肃反”从上到下，从军队到地方，屠杀了数以万计的革命者和群众。当时任鄂豫皖中央分局书记的张国焘，推行王明“左”倾路线，向鄂豫皖苏区党、政、军领导夺权，实行了宗派主义的“大肃反”，把“红四军的各级干部，除少数幸免者外，几乎都一网打尽”；“主力4个师12个团的干部中，只剩下屈指可数者倪志亮、王树声二人，其他都被捕杀了”（徐向前语）。据当时陈昌浩的报告：“共计肃清改逆一千人，富农及一切不好的分子一千五六百人。”其实苏区各地远远不止这个数，仅县团级以上，有名在案的就达110人。信阳特委被杀得“一个也没有剩下”。赤南县委机关48个干部，被逮捕了45个。光山县委、县苏维埃机关100余人，除警卫、炊事员外，全部被逮捕。1981年8月，在白雀园“大肃反”50周年之际，为纪念那些忠贞革命而错遭杀害的革命者，中共光山县委、光山县人民政府在白雀园建立了“白雀园殉难烈士纪念碑”。1982年4月23日，徐向前元帅题写了碑文。

抗日战争时期，白雀园是中共光商工委驻地。解放战争时期，白雀园先后为光商办事处、中共光商工委、白雀园镇委、光商民主自治区等机关驻地。同时是中原军区一纵一旅（皮定钧旅）旅部的驻地（旅部设新光中学）。1947年8月，刘邓大军挺进大别山后，白雀园于1947年9月恢复和建立了中共光商工委，1948 年 3 月，光商县改名为白雀县，白雀县党政军机关一直驻扎于彭家湾，同年底移驻白雀镇，直到 1949 年 5 月 26 日白雀县与光山县合并。

该镇红色旅游资源丰富，有白雀寨、石仙山古庙、明清古街等景区。近年来，小城镇建设打破了原镇区的建设格局，克服了低水平重复建设的弊端，保留了老街明清风貌的建筑风格，将镇区规划为工业区、商贸区、服务区、文教区、行政区、文化娱乐区、居民区七个功能区，现已建成江北最大的茶叶集散地“大别山茶市”、白露河集贸市场、具有交通纽带作用的白露河管式桥等。形成了以大别山茶市为中心的商贸服务区，以高中和一中为中心的教育文化区，以东市场为中心的农贸区，以老街为中心的居民商住区的“四大板块”。中心镇区面积扩大到 3.5 平方千米，已初步形成了“六纵六横”的小城镇建设格局。

（九）竹沟镇

早在 1926 年，党就在这里建立了基层组织，第二次国内革命战争后期，创建了红军游击队。抗日战争爆发后，红军游击队改编为新四军第四支队第八团队。1938 年 2 月，党中央派彭雪枫来竹沟主持工作。同年 6 月，中共河南省委由开封迁到竹沟。1938 年，党的六届六中全会决定成立以刘少奇为书记的中共中央中原局，刘少奇、李先念等同志先后从延安来到竹沟，开展敌后游击战争，使竹沟很快成为我党在中原地区发展的重要阵地和战略支撑点。竹沟也是中原地区的革命摇篮，我党在这里通过开设培训班和教导队等形式，培养了大批党政军干部和其他骨干力量。新四军二师、四师和五师的基干队伍都是从这里出发的。竹沟的重大革命作用，引起了国民党顽固派的极端仇恨，1939 年 11 月 11 日，国民党反共势力以重兵突袭竹沟，我军民奋起反击，终因敌众我寡，被迫撤离，敌人惨杀我军民 200 多人，制造了震惊中外的“确山惨案”。此后，竹沟军民在党的领导下，继续坚持斗争，直到取得抗日战争、解放战争的伟大胜利。竹沟素有“小延安”之称，这里先后走出了两位国家主席、4 位副国级领导、60 多位省部级领导、100 多位将军，有 200 多位同志成长为地、市、师级以上领导干部。

新中国成立后，党中央、国务院十分关心竹沟抗日根据地的建设，1956年，建立了“确山竹沟革命纪念馆”，周恩来总理亲笔题写馆名，馆内珍藏上千件文物、实物、文献和图片。1986年确山竹沟革命纪念馆经国务院批准成为全国第一批重点烈士纪念建筑物保护单位，被省政府确定为全省中小学德育基地和首批爱国主义教育基地。1987年，投资兴建的“竹沟革命纪念牌”落成，国家主席李先念亲自题写碑名，建立了竹沟革命烈士陵园、公墓和碑林。1988年8月，被国务院批准为全国重点文物保护单位。1997年5月，被确立为河南省首批革命传统教育基地。1995年6月10日，朱镕基副总理亲临确山县投资兴建的新展厅参观。新展厅对外开放以来，年均接待省内外参观游人5万多人次。1998年11月8日，河南省委、省政府在竹沟隆重召开了“中共中央中原局成立60周年暨刘少奇同志100周年诞辰纪念大会”，刘少奇夫人王光美、李先念夫人林佳楣、原省委书记马忠臣、时任省长李克强等省、市、县党政军领导以及老区军民4万多人参加了纪念大会。

（十）邙山镇

邙山镇位于河南洛阳市城北郊，北隔邙岭与黄河相望，南至陇海铁路，北接孟津县，西望驰名中外的黄河小浪底水库。著名的北邙山横卧在洛阳市北部，海拔高于市区近百米，是洛阳的北大门，像一条玉带贴护着洛阳这颗中原明珠。

邙山镇交通便利，接待四海宾朋、八方来客。郑汴洛高速公路、310国道、连霍高速公路、飞机场快速通道、市区北环大道越境而过。纵穿南北的有洛阳唯一的景观大道——王城大道，以及连接龙门与小浪底的定鼎大道、火车站到机场的直通大道、连接涧西重工业区的华山大道。三座跨铁路立交桥、四横四纵交叉大道以及多条连接大道的支道，构成了邙山镇独具优势的立体交通网络。

邙山历史悠久，文化底蕴厚重。人文古迹有上清宫、下清宫、吕祖庵、古墓博物馆、封神游乐宫等，有洛阳八大景中的“邙山晚眺”“金谷春晴”。人文景观有洛阳国色牡丹园、洛阳市中心苗圃。自然风光有邙岭黄河游览区等。下辖19个行政村，居民3.6万人，面积50余平方千米。

邙山镇自古因其山灵水秀、龙脉风穴而闻名全国，享誉历代朝野，是历代帝王、达官贵人生前享乐、身后安息的地方，有“活在苏杭，葬在北邙”之说，导致“邙山无卧牛之地”。改革开放以来，邙山吸引了大批台商及东南亚的华商在邙山投资兴业。独特的区位优势，优异的交通条件，淳朴的民风民俗，无与伦比的地脉灵气，造就了邙山独特的发展优势。

（十一）古荥镇

郑州市惠济区古荥镇，位于郑州市北郊，距市中心 15 千米，向东 8 千米接 107 国道，向南 2 千米即到开洛高速公路郑州西站，辖区面积 53.18 平方千米，有古荥村等 10 个行政村，居民 2.68 万人。全镇共有企业 25 家。

古荥镇即历史上著名的荥阳故城，早在公元前 5000 年至公元前 3000 年，我们的祖先就劳动、生息在这块土地上。春秋、楚汉时，此地即为兵家必争之地。公元前 6 世纪或公元前 7 世纪，郑国在此建设古城墙，这里是当时的政治经济文化中心，也是交通要道。公元前 204 年，西楚霸王项羽与汉王刘邦决战于此，名胜古迹众多的古荥镇是名副其实的历史文化名镇。

在古荥镇主街西段向南拐前进数百米，田野中隆起一条状土丘，由北朝南笔直延伸，这就是古荥阳故城遗址。荥阳故城初建于战国，呈长方形，南北长 2000 米，东西长 1500 米，与郑州商城面积相当，同为夯土版筑而成，但荥阳故城比郑州商城墙体略宽。2006 年，荥阳故城被国务院公布为第六批全国重点文物保护单位。

古荥汉代冶铁遗址曾是中国汉代冶铁和制造铁器的工场，于 20 世纪 60 年代至 70 年代发掘。经考古确认，年代约当西汉中晚期至东汉。遗址中发现炼炉（高炉）炉基两座，断面呈椭圆形。其中 1 号炉是已知汉代炼铁炉中最大的一座。据复原，炉身呈直筒状，高 5~6 米，有效容积约 50 立方米。炼炉周围出土积铁多块（其中 1 块重 20 余吨），还有大量矿石、炼渣、耐火砖、泥范、陶风管残块、生铁梯形铁板，以及与冶铁有关的水井、水池、烘范窑等。出土铁器产品 300 多件，主要是铁工具。部分泥范和铁器上有“河一”铭文，推定这里是汉代河南郡所辖的第一号制铁作坊。据研究，1 号炼炉可日产铁 0.5 吨至 1 吨，每生产 1 吨生铁，约需消耗铁矿石 2 吨、石灰石 130 公斤、木炭 7 吨左右。这在 2000 年前是很杰出的技术成就。

楚汉相争时，刘邦兵败荥阳，便是从西城门悄悄逃出去的，其大将纪信为了帮助刘邦顺利逃出，就假扮刘邦，率众出东门诈降。现古荥镇纪公庙村有纪公庙一座，就是缅怀纪信的。当地人说起纪信，如数家珍，敬仰有加。古荥镇还有周苛庙、城隍庙、孔氏家庙等。

改革开放以来，尤其是近几年，古荥镇的经济社会面貌发生了巨大变化。第一产业由高产向高效优质和生态型转变，按照“一般不种粮食、不种一般粮食”的思路，古荥镇逐步成为郑州市重要的禽、蛋、奶、肉、蔬菜等供应基地和花卉苗木生产基地；第二产业形成了以农副产品加工、包装彩印、车辆改装、房地产为龙头的支柱企业；第三产业的旅游业、商贸服务业蓬勃发展，建成了风景优美的黄河风景名胜区、黄河大观、大河庄园等。

（十二）冢头镇

冢头镇位于平顶山市郏县县城东北 13 千米处，因有汉文帝的母亲薄太后的陵塚而得名，是闻名中原的古老镇店，为全国历史文化名镇。

冢头地理位置优越，交通便利。北临禹州市，东接襄城县。郑尧高速、金孟线公路和前石公路穿境而过，总面积 57 平方千米，耕地面积 5 万亩。全镇辖 35 个行政村、51 个自然村，该镇西寨村、南三郎庙村为回汉杂居（有回族群众 1000 余人）。境内有纪信冢、薄姬冢、兰河七孔石桥、柿园古战场等名胜古迹。

冢头镇至今仍保存着许多明清时期的住宅，比如“秦都司宅第”“解学士宅第”“高运章宅”“刘道台宅”“崔家祠堂、宅院”等当时大户人家的宅院，共有房舍 2000 多间，整个建筑群结构严谨、气势恢宏，石刻、木刻、砖刻工艺精巧，通过这些建筑，可看出明清时代的建筑风格和特点。

1. 建筑规模宏大

明清一条街内现存大量明清时期的传统建筑，在历史街区、古街道、水系、环境风貌等方面基本保持了传统格局，在面积上形成了一定规模，这种历代建筑群得以保存至今并基本完好是非常难得的。这为我们研究明清时期的建筑提供了极好的实物资料，具有极高的建筑史学价值。而且这些建筑具有显著的地方特色，对研究中原地域文化和建筑历史具有重要的意义。

2. 建筑布局合理

从建筑布局和建筑形式来看，明清一条街布局以北方四合院形式为主，街道两侧为底商二层楼房，建筑形式不仅有北方的官式做法，也融入了南方建筑的细腻和极具特色的地方手法。建筑多为砖木小青瓦房，属于典型的明清时期四合院建筑，所有的建筑都沿中轴线对称而建。这些建筑布局严整，体现了民间朴素的审美价值，大部分保存着创建时期的原有风貌，是迄今为止中原地区发现的保存完好的古代街区之一，是研究明清时期建筑的有利佐证，具有较高的民俗价值。

3. 建筑材料独特

房屋墙体采用“里生外熟”的砌筑方法，里为土坯，外为青砖，中连跋石，坚固一体。地基由精雕细琢的红石垒砌而成，以青石铺门。

4. 雕刻工艺精致

明清一条街的木雕、石刻工艺与其他古迹相得益彰，具有独特的历史艺术价值。有方形、圆形、古钱币形石窗，有透雕镂花木门窗，木雕包括飞禽走兽、神话传说、人物花鸟等，应用于门、窗、檐、檩等，可谓无处不在，而且往往多种工艺并用，工艺细腻，精湛华贵，手法多样，栩栩如生，这些绚丽的画面使得艺术价值也极其珍贵。

除了传统建筑方面的特点，冢头镇饮食、茶文化也有悠久历史，烧羊肉、烩馍、烧鸡、茶水远近闻名，而冢头的饸饹面更是郏县的小吃代表。所谓“饸饹”，就是用饸饹器挤压的一种面条，下到羊肉汤锅里煮熟后，带汤盛到碗里，再放上切好的熟羊肉片、生葱段、羊油辣子和其他佐料，便是一碗上好的饸饹面。据传，饸饹面是西汉宫中名吃，归葬薄姬时传入冢头，至今已有2100多年的历史。郏县仅县城内的饸饹面店便已近百家。从事饸饹生意的郏县商户被称为“饸饹人”，身影遍及全国。加上许昌至洛阳、禹州至南阳的两条官道在冢头镇交会，各方商贾来往不绝，这里兴盛于明清时期的旅馆、面馆、茶馆的生意经久不衰。

（十三）繁城镇

河南省临颍县繁城回族镇位于临颍县城西北约20千米的临颍、许昌、襄城三县交界处，1984年经省人民政府批准恢复回族镇建制，是内陆特区漯河市唯一的民族镇。荣获“河南省百强重点镇”等荣誉称号，亦曾被确立为“改革发展建设综合试点镇”。

繁城，春秋时称“狼渊”，汉为繁阳亭。东汉建安二十五年（220年），魏王曹丕在这里受禅代汉。镇区内现存的国家重点保护文物“公卿将军上尊号奏碑”、“受禅表碑”（俗称“三绝碑”）和受禅台，就是记载和亲历汉魏交替过程的最好的历史见证。千百年来有无数的达官显贵、文人墨客慕名到繁城来访古寻幽，瞻仰三绝碑的墨宝。繁城也早已成为三国文化旅游热线上的重要景点。

繁城不仅是中原地区素享盛名的历史文化名镇，同时也是豫中地区闻名遐迩的商贸物流中心，商贸业的繁华历史可以追溯到明嘉靖以前。五里长街贯通南北，宽敞整洁的街道，鳞次栉比的临街店铺，方圆五百里内无与伦比。这里买卖兴旺，商贾云集，曾吸引周边十三省份和外国的生意人光顾经营，灯火阑珊，彻夜不息，堪称藏龙卧虎之地，素有“小上海”之称。

（十四）回郭镇

回郭镇位于巩义市西南部，东邻芝田镇，西毗偃师市，南与鲁庄镇接壤，北靠伊洛河及陇海铁路线，310国道贯穿全镇。全镇面积47.2平方千米，常住人口8.3万人，辖21个行政村。经济综合实力位居郑州市乡镇之首。曾被确立为“河南省综合改革发展试点镇”，先后荣获“全国综合实力百强乡镇”“河南省发展乡镇企业先进镇”等多项荣誉称号。

回郭镇历史悠久，文化丰富。“回郭”原为“廻郭”，是古国都城的形象记述。据《竹书纪年》等诸多典籍记载，夏代第二个国王太康迁都斟鄩（今回郭镇罗庄），一直到中康、少康、夏桀等，历代君主数百年间都在这里主持国事，创造了灿烂丰厚的历史文化。清乾隆年间，由于商业繁荣，回郭镇与朱仙镇、荆紫关镇、赊店镇并称为河南四大名镇。

回郭镇是中国在农村发展工业化道路上的一个活生生的样本，在国内有着很大的普遍性。在20世纪70年代，回郭镇就能以敏锐的嗅觉把握市场脉搏，能以非凡的胆略顶住社会和政策的压力，能以独特的思路在农村大办社队工业，有独到、超前的创新意识，值得现代企业学习和借鉴。1975年，毛泽东在《人民日报》头版头条为回郭镇题词“伟大的光明灿烂的希望”，使回郭镇在全国声誉远扬。

改革开放后，回郭镇依旧是全国乡镇企业发展的领头羊。1992 年，邓小平南方谈话发表后不久，很多南方城市的个体、民营企业还处在小理发店、小餐饮店的起步阶段，回郭镇工农业总产值就突破了 10 亿元大关，成为当时全国当之无愧的学习榜样，领跑全国经济。回郭镇长期保持着全国最大的铝板带箔加工基地地位，并不断巩固和发展。2010 年，经省科技厅组织专家考察、论证和评审，回郭镇被认定为河南省高新技术特色产业基地，被誉为“中国铝加工第一镇”。

（十五）滍阳镇

滍阳镇在平顶山市新城区，原是古代中州四大名镇之一。在商周到春秋时期，滍阳是应国国都的所在地，有三千年的历史文化积淀和美丽传说，在海内外具有较高的影响。平顶山市的别称“鹰城”，亦是从滍阳镇旧址古应国贵族墓地出土的象征应国图腾标志的“玉鹰”而得名。它东邻平顶山市新城区，西接鲁山县辛集乡，北依宝丰县周庄镇和杨庄镇，南偎白龟山水库。距新城区 5 千米，距城市中心 14 千米。区划调整后，镇域总面积为 46 平方千米，辖 24 个行政村、36 个自然村，总人口 3.8 万人。

据传应国早在黄帝时期已是一个强大的部族，叫应龙氏，属东夷族的一支。该部族的人起先定居于山西，到商代封国于中原，在滍水中游的北岸新建都城滍阳。滍水以纪念中国古代战神、中华三祖之一的蚩尤而得名。周代应国为姬姓侯国，周武王灭殷商后，封其四子于应国。据考证，古应龙氏是以鹰为图腾的氏族部落。《太平寰宇记》卷八汝州鲁山县载：“应国，襄城父城县西南。”这里所说的襄城父城县，即指现在宝丰县李庄乡境内的古城。根据有关资料考证，商周时期应国管辖的大致范围是如今的襄城县、郏县、宝丰县、鲁山县、叶县和平顶山市区。之后，应国在弱肉强食的西周末年一系列战争中先亡于郑，后并于楚。在东汉后改为应乡，西魏、隋、唐初为滍阳县，唐贞观九年（公元 635 年），太宗李世民精兵简政，废滍阳县为镇。此后的 1300 余年里，滍阳镇历经风风雨雨，演绎了灿烂的文化。20 世纪 50 年代，国家在滍阳地区修建了白龟山水库，这座千年古镇从此淹没在万顷碧波之中。

20世纪80年代，在北滍村西南的滍阳岭上陆续出土了一批应国和邓国用于婚嫁的青铜礼器，应国墓地开始被世人关注。这是一处包括西周、春秋、战国、西汉、东汉时期连续使用的大型古墓群，尤其以应国贵族墓和楚国贵族墓为主。1989年，应国墓地被河南省公布为省级文物保护单位。经过省市两级文物部门长达十几年的考古发掘，共发掘墓葬357座，计出土铜、铁、铅、锡、金、玉、石、陶、瓷、骨、牙、贝、蚌、木等各类文物万余件，其中尤以铜器和玉器为大宗。鉴于其重要的学术价值，应国墓地于1996年被评为全国十大考古新发现之一，于2000年被评为河南省20世纪十项重要考古发现之一，升格为国家重点文物保护单位。

滍阳镇不仅有着深厚的文化积淀，也是中原地区历史上重要的水陆码头和货物集散地。它北达洛阳、西安、兰州，南抵南阳、襄樊、汉口的陆路交通咽喉，又是淮河上游的重要码头。由于地理位置优越，加之交通方便，滍阳镇历来是南粮北盐的重要集散地。商人们用畜驮、车载、肩挑、背扛等原始的运输手段，把民众急需的食盐、粮食、棉花、花生、茶叶、瓷器等生活用品运往滍阳进行交易，使滍阳镇“商贾云集，行店林立”。

据史料记载，早在金代，陕、冀、晋等地的一些商人就看中了滍阳这块风水宝地，纷纷前来经商。明隆庆元年（公元1567年），滍阳街开始走向鼎盛时期，大街两侧商铺林立，买卖兴隆，辐射周边数百公里。到清道光年间，清军曾国藩部和太平军激战于湖南，长江水路运输线被切断。长期依赖水路运输供应食盐的鄂西、豫南民众，食盐奇缺。此时，鄂西、豫南的商人先在当地购买粮食再运到滍阳兑换食盐，晋、洛两地的商人则把大批食盐运往滍阳出售。滍阳的商人也把握住这次商机，开设粮行、盐店，一时间，滍阳的集市上粮车如龙，盐商云集，一派繁荣景象。东西大街“乾生”粮行、“积余厚”油坊，北街“泰顺”粮行，太华街“振兴长”油坊，东南门外“益盛祥”粮行，并称为滍阳五大商号。据《宝丰县志》记载，至1951年，滍阳街还有商户130家，摊贩222家，手工作坊264家。

滍阳位于南北大道要冲，其民居受南北文化的影响，不仅具有北方朴实、厚重的特点，还有南方民居的秀美。城墙由青石砌成，非常坚固。城内有纵横8条大街，2万余人在此居住。东、东南、南、西、北五道门，东门“迎旭”、东南“望楚”、南门“临滍”、西门“带应”、北门“通宝”。滍阳街内，应河水与福水交汇入城，再由东南门流出城外，共经过 72 座大小桥梁，其中较大的桥有东街石桥和太华桥。东街石桥位于东门内东西大街 200 米处，桥长 27 米，宽 7 米，为双拱桥，桥面由青石铺成。太华桥位于山陕会馆后，距东南门 150 米，呈典型的明代建筑风格，桥长 12.3 米，宽 5.7 米，为拱形桥。西门下两侧寨础处，有两条红石雕刻的千斤重大鲤鱼，据说是为镇住应河而建。逢阴天即将下雨时，石鲤鱼就会返潮，甚至能滴出水来。在滍阳街西门、南门内和十字街南路东，有关帝庙、东轱辘庙、泰山庙三大戏楼，城内还有大大小小 20 多家不同字号、档次不一的茶馆。赶脚累了或生意谈完了，到戏楼听听戏，到茶馆喝喝茶，成为当时滍阳街人最主要的休闲方式。

白龟山水库修建后，不少老建筑都淹没在白龟山水库的波涛之下。如今，在滍阳镇薛庄村中留存的曲家大院的清代建筑群，有一进至四进格局不等，以中轴线上的客房、过庭、正房为主体建筑，屋脊置五脊六兽，兽头似腾空乍起，衬托出整座建筑群的气宇不凡，屋脊上雕刻大花屏草图案，内有鸟儿闪跃，也给整个建筑群增添了无限灵机。中轴线左右的厢房，相互对称，以其建造低矮烘托主体建筑的气势，且有万边花雕，檐下精美木雕点缀，使其典雅别致，加上院内广植花草树木，更显示出庭院的清幽，是文人读书吟诗的理想场所。

滍阳镇也处处充溢着中原人文气象。清光绪初年，举人叶赓尧在裕后堂成立鲁阳诗社，该社创作出了大量诗词，珍藏于花园书阁。1938 年，“五四”新文化运动中的著名诗人徐玉诺，曾数次在这里借阅研读，抄录诗词，通宵达旦，累计四十余日。他受到宅院主人的盛情款待，临别之时，为花园书阁题写楹联“东启明，西长庚，南极北斗”“春芙蓉，夏海棠，秋菊冬梅”，横批“裕后厚我”。民国时，先后有张钫、刘峙、李培基等省主席登门拜访；樊钟秀、田震南、吉鸿昌等多名军界名将莅临曲府；刘峙面对豪华曲府的兴衰深为感慨，挥笔题写“不读书，望功名，携山超海”“好游荡，想致富，缘木求鱼”，横批“人文蔚起”，借此抒发了自己对曲家大院的敬畏和感悟，令人猛醒。现在许多清代建筑保存比较完好，人们仍然可以感受到滍阳民居建筑的独特魅力。

如今的滍阳镇依然延续着往日的繁华，平顶山新城区就坐落在滍阳镇东南白龟湖畔，25 平方千米的规划区覆盖全镇，湖滨大道、快速通道横穿而过，滍阳镇的地理区位优势十分明显。如今的滍阳，交通便利，通信发达。乡村公路四通八达，漯宝铁路、平鲁大道、平石快速通道、宁洛高速、郑尧高速公路穿境而过。站在滍阳街头，店铺林立，人来人往。这座曾经辉煌的古镇，如今更充满了朝气，散发着勃勃的生机。

（十六）张良镇

张良镇位于河南平顶山市鲁山县，商贸繁荣，是鲁山县东南的政治、经济、文化中心，素有“二鲁山”之称。张良镇最初叫张良店，后改名留侯镇，又易名张良镇。起初人少萧条，汉后逐渐发展，明代形成商埠，清代名扬豫、皖、晋、陕、冀、鄂，民国时被省府列为名镇。当地解放后，张良镇快速发展，1947 年建张良区，1958 年改公社，1983 年改乡，1986 年张良被省政府批准为建制镇。1992 年，张良镇被河南省建设厅命名为中州名镇。镇域总面积 90.3 平方千米，耕地面积 1746 公顷，辖 41 个行政村、131 个自然村，总人口 5.2 万余人。

张良镇历史上是楚汉相争的古战场。其镇名始于西汉，因汉初三杰之首的张良曾在此安营扎寨而得名。周围的村庄也按当年刘邦与项羽犨城大战时，留侯张良安营扎寨的布局来命名。张良镇所在的张良东、西、南、北四村原合称张良街，应为当年张良本人的大营；相传当年汉军驻扎此地，吕后与刘邦的其他嫔妃不合，让刘邦不胜其烦，最后还是张良来说和，吕后带着太子驻扎在张良大营的东边，其他嫔妃就驻扎在张良大营的西面，是为东营村、西营村；而刘邦的大寨就驻扎在东营以南，是为王营村；王营村以西、张良以南有一范庄村，据说是刘邦亲信樊哙驻扎所在，后世讹传“樊”为“范”故名，但此说已不可考；王营东北约 6 里为纪营，为刘邦大将纪信的大营；纪营再往东北数里为韩信街村，为韩信大营；而萧何则驻扎在王营以北数里，与张良大营和韩信大营连成西南—东北一线，现称萧何村。张良镇周围还有许多以营、寨命名的村庄，如磙子营、张官营、虎营、薛寨、袁寨等，相传都是当年驻军旧址，但具体是哪位将领已无从查证。张良村与王营村之间有条普普通通的小河，名字却很别致，叫“马不跳河”，相传是楚汉交战，汉军一败涂地一路逃难至此，人困马乏，军马连这一条小小的河道都无力跨越，刘邦无奈，只得下令在此安营扎寨。汉军休整后，又得到附近丰富的给养，果然重新振作，回师出击获胜后，终于摆脱了不利局面。后又进军荥阳，与楚军以鸿沟为界，相持了 4 年，最终得以一统天下。

张良镇种植姜的历史可以追溯至 2000 多年前。当地有一个流传很广的传说：早在公元前 206~前 205 年，刘邦与项羽争夺天下时，转战至鲁山境内。当时刘邦瘟疫染身，久治不愈，张良访知此地出产良姜，便让当地人为刘邦熬制姜汤，刘邦喝下之后，一发汗竟然“汤”到病除。刘邦为此大喜，取名张良姜，从此让军中厨师把张良姜作为重要佐料，坐上皇位之后，便让产地官吏年年朝贡，从此，张良姜名扬中原。

张良镇、萧何村和韩信村冠以汉初三杰的名字出现在一个地方，这在全国也属罕见，也是全国唯一一个以丞相之名命名的乡镇，而且比诸葛村、乌镇、景德镇等中国著名的古镇都要古老悠久。

（十七）道口镇

道口镇地处豫北，在安阳市滑县的古黄河金堤之上，是滑县县委、县政府驻地，全县的政治、经济、文化中心。该镇地理位置优越，交通便利。西邻京广铁路、107 国道和京深高速公路，南靠新荷铁路，西北与浚县相邻，东、南分别与城关镇、小铺乡相接，新（乡）濮（阳）公路，安（阳）长（恒）公路交会于此，实现了村村通公路，交通极为发达。镇辖区面积为 17.9 平方千米，下辖 10 个行政村，3 个街道办事处，居民 8 万余人，其中农业人口约 1.8 万人，耕地面积 1 万亩。全镇 35 条大街小巷纵横交错，为全镇工农业生产和商贸经济活动提供了便利。

滑县道口镇是一座具有 1000 多年悠久历史的文明古镇，历来商贾云集，日进斗金，素有“小天津”之称，因特色“道口烧鸡”而闻名国内外。“道口烧鸡”以其独特的“色、香、味、形”四绝，被国家评为“中国名牌产品”，誉为“中华第一鸡”。

道口镇工业基础雄厚，并坚持发展高效生态农业。自党的十一届三中全会以来，道口镇的经济建设取得了巨大的成就。非公有制经济异军突起，势头强劲，产值、利税等各项经济指标均以20%以上的速度逐年递增。镇域经济形成了造纸、纺织、烧鸡食品加工、电线电缆、塑胶制品五大支柱产业。同时，电子、建材、化工、农副产品加工等新兴产业也已初具规模。该镇以推广先进科技和增加投入为主要手段，大力实施“一优双高”的农业开发，在稳定粮食生产的基础上，合理调整农业结构，积极引导农民以市场为导向，重点发展优质高效农作物、畜牧业、优质林果业和温室蔬菜等特色农业，使农民的收入有了较快的增长。

（十八）叶邑镇

叶邑镇位于郑南公路和平桐公路交会处，1958年建旧县公社，1984年改乡。该镇位于县境南部，距县城15千米，面积为95平方千米，人口5.6万。该镇区位优势明显，交通十分便利，日（照）南（阳）高速、许南、平桐公路、平舞铁路在该镇穿过，境内有高速公路出入口。澧河由西向东横贯全境，为农业发展提供了旱涝保收的条件。古代就有“南通云贵，北接幽燕，东至海岸，西去丝绸”的美称，交通十分便利。

叶邑镇是一座历史名镇，古为豫州地，周为应侯国，春秋时期属楚，至今已有两三千年的历史，悠久的历史积淀了深厚的文化遗产。春秋时期其曾为应国之城。楚国灭应国后，建立叶邑。后为叶公封地，成语“叶公好龙”更使叶邑镇闻名于世。叶公，姓沈，名诸梁，字子高，是春秋时期著名的政治家、军事家、思想家。公元前524年，沈诸梁受封于叶，史称叶公。在他治理叶地期间，勤政爱民，兴修水利，发展农业，所修筑的东、西二陂是中国历史上较早的水利工程之一。他带兵平定白公胜叛乱，立下了挽危存国之功。公元前489年孔子率众弟子周游列国时，专程到叶邑拜访叶公，同他谈论治国之道，留下“近者悦，远者来”的名言。西汉刘向借用叶公喜欢画龙的爱好，在《新序》一书中杜撰了“叶公好龙”的寓言，后人常借用“叶公好龙”比喻那些口是心非、表里不一的伪君子。这给叶公沈诸梁蒙上了千古奇冤。

中国历史上以少胜多的新汉昆阳之战就发生在叶邑镇。公元23年，刘秀率领的绿林起义军在昆阳一带粉碎了王莽军队主力的进攻，奠定了东汉王朝建立的基础，是中国历史上著名的一次以少胜多的典型战例。境内有仰韶文化遗址、商周古城遗址、昆阳古战场遗址等历史遗迹 30 多处，叶邑镇旧县村东边有一条小河叫烧车河。据说，在昆阳大战结束之时，缴获了莽军无数车辆兵器。好的带走了，而剩下的部分就集中在战场附近的河畔烧毁，火光连月不尽。

在叶邑镇这块古老而又充满活力的沃土上，留下了叶公、孔子、刘秀、李白、黄庭坚、梅尧臣、陈与义的足迹。“走马红阳城，呼鹰白河湾。谁识卧龙客，长吟愁鬓斑。”是大诗人李白在叶邑镇写下的《南都行》，它讲述了李白拜访好友元丹丘，居住在石门山期间北游红阳古城的情景。据《叶县地名志》记载，红阳故城在叶县叶邑镇大、小田庄之间，即叶邑镇倒马沟一带，是汉成帝舅父王立的封地，红阳城在秦以前不见于史，为西汉所新置县治。红阳县隶属荆州南阳郡，汉成帝河平二年（公元前 27 年），封舅父王立红阳侯，红阳遂成侯国。王立是汉成帝之母、元帝皇后王政君的异母弟，汉成帝继位，母以子贵，王皇后居皇太后尊位。元始三年（公元 3 年），王莽晋爵安汉公，怕有朝一日姑母启用叔父王立，而使自己失宠，就派人到红阳城逼迫王立自杀。王立做红阳侯 30 年，死后其子王柱袭红阳侯位，至地皇四年（公元 23 年）王莽政权覆灭而绝，红阳侯国存在了半个世纪。

叶邑镇还有被誉为中国长城之父的楚长城，叶邑古城墙被收入中国万里长城百关纪念封，现为全国重点文物保护单位。叶公墓为叶公沈诸梁的墓园，在叶邑西北澧河南岸，成为世界叶姓华人祭拜始祖叶公的寻根之处，每年清明前后都有大型活动。光武庙是为纪念刘秀昆阳大战而建，不远处的澧水古桥，是叶县古代八景之一“澧水虹桥”。前后水城为叶公修建东陂，造福叶地百姓留下的遗迹。东南燕山水库波光粼粼，山清水秀，成为远近闻名的风景游览区，古叶邑镇正在不断焕发出新的生机。

五　河南省历史文化名村

（一）中国历史文化名村评选活动

中国历史文化名村是与全国历史文化名镇一起评选的，截至 2018 年 12

月 17 日住房和城乡建设部建筑节能与科技司的《关于对拟公布为第七批中国历史文化名镇名村名单的公示》文件发布，现已选评七批，河南省共有九个村子入选，即平顶山市郏县堂街镇临沣寨村、平顶山市郏县李口乡张店村、平顶山市宝丰县李庄乡翟集村、平顶山市郏县薛店镇冢王村、平顶山市郏县薛店镇下宫村、平顶山市郏县茨芭镇山头赵村、焦作市修武县云台山镇一斗水村、焦作市修武县西村乡双庙村、三门峡市陕州区西张村镇庙上村。

（二）河南省历史文化名村名录

河南省历史文化名村评选，现已评选六批，因参照国家中国历史文化名镇名村评选办法进行评选，首批只有两个名镇入选，没有评选历史文化名村。此六批名录如下：

第一批（历史文化名村缺评）

第二批

孟津县朝阳镇卫坡村、卫辉市狮豹头乡小店河村、临颍县皇帝庙乡小商桥村、郏县堂街镇临沣寨、李口乡张店村、罗山县铁铺乡何家冲村。

第三批

嵩县田湖镇程村、山城区鹿楼乡大胡村、清丰县双庙乡单拐村、郏县薛店镇下宫村、郏县茨芭乡苏坟村、郏县茨芭乡姑嫂寺村；鲁山县仓头乡仓头村；固始县武庙乡锁口村。

第四批

内乡县乍曲乡吴垭村。

第五批

汝阳县蔡店乡杜康村、小店镇圣王台村；孟津县小浪底镇乔庄村；陕县西张村镇庙上村；渑池县段村乡赵沟村；义马市东区办事处石佛村；光山县文殊乡东岳村；项城市王明口镇袁寨村；济源市承留镇南姚村。

第六批

上街区方顶村；栾川县三川镇抱犊寨村；修武县岸上乡一斗水村、西村乡双庙村；禹州市浅井镇扒村；漯河市郾城区裴城村；宝丰县赵庄乡魔冢营村、李庄乡翟集村、商酒务镇赵官营村、石桥镇高皇庙村；郏县冢头镇李渡口村、薛店镇冢王村、茨芭镇山头赵村、渣园乡渣园村、姚庄回族乡礼拜寺村；淅川县盛湾镇土地岭村；桐柏县城郊乡北杨庄村；商城县长竹园乡何家冲村、长竹园乡四方洼村、达权店镇新店村；新县周河乡毛铺村、八里畈镇神留桥村。

（三）河南省的全国历史文化名村（部分）介绍

1. 平顶山市郏县堂街镇临沣寨村

临沣寨村位于河南省平顶山市郏县堂街镇西北约 2 千米处，为一洼地型古村落，周围有千亩芦苇、百亩竹园。杨柳河、北汝河绕寨而过，终年绿水长流。临沣寨寨内明清民居规模集中，错落有致；寨外河水环抱，芦花飘扬，红色的寨墙，绿色的护寨河，青青的芦苇，雪白的芦花和各色的水鸟，构成了天人合一的美丽图画。

临沣寨村现存布局完整的明清四合院十余处，古建筑一百余座，古寨墙、寨河、寨门、祠堂、寺庙、井、桥、墓葬、古树等一应俱全，村子共有 3 个寨门，按八卦方位的三个方向设置，其中西北门因临沣溪而取名“临沣”，这也正是今天临沣寨寨名的由来，寨门上方红石匾上有楷书“临沣”二字，下边两扇榆木大门上包的铁皮已锈迹斑斑，铁皮上“同治元年”“岁在壬戌”的字样仍清晰可辨；正方向的南门叫“来薰”门，取自《诗经》“薰风南来”一句的意思；东南门叫“溥(柏)滨”门，取自“利溥渠之滨”之意。临沣寨为中原地区少有的一处保存完好的古代村落，有“中原第一红石古寨”“古村寨博物馆”之称，是中原民居文化中一块不可多得的文化瑰宝。

临沣寨现有 159 户人家，600 多口人，其中朱姓人口占 90%，为明万历年间从山西洪洞县迁居至此的朱姓后代。若从历史资料中追溯，临沣寨的历史可追溯到南北朝时期甚至更早。中国古代著名的地理学家、南北朝北魏时期的郦道元(约公元 470—527 年)在《水经注 · 河水》中记载：柏水经(宝丰)城北复南，沣溪自香山东北流入郏境，至水田村。此处的“水田村”即为今天的临沣寨，意思就是临着沣溪的寨子。

也许是交通便利又属风水宝地的原因，长久以来一直有张姓人家在此繁衍生息。并把村名定为“张家埂”，埂字意为挡水的土寨子。这可以算是临沣寨红石寨墙的前身。明朝万历年间(公元 1573—1620 年)，中原地区暴发瘟疫和匪患战乱，人口锐减，山西洪洞县一支朱姓人家移民至此，靠给张姓人家种田为生，同时也跟着张姓人家学会了编织芦苇席，并通过陆运和汝河水运将芦苇席和其他芦苇编制品贩卖出去。靠着聪明和勤奋，200多年后，朱姓人家成为寨中大户，张姓人家反主为佃，靠给朱家种田为生，“张家埂”由此改名叫“朱洼寨”。至清道光和咸丰年间，四处奔波、见多识广的朱氏家族一分支的朱怀宗及其子朱紫贵、朱振南、朱紫峰三兄弟靠盐业贸易发迹，达到鼎盛，据说三兄弟分家时都是用抬筐来分元宝的。

朱氏三兄弟发迹后，因乐善好施、行侠仗义而为外人尊崇，但对自己拥有的巨额财富非常担心。清咸丰末年 (公元 1861 年)，面对纷繁乱世，朱氏三兄弟商议扒掉土寨建石寨。寨墙为外石内土结构，外墙 60 厘米长的石头全部取自紫云山的红色花岗岩，内墙则就地取材，全部是挖自护寨河的土。为使寨墙坚固，红石条每一顺石隔一拔石，中间空当用 3~4 块红石条顺着填满，再取土屯住夯实。寨墙内为朱洼村，占地面积为 7 万平方米。据说当年给寨墙放线时为求得公正，由一朱姓老人用黑布蒙住双眼，手提装满白灰面的篮子放线，于是就“走”出了人们今天看到的弯弯曲曲的寨墙。朱家大院老二朱振南建于道光十一年的宅子，让四方游人惊叹不已。高耸的屋脊，灵巧的窗棂，以及东西厢房的门楣之上悬挂着“迁善”“补过”的家训，让不少历史信息复活。老大朱紫贵的宅院，建于道光十五年 (公元 1835 年)，是一进三的四合院，占地面积为 1322 平方米。三进院的内宅布局严谨，有正房、东厢房、西厢房，均是砖木结构的二层楼房，青砖黛瓦，相互辉映，古朴、厚重而又和谐。正房的屋门下部设有两个“枪眼”，门槛下设有供猫通过的“猫眼”，屋内还设有小姐的“绣楼”。

在朱紫贵宅院的东边，还有一座更大的宅院，这就是号称汝河南岸第一府的朱镇府。朱镇府系清代盐运知事朱紫峰的官宅，建于大清道光二十九年，占地面积为 2516 平方米。高大的门楼，精美的砖雕、木雕、石雕，斑驳的彩画，每隔几步一个拴马桩，凭此仍可看出当年朱镇府的显赫和繁荣。

朱家大院只是临沣寨古建筑的一部分。据临沣寨保护办公室主任尹亮亮介绍，临沣寨内现存明代建筑一栋 3 间，清代建筑 100 余栋 400 余间，这些明清民居均为砖木结构脊坡式瓦房或楼房，其中不少因年代久远亟待修缮，只有朱氏三兄弟家的宅院保存较好。

20 世纪三四十年代，该寨曾在抗战中发挥过作用。新中国成立后郏县共拆除 100 多座古寨墙，唯有临沣寨幸存下来。原因是临沣寨处两河交界处，地势低洼，极易发生洪涝灾害，当年就在准备拆除临沣寨古寨墙时，洪水围困寨墙数米高而寨内安然无恙，出于防汛需要，临沣寨古寨墙保存了下来，临沣寨古寨才因此成为全国罕见的保存完好的村级古寨墙。2001 年，郏县成立了临沣寨开发办公室，按照“修旧如旧”的原则，对临沣寨进行保护性修复。2005 年，临沣寨被建设部命名为中国历史文化名村。

2. 郏县李口乡张店村

平顶山市郏县李口乡张店村，为第四批全国历史文化名村，位于平顶山市北 7.5 千米，系“汉初三杰”之首张良故里。张店村张姓人居多，他们多以张良后人自居，原中国文物研究所所长罗哲文来村里考证后也留下了“西汉留侯张良故里”的墨宝。这里不但出了张良，亦有不少古代高官，被称为进士庄。明代张乐舜官拜九门提督，清代张朗、张崇为刑部主事，五品以上官员达 12 人，明清受皇封者达 60 多人。现存明清官宅民居建筑群，以明代提督府、西官宅及东西跨院的五进院、南义和、北义和、花门楼为代表，296 间古建筑保存基本完好。传统砖木结构，红石房基，四合院节节相连，石基砖墙敦厚凝重，石雕、砖雕、木雕装饰精美，具有较高的历史文化与建筑艺术价值。其精致的雕饰、威严的门庭，鳞次栉比的宅院，是典型的“明清官宅博物馆”。

张良作为西汉时期著名政治家、军事家，辅佐刘邦成就霸业，被誉为一代帝师，是一位妇孺皆知的人物。他还被汉高祖刘邦誉为“运筹帷幄之中，决胜千里之外”，汉王朝建立后，被封为留侯，后世尊张良为“谋圣”。

张店村以前有不少张良的遗迹，如留侯祠等，其内有张良塑像。可惜原建筑被毁，仅存遗址。张店村的村民乃至不少郏县人都以张良故里为荣，当地至今尚有不少关于张良的传说。据村民讲，农历四月初十是古时传下来的留侯祠庙会。这天家家户户吃面条，说是为庆贺张良的生日而吃的。古庙会传到今天，内容变了，人们会在前一天忙起来准备酒菜，有的还买鞭炮要庆贺一番，吃面条成了一种象征。也有的给张良燃烧香烟，虔诚地许愿。过去村里还要演几场戏，剧目大多与张良有关，如《鸿门宴》《霸王别姬》等。这些传说早已根植于村民的生活中。

张店村还有一个祖祖辈辈流传下来的古老游戏“摆山”，是当地村民最喜玩的一项棋艺类娱乐活动，据传由张良的八卦布阵图演变而成。村里无论男女老少，也不管是在田间地头或门前街口，只要两人想玩，就在地上画三个相套着的方框，四角四边连起来作为棋盘，用不同的石块，或小棍、树叶作为各自的棋子开始下棋。主动方会说：“叫你三盘不能赢。”对方就会说：“来吧，张良的布阵法你还没有学会。”

虽然是简陋得不能再简陋的棋盘，但村民们玩得不亦乐乎。据村民说，这是当地特有的玩法，别的地方很少见。摆山是有阵法的，比较简单的阵法有“挤尿缸”和“挤羊角”，较为复杂的有“混元阵”“八卦阵”等，相传都是张良的阵法演变而来的。也是张良把村里的“摆山”演绎成汉界楚河的象棋。

张店村为张良故里的另一个证明是，2006 年 2 月，村民张振洋在原张店村的一处废墟中，偶然发现的一块红石石刻。其长 106 厘米，宽 40 厘米，厚 19 厘米，在没有打磨的天然石面上，可以清晰地辨认出是建安六年诸葛亮和徐庶在拜留侯庙，瞻仰张良像后所写的一篇短文。该石刻共 6 行 57 个字，字体为汉隶，文为：“亮携元直，建安六年春，踏贤宗。观地势不严，然清静秀逸，乃龙凤之地。拜留侯，仰其像不威，然运筹帷幄，决胜千里，成帝王之师。吾辈叹之、敬之、效之。”郏县第三次全国文物普查工作队了解到后，这块承载着中国古代两位最传奇的伟人“谋圣”“智圣”的珍贵红石才得以面世。

该刻石拓片送与中国书法专家陈俊杰后，他经过多方对比后认为：“此石隶书结体方正，清隽而疏朗。因非庙堂之用，故又具洒脱飘逸之气。文字线条瘦劲而爽健，尽管已到汉末，线的起收与转折处已出现圭角，这是汉以后所有隶书最明显的特征，但此石气息上仍然弥漫着只有汉人才有的淳厚、高古、苍茫之气。年轻的诸葛亮并非以书名世，而此偶尔乘兴所书的数十字，却使我们感受到了其文之畅、其书之精、其情之诚。余曾云：‘汉人书无一不佳者’，此可证之。”

诸葛亮生活在大量使用竹简记事的东汉末期，真迹留世甚少，特别是其青年时期的真迹，更为稀缺。石刻再现了1800年前诸葛亮在青年时期的书法艺术，实为珍贵。目前，张店汉石碑拓片已被收录至《中原文化大典 · 书法典》。研究者认为，该石刻是诸葛亮于建安六年春来此拜祭张良后写下的一则游记，结合当地诸葛庙武侯祠的存在，明代牛凤《重修诸葛武侯祠记》的记载，以及史学界普遍认为诸葛亮青少年时代在平顶山一带度过，躬耕田亩，读书学习和成就奇才的考证，该石刻是诸葛亮青少年时代在平顶山下生活与张店村为张良故里的有力互证。

明代九门提督张乐舜的官宅，位于张店村东西大街中段，其原来的五进院，现仅存两院，后院已破败不堪。前院主体建筑为穿堂式大客厅，共五间，建于一米高的台基之上，房体通高8.33米。该宅院为张乐舜于明代隆庆年间修建。张乐舜父子位居高官，给其府第家宅取堂号为“裕恒堂”，寓富裕恒久之意。其宅第也被敬称为“提督府”，其大客厅前檐下有四根明柱，柱下均有高0.8米的浮雕吉祥图案。檐廊下主次间皆装饰椟子门扇，门扇上雕刻吉祥图案和篆书寿字。值得称道的是，提督府木石雕刻，有盘龙、滚狮等图案，尽显明清古建雅韵。厅内正间距后墙过厅门1.7米处设有高大的木质屏风，屏风上部悬挂有刻着“裕恒堂”三个大字的匾额，以前客厅里挂了很多匾，后来人们烤火时把它烧了。木柱上依然留存着悬挂匾用的铁质石榴状挂钩，见证了古宅的沧桑。

清朝道光进士、刑部主事张崇的宅院，坐北向南，大门临街，宅院多为两层、三层，为砖木结构楼房。其中的一处宅院主楼为三层，整个楼高7米。一层为当地盛产的红石所砌，高达两三米，一楼以上为大青砖垒砌。让人称奇的是，一楼的窗户竟然为整块石头雕刻而成，二楼则为两个拱形小窗，三楼为一方形窗。

原来的张店村有寨墙，寨外相传是张良养马、驯马、洗马的遗址。村外的马鞍山上有魁星楼、河洛图、石观音、古石刻等，还有三神庙、张良品箫处等遗址。这些遗址体现了张店村特有的“张良文化”。

3. 修武县云台山镇一斗水村

云台山镇一斗水村位于河南省焦作市东北40多千米的修武县北部山

区、云台山茱萸峰景点向北5千米的太行深山区，世界地质公园云台山风景名胜区境内，是河南省与山西省以及辉县、修武、陵川三个县的交界处，全村占地面积约为9.7平方千米，海拔1000米，全村辖3个自然村，55户211口人，耕地面积255亩，因村西北处有一水泉，泉眼是一天然形成的巨石，全口大小如斗，一年四季清泉不断，所以这个村就被命名为“一斗水村”。

这里四面环山、植被茂盛；风景秀丽、空气清新；民居全部为有上百年历史的石头房，房间内冬暖夏凉、干净整洁；山民们淳朴好客，拥有浓郁的民俗风情；村子南北走向，房屋依山而建，错落有致，或两三家一处，或六七家一片，各家房前屋后都有不同种类的树木，在夏天的时候，枝叶茂盛，只有走进这里才会看到房屋，“有山有水有树林”也成为一斗水村一道亮丽的风景。

2008年以来，该村立足区位优势，坚持科学发展，以转变农业发展方式为主线，以实现农业增效、农民增收为目的，以“吃农家饭、住农家屋、做农家活、采农家果、享农家乐”为主题，全力打造特色休闲度假游，走出了一条深山区农村发展、农民致富的特色之路。在这里休闲，可以享受到农家热情的服务、大自然的清新气息，是休闲度假、摄影创作、清凉避暑、放松心情的最佳去处。

一斗水村因拥有秀美的自然风光和历史悠久的石头民居，被称为“云台山上的石头村”。一条青石古路从村中穿过，这条路北到山西，南通青口坡大草坪，穿过大草坪直达焦辉公路。相传，早在明朝时期一斗水村就已经远近闻名，成为联通豫晋之间的近道捷径，各地客商的行人马队川流不息。但一斗水村素以山高路险著称，南来北往的人到了这里就叫苦连天，通过异常艰难。为了方便来往行商，全村老少便组织起来，有钱的出钱，有力的出力，历时数年修成了这条青石路。该路面全部用青石条、青石板铺成，在崇山峻岭间蜿蜒盘旋，气势宏伟壮观。

那口给东来西往的人们饮水的清泉，就在小道的旁边，二尺见方，常年涌流，但一次只能取水一桶，也成就了小山村的盛名。以前的豫晋两省商旅路经此地，都喜欢在此停留，汲饮泉水，歇脚休息，甚或天晚之后搭帐留宿。久而久之，这里就有了客栈，逐渐形成了村落。村子周围有五座名山，分别是牤牛山、桦尖山、南大山、大方山和小方山。它们首尾相连，与南端的云台山茱萸峰遥相呼应。

在一斗水村的古官道旁，立有一通石碑，石碑饱经风雨剥蚀，尽显山村沧桑。碑文里记载着小道的来历和村子的历史，走在古官道的绿荫之中，仿佛到了世外桃源，身心也与大自然美景融为一体 。古道宽处有两米，狭窄处仅一米多，只能容两匹骡马并行。村民介绍，古道为下山骡马车队精心铺设，坡度和缓，利于车马行驶，缓解疲劳。古道长 200 多千米，向北可直通山西省陵川县城。由于地理位置特殊，一斗水村在很早的时候就是重要的商业通道，通过这条小道，古代的商旅们把南方及中原地区的茶叶、瓷器、丝绸等商品驮运到山西及关外。

一斗水村保存得最完整的民居是李家大院和贾家大院，李家大院建于 1845 年，贾家大院建于 1850 年，建筑面积都为三百多平方米，均历经了百余年的风雨沧桑。随着近年山村旅游经济的发展，李家大院的后人将自家房子改造成了农家旅舍，这里的石屋不但美观，还坚固防盗，关上屋门，木头落槽，外面人用刀都拨不开，加上下面嵌入石头的圆木，整个门非常坚固。

和其他商旅道上的历史文化名村一样，一斗水村也有一座清朝时期所建的关帝庙，该庙曾鼎盛一时，香火旺盛，殿中供奉着关帝塑像。与其他地区的关帝庙不同的是，这座庙还供奉着牛马王等，商人们希望这些神灵保佑自己生意兴隆、车队牲畜平安。关帝殿对面是一个古戏台，两旁各设有二层厢房包间，由此可窥当年繁华景象。据村民介绍，一斗水村的民俗活动非常丰富，每年的三月三、春节等重大农历节日，这里都会举行庙会，人们上午逛庙会，下午就聚在戏台下看戏。院内可容纳 300 多人看戏，有时连墙头上站的都是人。如今的关帝庙房屋大多都已经损坏，到处长满了荒草，来这里的游人只能在石墙石板之间，感触这里曾经厚重的历史。

如今，一斗水村被评为中国历史文化名村，各个方面都焕发出生机，其历史文化价值也得以彰显出来，给已经初具规模的乡村旅游增添了活力。在挖掘、保护、研究、开发并重的前提下，一斗水村正在以新的面貌，迎接四面八方的宾客。

4. 修武县西村乡双庙村

双庙村坐落在太行山南麓，是太行深处一个典型的石头村落，位于焦作市修武县西村乡西北部 40 千米处。村子呈不规则形状，地势北高南低。村前地势相对平旷，旅游专线公路从紧邻村庄南部穿过，紧靠青龙峡风景名胜区，自然环境极其优越，山水景色十分宜人。村庄无论是石屋还是庙宇，建筑工艺都比较考究。一排排石屋依山而建，因山就势，错落有致地掩映在葱郁的树木间。山、水、建筑浑然一体，天人合一，被誉为“建筑学的典范”。

历史上，双庙村是古代山西泽州凤台县连接河南怀州诸县的十三隘口之一，原属山西晋城，古属山西泽州凤台县，1956 年划归河南修武县。据光绪年间的《凤台县续志》记载：“双庙口，顺山腹里单行小路三十里至。”具体位置即在今天的青龙峡景区山门处。双庙隘口在冷兵器时代十分重要，据光绪《凤台县志》记载，关隘而在凤台，尤要之要者也。盖太行一带，毗连豫省，如堵如屏，实为全晋门户，在军事上更是“要之要者”的隘口。西南一处山隘至今还保留着一座古代兵寨遗迹，故而此山也得名为寨坡。寨坡古寨实为九寨关最东的一个副寨，现存遗址呈不规则圆形，东南角有烽火台。清代咸丰年间，该村出了一名武举郭再汾，为猿仙通背拳第七代传人，于公元 1862 年进京殿试，中“武状元”，皇封“武德骑射”官职，并得到皇赐御书“雄风柳絮”金匾，另赐柏树一棵，褒扬猿拳，以示猿拳源远流长、万古长青。其后，郭再汾曾带家丁在此拒守，防御流贼盗匪，镇守一方平安。当地有关武举人郭再汾奋勇剿匪的英勇事迹传为佳话。加上古村落依自然地形，蜿蜒曲折，石阶步道相连，精巧深邃，显得更加古老而神秘。

双庙村的村名是由两所古庙宇而得。山坡上的庙叫佛爷庙，也叫上庙。佛爷庙在村中偏东北处，坐北朝南，正殿和东西偏殿都是三间两层石砌楼房，高约 10 米，两棵古柏拔地而起。山下村南的庙叫菩萨庙，也叫下庙。菩萨庙坐南朝北，正殿为三间两层楼房，下为石砌房基，上为青砖垒墙。西殿为三间两层石砌楼房，东为三间戏台，北为三间砖砌房屋，庙门偏西开。上庙与下庙建在一条中轴线上，都有 300 多年历史了，虽然有些破落，但古风犹存。现在每逢初一、十五，还有附近村民来这里烧香许愿。早年每逢农历三月初三，庙会三天，规模宏大，香火旺盛，远至焦作市区一带的村庄百姓，都要前来赶会进香。担挑买卖、唱戏、杂耍等各业生意艺人也都聚集在这里，吆吆喝喝，人山人海，热闹极了。

双庙村里有一座二层楼，在村子正中的位置“鹤立鸡群”，这就是著名的武举第。据载，清代咸丰年间，自幼习武的郭再汾在武术界颇具名声，被奉为猿仙通背拳的重要传人，名震泽怀两州。武举第的规制远远大于一般的民居。它正中为坐北五间两层青砖楼房，两边为东西各三间的石砌两层楼房。门楼外堆砌有四个旗杆石，旗杆石为对合砌石，两个组成一组，上可插旗。而其他民居多为单一的石屋，很多甚至连庭院都没有。从武举人家西侧一条青石小路向北走，就是郭再汾的弟弟文举人的家和郭家祠堂。站在山坡上回望，看到文举人家三座房子静坐在夏日的阳光里，听林间鸟鸣，别是一番清幽。这些石头房子、石头院子在郁郁葱葱的山林中影影绰绰，远处的山体，近处的梯田、村庄，形成了恬静的田园风光。

双庙村是太行深处一个典型的石头村落。村里无论是石屋还是庙宇，建筑工艺都比较考究。一排排石屋依山而建，因山就势，错落有致地掩映在葱郁的树木间。山、水、建筑浑然一体，天人合一。

双庙村地处云台山西区青龙峡入口处，这些年村里靠旅游带动，逐步富裕起来，但生活富裕了，人们并没有忘记对文化的保护。2013 年，双庙村已入选第二批中国传统村落名录，获得国家财政拨付上百万元保护资金，目前修武县西村乡正组织对古村进行保护性开发。不久的将来，这座古村一定会还原它古老的历史真容。

2014 年，因为太行山上石头屋的典型建筑风格和清代民居文化，双庙村入选中国古村落。2017 年又被住建部和文物部门评为第七批全国历史文化名村。1.9 万余亩国家级公益林之中，已全面封山育林。山间遍布百年以上的松、山楂、核桃等古树，路边、山坡生长着野地黄、野菊花、野山药等草本植物。村落周边三季有花，更有千年梯田构成恬静舒适的人居环境，呈现一种“采菊东篱下，悠然见南山”的休闲意境。葱郁的山林掩映着古老的双庙村，林涛声声仿佛在讲述着双庙村古老岁月里的故事。山坡东侧一排新建的砖瓦房很是抢眼。那是村里根据青龙峡和峰林峡景区近年来游客增多的情况，规划盖起的饮食文化一条街，也是如今双庙村人的经济来源。不远处，一排排二层楼房是新建的完全小学，让双庙村的孩子们有了安全、舒适、温馨的读书环境，续写着双庙村美好的未来。

优越的地理位置，美丽的自然环境，给双庙村这个古老的村落带来了发展的新机遇。双庙村已全部退耕还林，在山坡和原来的耕地上种了桃树、梨树等数十种果树。每年春天，桃花、李花、杏花、梨花次第开放，把双庙村装扮得如桃源仙境。其根雕、剪纸、刺绣等非遗项目也得到了挖掘、保护、恢复，成为双庙村的经济来源之一。双庙村在乡村振兴的大潮中，将依托全国历史文化名村的盛名，吸引更多人的关注。

5. 陕州区西张村镇庙上村

庙上村在三门峡市陕州区西张村镇 1.5 千米处，距三门峡市 30 多千米，现存 50 余座保存相对完整的“天井窑院”，又叫作“地坑院”。作为人类穴居方式的演变，距今已有数千年历史，被专家誉为“人类穴居的活化石”“地下四合院”和中国民间“建筑奇迹”，也是中原民居建筑形式在豫西黄土塬上的巧妙运用。

走进庙上村，随处可见住人的地坑院。与传统的地上建筑不同，地坑院是隐藏在地平线以下的院落。“见树不见村，进村不见房，闻声不见人。”当地的一首民谣描述了地坑院这种地下生活的独特景象。地坑院大多是八孔窑，这些窑洞分主窑、客窑、厨窑、牲畜窑、门洞窑和茅厕窑等。主窑相对宽阔一些，一般是老人在该窑住，晚辈都在其他窑洞里住。站在地坑院前向下望去，地坑上边沿，有青砖围成一圈高约一尺的矮墙，当地人称之为“拦马墙”，主要为了防止雨水流入，以及行人走夜路时不小心跌入。十几米长的门洞，从拦马墙的一角通向院内。深深的庭院，数孔窑洞，加上一棵树梢露出地面的桐树，构成了一个神奇的居所。

关于地坑院的建造，村里人讲，一般是谁家挖窑大家帮忙，利用农闲时候干，一个院落要挖三到五年。挖好窑洞，还需要做一系列的防渗和排水措施。地坑院的附属设施基本上都是从这两方面考虑的。窑洞的窑脸（窑洞的正立面）不但开有窗户，还要用泥抹壁，而且基座要用青砖垒成。院子四周用一圈青砖砌成，东南角挖成一个四五米深、直径 1 米的水井，井底垫上炉渣、井口盖上青石板，用于蓄积雨水和排渗污水。下雨的时候可以把雨水导进井里，这样既不会让雨水倒灌进窑洞，还可以蓄水浇院子中间的菜园。这种匠心独运的构造，不能不让人赞叹民间智慧的伟大。

与中原其他地方建筑民居一样，地坑院也深藏着风水秘密，这也是地坑院最讲究的地方。村民张世固说，地坑院的建造，是关系到家庭兴衰的大事，因此在动工之前的选址中，必定要请风水先生看宅子，造地形，定坐向，量大小，下线定桩，选择吉日动工。对地坑院基地的选择十分讲究：一般都选择宅后有山梁大塬的地方，谓之“靠山宅”，意思是“背靠金山面朝南，祖祖辈辈吃不完”；而很少选择临沟无依无靠的地方，这样的地方被称作“背山空”，寓意“背无依靠，财神不到”，很不吉利。

地坑院在建造过程中，受阴阳八卦的影响也很深。在动工前，必定要根据宅基地的地势和面积，按照阴阳八卦的方位决定院落的形式。依据正南、正北、正东、正西不同的方位朝向和主窑洞所处的方位，地坑院分别被称为东震宅、西兑宅、南离宅和北坎宅。其中，东震宅被认为是最好的朝向，在庙上村，不少人家选择的就是这种朝向。在考虑阴阳八卦的同时，还要考虑宅子与宅主的命相是否相生。张世固家院落的朝向是西兑宅，呈正方形，主窑在正西，厨窑在西南角，客窑在西北角、北面窑及南面窑偏西角，东南角和东面为五鬼窑和茅厕窑，东北角为门洞窑。

虽然地坑院被称为中国民间“建筑奇迹”，然而在现代文明的冲击下，这种独特的民居正面临着尴尬的生存环境。20 世纪末，庙上村形成搬离高潮，人们纷纷从地下村庄搬迁到地面上来。如今仍然居住在地坑院的，基本上都是老年人和无力在地上建造新房子的人。

为了拯救这种独特的民居文化，2005 年，庙上村地坑院建筑群被列为省级文物保护单位，2013 年被列为全国文物重点保护单位，规定在庙上村禁止废弃、破坏和填埋地坑院。作为一门古老的传统建筑技艺，地坑院建造涉及土工、木工、瓦工等多个工种，也面临失传的困境。庙上村现存 73 座地坑院落，53 座保存相对完好。另有 20 座地坑院经过整修，形成了一个天井院度假村。

让庙上村人世代引为自豪的，还是村里悠久的历史文化。资料记载，八国联军入侵中国占领京城，慈禧太后到陕西避难，从西安返回北京路过豫西陕县时，曾在陕县的行宫里吃了陕县名吃十碗席。高兴之余，慈禧把自己的太平车赏赐给了厨师。

30年后，日本侵华女指挥官石谷弘子得知当年太平车被赏给了厨师后，马上把陕县所有名厨抓来，索要太平车。为了保护太平车，善良的地坑院人奋起反抗，用忠勇御敌的民族精神和中国农民独有的智慧，利用地坑院独特的地理环境，和鬼子斗智斗勇，最终用自己的生命保卫了家园，保护了太平车。庙上村至今仍然保存着慈禧太后的行宫。

2011年，电影《地坑院》在此地拍摄，让古老的地坑院走上了荧屏。中央电视台专题片《地平线下的村庄》，则用一段段视频，讲述揭秘了陕县地坑院里的生动故事。在住建部首批公示的“中国传统村落”名录中，庙上村就榜上有名，它是河南省16个入围的村落之一。2017年它又被评为中国历史文化名村。

6. 宝丰县李庄乡翟集村

河南省宝丰县李庄乡翟集村地处县城东部，距县城18千米，为第七批全国历史文化名村之一。

翟集村以翟集醋为地方特产，它以优质小米、大麦、豌豆为原料，以五香调料为辅料，采用传统工艺酿制而成，具有醇厚素和、清香爽口、体态澄清、色泽鲜亮、久储不坏的特点。经常食用翟集醋能健脾胃、助消化、舒筋活络、降脂降压。它既是很好的佐味品，又有丰富的保健功能，因此，两千多年来，翟集醋声名远播，久盛不衰。

翟集村具有优良的地下泉水和地上河水，酿醋历史悠久。民间相传，早在商代盘庚时期，翟集居民即借当地泉水打曲淋醋，遂形成集市。到了春秋战国，楚平王时期，太子建在此筑城父，城池醋坊已成规模，汉代改父城，是宝丰县最早的城池。关于翟集醋的历史记载始于东汉。据《后汉书·冯异传》记载：“冯异，字公孙，颍川父城（今河南省平顶山市宝丰县）人。好读书，通《左氏春秋》《孙子兵法》。”后跟随刘秀征战南北、荡平天下，被封为“云台二十八功臣”之一。在每次战斗之后，异不与诸将争功，常独屏树下，思考战役成败利弊，人曰“大树将军”。东汉建立后，冯异被汉光武帝刘秀敕封为阳夏侯。据史志记载，翟集乃冯异故里，现有冯异墓。“大树将军”冯异原为父城县巾车乡人，后投靠汉光武帝刘秀，曾带兵讨匈奴，所带家乡士兵不服北方水土，染病者众多。冯异命人急调家乡陈醋百桶，以醋佐餐，治好了士兵的疫病，打败了匈奴，胜利而归。明清年间，翟集醋之名愈盛，明成祖朱棣封翟集醋为“御用醋”，并亲书“上乘佳佐、稀世精酿”。大文学家程颐也曾赞叹“酒香在宝丰、醋香在翟集”。抗日战争时期，伟大的国际主义战士白求恩大夫因闻宝丰翟集陈醋之美誉，于 1936 年托郏县韩先生为其代购翟集醋数百斤。后来，翟集醋漂洋过海，远销英、德、美、加和东南亚的各个国家和地区。

党的十一届三中全会以来，勤劳能干、能商善贾的翟集人乘改革开放的春风，在努力挖掘传统工艺的基础上重塑翟集醋的品牌，现代企业家王长松先生秉承冯异大树绿荫的精神，与郑州大学医院教授裴留成、郑州济仁中医院等联手，成立冯异醋业研究所，进行科学配料，精心勾兑，在传统酿制的基础上，充分利用地下矿泉资源，采用先进的生物技术，以优质小米为原料，经过多道工序酿制成金芝康米醋、银杏醋、低聚糖醋、醒酒醋、富硒醋等 36 种新品米醋。冯异牌米醋系纯粮酿造，以色、香、醇、浓为特点，原汁原味，不含防腐剂、添加剂及任何化学原料，食之有开胃、健脾、醒目之功效。冯异牌米醋先后荣获国家绿色食品认证企业，2008 年全国农产品加工业博览会金奖。

7. 郏县茨芭镇山头赵村

平顶山市郏县茨芭镇山头赵村是国家级传统村落、中国历史文化名村，位于中顶莲花山西麓，茨芭镇辖自然村，人口数量为 2030。清初赵姓从山西三元县迁至山头边定居，故名山头赵村。村落北靠石橛山，东临鲁医河、西依老爷顶，南有中蛇山，体现古人传统风水选址理念，负山带水，传统格局尚存，传统建筑集中连片分布。该村呈长方形，面积 0.23 平方千米。村内有 3 条东西走向和 4 条南北走向道路。近年来，山头赵村在乡村旅游的道路上越走越快。借助国家奖补资金，山头赵村不断完善文化环境，相继举办了山货大集、桃花节、丰收季、过大年等一系列富有特色的节会活动，将自己打造成茨芭镇乡村旅游中的一张金色名片。

村里一座清朝时期建成的关帝庙，历经了200余年的风雨，寺庙上青瓦斑驳。几年前，山头赵村启动文物保护计划，在关帝庙原貌的基础上，加固了房梁和屋柱，使关帝庙成为山头赵村更加鲜明的文化符号之一。此外，老君庙、奶奶庙等都是祖辈留下来的珍贵古迹。

走在山头赵村的街上，你随处可以看到令人赞叹的古代建筑，老街古井、后北拐、赵氏祠堂、古街老巷等7个特色景点分布在村子的不同角落。在500多年的古槐掩映下，山头赵村的沧桑感从一砖一瓦、一草一木中弥漫开来。在村口，有一个戏台子，它是在传统的破旧戏台基础上，被重新修建而成的，面积200多平方米的戏台约有两层楼高，两根台柱雕艺精湛，最上方“钧天广乐”的牌匾透出古朴庄严的韵味。人们恢复了古寨门和古戏楼，整修了石板街道，当然，这也成了现在村民们空闲时喜欢去的地方。平时转转看看，凑到一块闲聊。农闲时请剧团唱上几场。村里现在隔几天就有戏看，一到春节就更是大戏不断，让村民们过足了戏瘾。

有了玩的地方和练的场子，那些有些艺术细胞的男女老少自然是有了可以施展技艺的地方。在山头赵村，有一个出了名的农民舞蹈队。这支平均年龄为60岁的舞蹈队，参加过中央电视台第七频道《美丽中国乡村行》栏目的春节特别节目《丰收中国过大年》，给人留下了深刻印象，至今都让村民们引以为豪。“我们舞蹈队的队员大部分是农村妇女，她们舞蹈基础差，年龄偏大，记忆力也不好，能取得今天这样的成就，靠的是大家的集体荣誉感、团队精神和一股子拼劲。”舞蹈队队长李伟飘说。2015年前后村里会跳广场舞的只有几个人，后来慢慢发展为十几个人，从那时起，欢快的乐曲声便时常回响在夜幕下的山村。虽然处于深山中，但山头赵村村民的业余生活并不匮乏，铜器队、秧歌队、打铁花队、舞龙舞狮队等各种文艺小团体层出不穷。一到晚上，村民们便走出家门，开展各种艺术活动。

以前，山头赵村的环境属于典型的“脏乱差”，两丈宽的路是村民用脚踩出来的，家家户户将猪圈里的废料直接排放到街上，一到下雨天，雨水、黄泥、粪便混杂在一起，污水横流，“最多只能走个七八步，鞋袜就全湿了”。不仅如此，村里的学校也没有教室，孩子们都是趴在树下的石头上听课、写作业。从 2010 年开始，这些尴尬与抱怨一一消失了：乡道、村道纷纷被加宽、硬化；现在，村里常年发臭的蓄水池被修整成了 1000 多平方米的文化广场，体育器材应有尽有；家家户户装上了自来水，大大小小的路边都安上了路灯，学校建得像个花园一样，村民出门见绿，到处古色古香。因为入选中国传统村落和中国历史文化名村，山头赵村的名气不胫而走。乡村旅游也借好的文化环境发展起来。如今，文化活起来，村民动起来，旅游兴起来，经济好起来。文化振兴让深山沟成了“聚宝盆”，为村里带来了不可估量的经济效益。仅仅一个赶山货大集，就让 100 多户村民的山货卖了出去，一下子增收 20 多万元。为了鼓励村民大胆尝试，村主任赵殿臣在那棵挂满了红色丝带的老皂角树下，利用自己做菜的好手艺，率先示范，今年年初开了村里的第一家农家乐，没想到每天都能接待七八桌客人，营业额近 3000 元。

如今的山头赵村有 3 处保存完好的明清古宅，14 棵树龄 500 年以上的古树。还有一条 260 米长的老街，以及老街两旁的古井、后北拐、赵氏祠堂、老车门、古街老巷、西大院、西寨门，和那拥有数百年历史的老君庙、关帝庙、奶奶庙、古戏台等，它们时刻都在等待着四方游人。而那春节五彩缤纷的烟火，平时兴高采烈的歌舞戏曲，和准备申报吉尼斯世界纪录的郏县非遗美味大碗饸饹面，也都把这一方热土上的传统文化，展现到世人面前。

8. 郏县薛店镇下宫村

郏县薛店镇下宫村，位于汝河北岸，村内比较出名的是卧龙宫和崇兴寺。其中，卧龙宫为道教圣地，占地近百亩，每年的农历三月初三，都会有很多周边的村民前来敬香祈福。崇兴寺建筑风格中的明代特色明显，该寺还有很多传说流传在外。

村子在郏县城西北角，因其得天独厚的地理位置和秀美的风光，附庸于潺潺的汝河北岸，蛰伏在富饶的山林翠柏之间，它们承载着历史的记忆，见证着宗教岁月的沧桑。也保存了一些珍贵的文化遗迹。依托中顶莲花山，自古便是宗教繁衍不息的胜地。

卧龙宫占地近百亩，有着浓厚的道教氛围，碑文记载着关于此地清乾隆年间修葺的碑刻。在卧龙宫祖师殿后侧，有一座建筑，屋脊采用高规格的琉璃瓦，有很浓厚的文化气息，是重要的文物保护古建筑。每年的三月初三，这里便成为道教成员朝圣和民间男女烧香问卜的去处。

卧龙宫旁有一座崇兴寺，是佛教场所。在漫漫历史长河的沉淀中，佛教成为民间的广泛信仰，信佛成为一种心灵的慰藉。崇兴寺在当地被称为圪针寺，自古有着很多美丽的传说。寺中的建筑，拥有明代的典型风格。雕梁画栋，古砖陈瓦，石阶幽径，古木掩映，都证明着古寺的沧桑。还有一个让人不解的现象，就是前墙和后墙都往里陷，不知是岁月使然，还是建寺工匠的特殊用意，抑或是人们视觉的差异。

9. 郏县薛店镇冢王村

郏县薛店镇冢王村是郏县到汝州之间最大的村庄，也是郏县许许多多富有传奇色彩村落中来头较大的一座村庄。村西南有周定王冢，其中，村名中的冢，就是指周天子姬瑜的墓，王则是村中最大的姓氏，人口数量为6302人。冢王村是薛店镇辖自然村，为郏县西部古集镇之一。

据说，公元前586年，东周第九代君王姬瑜在出游郏县的途中病故，被追谥号周定王，埋在郏县。因为一直有人看护，也有很多朝中官员前来祭拜，守墓人与祭拜者逐渐增多，此处就形成了村落。因王姓在“周定王冢”北定居建村，后人就称其为冢王村。清咸丰十一年（公元1861年），为避免遭土匪抢劫，村里集资修了寨墙，取名“公和寨”。此寨呈长方形，面积1平方千米。

如今的冢王村，村内有八条街道、七十二条巷子、二十八眼水井，对应五行中的八卦和二十八星宿，有一个占地五六亩的坑塘，中间有一道弯曲的堤坝，塘里半边有水，半边为陆，形似太极阴阳图。村民绕井而居，每眼井都有一棵古槐或古皂角树。居民修建土木、砖木结构的瓦房。现有小学、文化广场、图书室等文化设施。2014年，冢王村被列入中国传统村落名录。2019年，它又入选中国历史文化名村。

玖

河南省传统村落

一 中国传统村落评选命名

（一）对传统村落的界定

中国传统村落，又称古村落，指拥有物质形态和非物质形态文化遗产，具有较高的历史、文化、科学、艺术、社会、经济价值的村落。传统村落承载着中华传统文化的精华，是农耕文明不可再生的文化遗产。传统村落凝聚着中华民族的精神，是维系华夏子孙文化认同的纽带。

传统村落指民国以前建的村，较好地保留了历史沿革的村落，即建筑环境、建筑风貌、村落选址未有大的变动，具有独特民俗民风，虽经历久远年代，但至今仍为人们服务的村落。

2012 年 9 月，经传统村落保护和发展专家委员会第一次会议决定，将习惯称谓“古村落”改为“传统村落”，以突出其文明价值及传承的意义。传统村落中蕴藏着丰富的历史信息和文化景观，是中国农耕文明留下的最大遗产。

传统村落是一种生活生产中的遗产，同时又体现着传统的生产和生活。它既属于物质文化遗产，又属于非物质文化遗产，在中华文化遗产保护、研究和利用中，具有重要价值和意义。

它兼有物质与非物质文化遗产的特性，而且在村落里这两类遗产互相融合，互相依存，同属一种文化与审美的基因，是一个独特的整体。人们曾经片面地把一些传统村落归入物质文化遗产范畴，这样造成的后果是人们只注重保护乡土建筑和历史景观，而忽略了村落灵魂性的精神文化内涵，使得对传统村落的保护徒具躯壳，形存实亡。传统村落的遗产保护必须是整体保护。

传统村落的建筑无论历史多久，都不同于古建筑；古建筑属于过去时，乡土建筑是现在时的。所有乡土建筑内都有人居住和生活，必须不断地进行修缮或更新。所以村落不会是某个时代风格一致的古建筑群，而是斑驳而丰富地呈现着它动态的嬗变的历史进程。它的历史不是滞固和平面的，而是活态和立体的。

传统村落不是“文物保护单位”，而是生产和生活的基地，是社会构成最基层的单位，是农村社区。它直接关系着村落居民的生活质量，面临着改善与发展。保护必须与发展相结合。物质文化遗产和非物质文化遗产都没有这样的问题。

传统村落的精神遗产中，不仅包括各类“非遗”，还有大量独特的历史记忆、宗族传衍、俚语方言、乡约乡规、生产方式等精神文化。它们作为一种独特的精神文化内涵，因村落的存在而存在，并使得村落传统厚重鲜活，也是村落中各种“非遗”不能脱离的“生命土壤”。

（二）对中国传统村落的认定标准

现存建筑有一定的久远度，文物保护单位的等级达到标准，传统建筑的占地规模、现存传统建筑（群）和周边环境保存有一定的完整性，建筑的造型、结构、材料及装饰有一定的美学价值，并有对传统技艺的传承。

传统村落在选址、规划等方面，代表了所在地域、民族及特定历史时期的典型特征，并具有一定的科学、文化、历史以及考古的价值，且与周边的自然环境相协调，承载了一定的非物质文化遗产。

（三）目前传统村落的保护状况

在 2000 年，中国自然村总数为 363 万个，到了 2010 年锐减为 271 万个，仅 10 年内就减少了 90 万个，平均每天消失 80 至 100 个村落。无人知晓这些消失的村落中有多少具有文化保护价值的传统村落。如此多村落消失的原因是多方面的。

一是城市扩张和工业发展突飞猛进。大批农民入城务工，人员与劳动力向城镇大量转移，致使村落的生产生活瓦解，空巢化严重，出现了人去村空的现象——从“空巢”到“弃巢”。近十年我们在各地考察民间文化时，目睹了这一剧变对村落生态影响的强烈程度。

二是城市较为优越的新生活方式成为越来越多年轻一代农民倾心的选择。许多在城市长期务工的年轻一代农民，已在城市安居和定居，村落的消解势所必然。

三是城镇化。城镇化是政府行为，撤村并点力度强大，所向披靡；它直接导致传统村落消失，是近十年传统村落急速消亡的最主要缘由。

（四）对传统村落的保护措施

2012 年 4 月，由住房和城乡建设部、文化部（现文化和旅游部）、国家文物局、财政部联合启动了中国传统村落的调查。通过各省政府相关部门组织专家的调研与初步完成的审评工作，全国汇总的数字表明中国现存的具有传统性质的村落近 1.2 万个。

2012 年 9 月，由住房和城乡建设部、文化部、国家文物局、财政部联合成立了由建筑学、民俗学、规划学、艺术学、遗产学、人类学等专家组成的专家委员会，评审“中国传统村落名录”。

二　河南省入选全国传统村落名录

2012 年 12 月 19 日，住房和城乡建设部、文化部、财政部三部门发通知公示首批中国传统村落名录，全国共 646 个传统村落入选该名单。其后，经传统村落保护发展委员会评审认定，住房和城乡建设部、文化部、国家文物局等七部门联合评选中国传统村落，截至 2016 年 12 月 9 日，已经先后五批，共计 2555 个村落入选中国传统村落名录，河南省已有 202 个村落被列入该名录 。

中国传统村落是指民国以前建村，建筑环境、建筑风貌、村落选址未有大的变动，具有独特民俗民风的村落。根据国家规定，凡入选的村落如果要进行保护开发，必须制定保护规划，同时相关规划要经过国家部委级机构的审查。禁止将生活街区改成商业街，不允许搬迁全部村民、将传统村落建成“博物馆”等开发行为，这些传统村落已被国家明令保护。

第一批（16个）

洛阳市孟津县小浪底镇乔庄村，汝阳县蔡店乡杜康村，平顶山市宝丰县杨庄镇马街村，郏县堂街镇临沣寨（村），郏县李口镇张店村，郏县渣园乡渣园村，郏县冢头镇西寨村，新乡市卫辉市狮豹头乡小店河村，濮阳市清丰县双庙乡单拐村，漯河市郾城区裴城镇裴城村，三门峡市陕县西张村镇庙上村，南阳市邓州市杏山旅游管理区杏山村，内乡县乍曲乡吴垭村，信阳市光山县文殊乡东岳村，罗山县铁铺乡何家冲村，新县八里畈镇神留桥村丁李湾村。

第二批（46个）

洛阳市孟津县朝阳镇卫坡村，孟津县常袋镇石碑凹村，新安县石井镇寺坡山村，嵩县九店乡石场村，洛宁县上戈镇上戈村，洛宁县河底镇城村，洛宁县东宋镇丈庄村，洛宁县底张乡草庙岭村，平顶山市宝丰县石桥镇高皇庙村，宝丰县商酒务镇北张庄村，宝丰县李庄乡程庄村，宝丰县大营镇大营村，宝丰县大营镇白石坡村，鲁山县瓦屋乡李老庄村，郏县冢头镇北街村，郏县冢头镇东街村，郏县冢头镇李渡口村，郏县茨芭镇苏坟村，郏县姚庄回族乡小张庄村，安阳市安阳县安丰乡渔洋村，林州市任村镇任村村，林州市石板岩乡朝阳村，林州市石板岩乡漏子头村，鹤壁市鹤山区姬家山乡王家站村，山城区鹿楼乡大胡村，山城区鹿楼乡肥泉村，浚县卫溪街道办事处西街村，淇县黄洞乡纣王店村，焦作市中站区府城街道办事处北朱村，修武县岸上乡一斗水村，修武县岸上乡东岭后村，修武县西村乡平顶爻村，修武县西村乡双庙村，沁阳市常平乡九渡村，三门峡市渑池县段村乡赵沟村，渑池县段村乡赵坡头村，陕县西张村镇南沟村，卢氏县朱阳关镇杜店村，义马市东区办事处石佛村，灵宝市朱阳镇朱阳村，南阳市南召县云阳镇老城村，信阳市新县周河乡毛铺村楼上楼下村，商城县长竹园乡张花店村何家冲，商城县长竹园乡汪冲村四方洼，商城县冯店乡郭店村四楼湾，驻马店市确山县竹沟镇竹沟村。

第三批（37 个）

郑州市登封市大金店镇大金店老街，登封市徐庄镇柏石崖村，洛阳市新安县石井镇东山底村，栾川县潭头镇大王庙村，栾川县三川镇火神庙村抱犊寨，宜阳县张坞镇苏羊村，平顶山市郏县薛店镇冢王南村，郏县茨芭镇齐村，郏县茨芭镇山头赵村，汝州市蟒川镇半扎村，汝州市夏店乡山顶村，安阳市林州市石板岩乡草庙村，林州市石板岩乡梨园坪村，林州市石板岩乡南湾村，鹤壁市淇县黄洞乡石老公村，淇县黄洞乡温坡村，新乡市辉县市拍石头乡张泗沟村，辉县市沙窑乡郭亮村，焦作市修武县西村乡长岭村，温县赵堡镇陈家沟，三门峡市陕县西张村镇丁管营村，陕县张汴乡刘寺村，南阳市南召县马市坪乡转角石村，淅川县盛湾镇土地岭村，唐河县马振抚乡前庄村，信阳市光山县泼陂河镇何尔冲村徐楼村，光山县泼陂河镇黄涂村龚冲村，光山县南向店乡董湾村向楼村，光山县净居寺名胜管理区杨帆村，新县苏河乡新光村钱大湾，新县周河乡西河村大湾，新县陡山河乡白沙关村白沙关，新县卡房乡胡湾村刘咀村，新县田铺乡香山湖区水塝村韩山，新县田铺乡田铺居委会大湾村，商城县吴河乡万安村何老湾，商城县余集镇迎水村余老湾。

第四批（25 个）

郑州市荥阳市高山镇石洞沟村，新密市刘寨镇吕楼村；开封市祥符区朱仙镇西街村；洛阳市新安县北冶镇甘泉村，新安县仓头镇孙都村，洛宁县下峪镇后上庄村；平顶山市鲁山县梁洼镇鹁鸽吴村，郏县薛店镇后冢王西村，郏县黄道镇前谢湾村，郏县渣园乡马鸿庄，汝州市焦村乡张村；鹤壁市浚县白寺乡白寺村，淇县灵山办事处赵庄村；新乡市辉县市沙窑乡水磨村；许昌市禹州市浅井镇扒村，禹州市浅井镇浅井村，禹州市花石镇白北村，禹州市张得镇张西村；三门峡市陕州区张湾乡官寨头村，渑池县张村镇苏秦村；南阳市方城县独树镇砚山铺村；信阳市光山县马畈镇代洼村杨柳湾组，光山县晏河乡管围孜村徐畈组，新县郭家河乡土门村徐冲组；驻马店市西平县杨庄乡仪封村。

第五批（78 个）

郑州市巩义市大峪沟镇海上桥村，登封市少林街道玄天庙村杨家门村，登封市徐庄镇杨林村，登封市徐庄镇安沟村；洛阳市孟津县城关镇寺河南村大阳河村，孟津县横水镇横水村，新安县铁门镇土古洞村，嵩县白河镇下寺村，嵩县白河镇大青村，嵩县白河镇白河街村，嵩县白河镇火神庙村，嵩县九店乡王楼村洼口村；平顶山市鲁山县瓦屋镇红石崖村，郏县黄道镇王英沟村，郏县黄道镇纸坊村，汝州市大峪镇青山后村；安阳市安阳县磊口乡清凉山村，林州市合涧镇肖街村北庵沟村，林州市临淇镇占元村，林州市临淇镇白泉村，林州市临淇镇黄落池村郜家庄村，林州市东姚镇石大沟村，林州市东姚镇齐家村，林州市任村镇白家庄村，林州市任村镇牛岭山村马刨泉村，林州市任村镇盘龙山村，林州市任村镇皇后村，林州市任村镇后峪村，林州市五龙镇石阵村中石阵村，林州市五龙镇七峪村，林州市石板岩镇贤麻沟村，林州市石板岩镇石板岩村东湾村，林州市石板岩镇西乡坪村，林州市石板岩镇高家台村；鹤壁市鹤山区鹤壁集镇西杨邑村，鹤山区姬家山乡西顶村，鹤山区姬家山乡石门村，鹤山区姬家山乡沙锅窑村，鹤山区姬家山乡蒋家顶村，鹤山区姬家山乡施家沟村，山城区石林镇中石林村，山城区鹿楼乡寺湾村，淇滨区上峪乡柏尖山村，淇滨区上峪乡老望岩村，淇滨区上峪乡白龙庙村，淇滨区上峪乡桑园村，淇县灵山街道大石岩村；新乡市卫辉市狮豹头乡土池村，卫辉市狮豹头乡里峪村，卫辉市狮豹头乡定沟村，辉县市南村镇西王村，辉县市南村镇丁庄村，辉县市南寨镇齐王寨村，辉县市黄水乡韩口村，辉县市张村乡赵窑村，辉县市沙窑乡新庄村；焦作市山阳区苏家作乡寨卜昌村，修武县西村乡东交口村，孟州市西虢镇莫沟村；濮阳市华龙区岳村镇东北庄村；许昌市禹州市鸠山镇天垌村，禹州市鸠山镇魏井村；三门峡市陕州区张汴乡曲村，卢氏县文峪乡大桑沟村，灵宝市朱阳镇两岔河村；南阳市南召县云阳镇铁佛寺村石窝坑村，方城县柳河乡段庄村王老庄村；商丘市梁园区谢集镇西街村老谢集村，睢阳区李口镇清河口村刘旬庄村；信阳市光山县弦山街道同心村黄底下组，光山县泼陂河镇雀村宋桥组，光山县凉亭乡梁冲村晏洼组，光山县槐店乡陈洼村陈洼组，光山县文殊乡花山村周洼组，新县沙窝镇朴树店村宋冲组；周口市商水县邓城镇邓城东村；济源市邵原镇双房村，思礼镇水洪池村。

三　河南省评定的传统村落名录

按照中国传统村落评选要求，我省先后三批评选认定省级传统村落，共有496个村落被列入河南省传统村落被名录（不含已列入中国首批传统村落名录的16个）。

第一批　305个

郑州市（12个）

登封市大冶镇垌头村，大冶镇朝阳沟村，徐庄镇柏石崖村，大金店镇大金店老街村，颍阳镇刘村，君召乡君召村，君召乡三过尧村，君召乡胥店村，中岳街道北高庄村，新密市刘寨镇吕楼村，荥阳市高村乡油坊村，高村乡刘沟村。

洛阳市（17个）

洛宁县河底镇城村，东宋镇丈庄村，洛宁县上戈镇上戈村，底张乡草庙岭，孟津县朝阳镇卫坡村，常袋镇石碑凹村，会盟镇扣马村，汝阳县城关镇云梦村，小店镇圣王台村，陶营乡铁炉营村，陶营乡南庄村，蔡店乡蟒庄村，嵩县田湖镇程村，大章镇大章关帝庙村，九店乡石场村，白河镇下寺村，新安县石井镇寺坡山村。

平顶山市（77个）

汝州市蟒川镇半扎村，宝丰县城关镇宝丰老城村，周庄镇余官营村，周庄镇东崔庄村，闹店镇周营村，闹店镇闹店村，石桥镇高铁炉村，石桥镇石桥村，石桥镇高皇庙村，商酒务镇北张庄村，商酒务镇赵官营村，商酒务镇何庄村，商酒务镇柳林村，商酒务镇龙泉寺村，商酒务镇商酒务村，大营镇滴水崖村，大营镇大营村，大营镇白石坡村，大营镇观音堂村，大营镇段寨村，大营镇石板河村，张八桥镇西马庄村，张八桥镇姚店铺村，杨庄镇小店村，肖旗乡韩店村，肖旗乡范庄村，赵庄乡魔冢营村，赵庄乡周旗营村，赵庄乡官衙村，赵庄乡大韩庄村，前营乡大连庄村，前营乡大店头村，李庄乡贺窑村，李庄乡马庄村，李庄乡翟集村，李庄乡程庄村，郏县冢头镇西寨村，冢头镇北街村，冢头镇东街村，冢头镇李渡口村，安良镇水泉村，安良镇狮东村，安良镇山头张村，安良镇曹沟村，安良镇高楼村，安良镇雷庄村，安良镇朱洼村，安良镇安南村，薛店镇吴村，长桥镇豆堂村，长桥镇大李楼村，茨芭镇齐村，茨芭镇苏坟村，黄道镇前谢湾村，李口镇李家口村，李口镇椅子圈村，王集乡侯店村，王集乡柴堂村，姚庄回族乡礼拜寺村，姚庄回族乡小张庄村，姚庄回族乡三郎庙村，广阔天地乡辛庄村，广阔天地乡杨庄村，广阔天地乡邱庄村，广阔天地乡大李庄村，广阔天地乡吴堂村，广阔天地乡杨赵庄村，广阔天地乡寇庄村，广阔天地乡板场村，广阔天地乡白龙庙村，广阔天地乡王庄村，鲁山县背孜乡背孜村，仓头乡仓头村，瓦屋乡李老庄村，张店乡邢沟村，张官营镇楝树村，叶县仙台镇董寨村。

安阳市（14个）

滑县道口镇顺南街村，道口镇顺北街村，牛屯镇暴庄村，万古镇樵邱村，万古镇西万古村，老店乡马兰集村，慈周寨乡前李方屯二村，小铺乡三家村，安阳县安丰乡渔洋村，蒋村镇西蒋村，林州市任村镇任村村，石板岩乡漏子头村，石板岩乡王相村，石板岩乡朝阳村。

鹤壁市（19个）

鹤山区九矿街道办事处乡龙宫村，鹤山区姬家山乡施家沟村，姬家山乡王家站村，浚县卫溪街道办事处顺河村，卫溪街道办事处西街村，屯子镇郑厂村，伾山街道办事处西杨玘屯村，新镇镇淇门南街村，新镇镇新镇村，卫贤镇后草店村，浚州街道办事处秦李庄村，白寺乡白寺村，淇滨区上峪乡镇柏尖山村，上峪乡镇白龙庙村，金山办事处镇庞村，淇县黄洞乡纣王店村，灵山街道办事处凉水泉村，山城区鹿楼乡肥泉村，鹿楼乡大胡村。

新乡市（5个）

长垣县蒲东街道办事处学堂岗村，丁栾镇杜沙邱村，魏庄镇大车村，恼里镇蔡占村，封丘县陈桥镇陈桥村。

焦作市（22个）

孟州市大定街道办事处庙底村，河阳街道办事处缑村，化工镇横山村，槐树乡龙台村，沁阳市常平乡九渡村，常平乡山路平村，温县赵堡镇陈家沟村，招贤乡安乐寨村，武陟县大封镇大司马村，龙源镇万花村，嘉应观乡西营村，乔庙乡冯丈村，小董乡北归善村，小董乡磨庄村，小董乡小董村，岸上乡一斗水村，修武县岸上乡东岭后村，西村乡平顶爻村，西村乡双庙村，西村乡后河村，西村乡陪嫁妆村，中站区府城街道办事处北朱村。

濮阳市（3 个）

南乐县城关镇南街村，寺庄乡邱辛店村，寺庄乡前郭村。

许昌市（1 个）

许昌县苏桥镇杜寨村。

漯河市（2 个）

临颍县台陈镇台陈村，舞阳县章化乡简城村。

三门峡市（28 个）

湖滨区会兴街道会兴村，灵宝市大王镇西路井村，川口乡三圣村，朱阳镇秦池村，朱阳镇朱阳村，尹庄镇杨公寨村，尹庄镇北厥山村，焦村镇沟东村，卢氏县杜关镇民湾村，官道口镇瓮观村，朱阳关镇杜店村，陕县西张村镇人马寨村，西张村镇反上村，西张村镇南沟村，观音堂镇石壕村，张汴乡寺院村，张汴乡刘寺村，张汴乡北营村，渑池县陈村乡池底村，段村乡赵沟村，段村乡赵坡头村，段村乡上中关村，南村乡关底村，南村乡金灯河村，天池镇陶村，坡头乡圪増村，仁村乡马跑泉村，义马市东区办事处石佛村。

南阳市（26 个）

邓州市构林镇古村，十林镇习营村，刘集镇老户周村，刘集镇杜营村，裴营乡魏寺村，陶营乡高李村，方城县独树镇砚山铺村，博望镇博望村，拐河镇西关村，南召县云阳镇老城村，崔庄乡粮食川村，云阳镇大关村，马市坪乡转角石村，邓州市张村镇上营村，社旗县陌陂乡陌陂街村，唐河县桐寨铺镇东张营村，城郊乡北张湾村，桐柏县城郊乡北杨庄村，大河镇李沟村下黄连沟村，回龙乡柞楼村，宛城区黄台岗镇范蠡村，卧龙区龙兴乡古庄渔村，淅川县荆紫关镇中街村，荆紫关镇南街村，镇平县石佛寺镇大仵营村，高丘镇陈营村。

商丘市（14 个）

民权县白云寺镇白云寺村，宁陵县张弓镇北村，阳驿乡吕坟村，睢县后台乡闫庄村，睢阳区郭村镇北街村，高辛镇潘庙村，古宋乡火神台村，虞城县营廓镇周庄村，店集乡魏堌堆村，闻集乡郭老家村，古王集乡堌堆坡村，柘城县长江新城管委会乡路庄民舞村，永城市鄼城镇鄼南村，茴村镇茴村。

信阳市（44个）

光山县净居寺名胜管理区杨帆村，泼陂河镇黄涂村龚冲村，泼陂河镇何尔冲徐楼村，晏河乡万湾村向冲村，晏河乡熊畈村，淮滨县张庄乡张庄村，罗山县周党镇东街村，周党镇中山村围子村，周党镇吊桥村姜冲大湾村，周党镇朱楼村红石崖村，定远乡刘店村御碑亭村，朱堂乡肖畈村，朱堂乡陈家沟村，朱堂乡朱堂村北场村，山店乡鸡笼村洞沟村，山店乡张湾村下张湾村，山店乡张湾村上张湾村，山店乡鸡笼村独田洼村，山店乡胡畈村姚河村，莽张镇天湖村张洼村，灵山镇高寨村熊西楼村，灵山镇高寨村王大湾村，旅游局乡灵山村河东村，潘新镇陡山村陈望楼村，彭新镇明月村董洼村，彭新镇明月村曾楼村，彭新镇杨店村尤庄村，潘新镇张洼村，平桥区肖店乡邱湾村，五里店街道办事处曹湾村，商城县鄢岗镇鄢岗村，长竹园乡张花店村何家冲村，长竹园乡汪冲村四方洼村，冯店乡郭店村四楼湾村，何凤桥乡观音山村，金刚台乡南楼村，吴河乡万安村何老湾村，达权店镇何畈村，达权店镇黑河村，达权店镇新店村，浉河区柳林乡柳林老街，新县周河乡毛铺村楼上楼下村，卡房乡卡房村二畈村民村，箭厂河乡竹林村四角曹门村。

周口市（15个）

郸城县丁村乡丁村从楼村，扶沟县柴岗乡支亭村，城关镇西关村，城关镇书院村，县城关镇大寺村，白潭镇三所楼村，练寺镇金村，商水县邓城镇邓村，沈丘县槐店镇中心街，大邢庄乡申段庄村，太康县老冢镇谢堂村，毛庄镇陶母岗村，西华县聂堆镇思都岗村，项城市官会镇蔡庄村蔡庄，王明口镇袁寨村。

驻马店市（6个）

泌阳县官庄镇龙水村委夏庄，正阳县寒冻镇堰北刘村，确山县竹沟镇竹沟村，汝南县梁祝镇马北村，西平县杨庄乡仪封村，吕店乡董桥村。

第二批　95 个

郑州市（4 个）

巩义市康店镇康南村，鲁庄镇小相村，西村镇东村村，大峪沟镇海上桥村。

洛阳市（12 个）

汝阳县大安工业园区曹刘庄村，宜阳县张坞镇苏羊村，洛宁县下峪镇后上庄村，栾川县潭头镇大王庙村，潭头镇拨云岭村，潭头镇党村，潭头镇张村村，三川镇火神庙村抱犊寨，洛龙区龙门镇田山村，李楼镇楼村，新安县铁门镇土古洞村，石井镇东山底村。

平顶山市（26 个）

宝丰县大营镇牛庄村，大营镇大沈河村，大营镇古垛村，叶县叶邑镇中村，鲁山县梁洼镇鹁鸽吴村，瓦屋镇土桥村，郏县白庙乡团造村，冢头镇梁庄村，冢头镇柏坟周村，茨芭镇山头赵村，李口镇寺杨村，李口镇郭楼村，李口镇张沟村，李口镇周沟村，薛店镇冢王南村，薛店镇后冢王西村，渣园乡宋堡村，渣园乡林村，汝州市夏店乡山顶村，焦村乡王楼村，焦村乡张村，纸坊镇赵南村，纸坊镇纸东村，大峪镇杨窑村西坡村，大峪镇后坡村，大峪镇青山后村。

安阳市（7 个）

林州市五龙镇中石阵村，五龙镇七峪村，任村镇盘阳村，石板岩乡南湾村，石板岩乡草庙村，石板岩乡梨园坪村，滑县慈周寨镇尹庄村。

鹤壁市（5 个）

淇滨区大河涧乡牛横岭村，大河涧乡河口村，淇县黄洞乡石老公村，黄洞乡温坡村，浚县屯子镇码头村。

新乡市（4 个）

辉县南寨镇凤凰山村，西平罗乡西平罗村，拍石头乡张泗沟村，沙窑乡郭亮村。

焦作市（4 个）

博爱县寨豁乡青天河村，苏家作乡寨卜昌村，修武县西村乡桃园村，西村乡长岭村。

濮阳市（1 个）

华龙区岳村乡东北庄村。

许昌市（4 个）

禹州市浅井镇扒村，浅井镇浅井村，花石镇花南村，花石镇白北村。

漯河市（1 个）

召陵区姬石镇范寨村。

三门峡市（1 个）

灵宝市焦村镇南上村。

南阳市（7 个）

方城县广阳镇三贤村，赵河镇石寨村，唐河县毕店镇张心一村，马振抚乡前庄村，桐柏县城郊乡毛坡村闵庄村，社旗县太和镇刘集村太和村，罗庄镇高庄村大小寨。

信阳市（19 个）

光山县南向店乡董湾村向楼，商城县余集镇迎水村余老湾村，浉河区董家河镇三角山村钱家大湾，董家河黄龙寺村围墙湾村，董家河镇三角山村张家湾村，新县八里畈镇南冲村南冲大湾，卡房乡河山村黄冲村，苏河乡朱店村郭冲，苏河乡新光村钱大湾，香山湖管理区水塝村袁河村，新集镇黄湾村大屋店，陈店乡程七湾村，田铺乡黄土岭村张田铺村，田铺乡田铺大弯村，陡山河乡白沙关村白沙关，周河乡西河村大湾，固始县秀水办事处阳关村，洪埠乡戴店村，武庙镇锁口村。

第三批　96 个

郑州市（5 个）

新密市大隗镇大隗村，超化镇超化村，米村镇范村，荥阳市高山镇石洞沟村，登封市徐庄镇杨林村。

开封市（9 个）

杞县葛岗镇古空桑村，通许县冯庄乡杨庄村，长智镇岳寨村，长智镇后七步村，孙营乡南李佐村，祥符区朱仙镇估衣街村，朱仙镇西街村，杜良乡国都里村，尉氏县洧川镇南街村。

洛阳市（11 个）

洛宁县下峪镇故东村，小界乡李家原村，汝阳县刘店镇腾岭村，新安县北冶镇甘泉村，仓头镇孙都村，石井镇井沟村，石井镇王家沟村，石井镇山窝村，栾川县潭头镇古城村，潭头镇汤营村，潭头镇石门村。

平顶山市（10 个）

郏县薛店镇张武楼村，渣园乡马鸿庄，安良镇苗楼村，茨芭镇马山村，鲁山县梁洼镇半坡阳村扒头郭村，背孜乡东山村，汝州市骑岭乡河坡村，纸坊镇纸北村，纸坊镇武巡村，大峪镇火石岭村。

鹤壁市（20 个）

山城区石林镇三家村，石林镇时丰村，石林镇卜家沟村，石林镇黑塔村，石林镇赖家河村，鹿楼乡后营村，鹿楼乡寺湾村，鹿楼乡陈家湾村，鹤山区鹤壁集镇梨林头村，鹤壁集镇大吕寨，鹤壁集镇前蜀村，鹤壁集镇曹家村，姬家山乡张家沟村，姬家山乡高洞沟村，淇县黄洞乡东掌村，黄洞乡西掌村，黄洞乡鱼泉村，高村镇高村，北阳镇油城村，灵山办事处赵庄村。

新乡市（2 个）

辉县市沙窑乡水磨村，市南寨镇齐王寨村。

许昌市（5 个）

禹州市张得镇张西村，无梁镇王家村，神垕镇东大村，无梁镇龙门村，郭连镇课张村。

三门峡市（4 个）

灵宝市焦村镇东村，豫灵镇底董村，渑池县张村镇苏秦村，陕县西张村镇丁管营村。

南阳市（6 个）

淅川县盛湾镇土地岭村，唐河县祁仪乡王田村，桐柏县月河镇西湾村，邓州市白牛镇刘楼村，白牛镇竹筲陂村，罗庄镇青冢村。

信阳市（19 个）

平桥区五里店办事处郝堂村，邢集镇罗楼村熊庄组，息县谯楼街道办事处庞湾村，罗山县灵山风景区灵山社区莲塘组，光山县泼陂河镇黄涂湾村汪湾组，晏河乡李畈村南李洼组，晏河乡管围孜村徐畈组，马畈镇代洼村杨柳湾组，新县郭家河乡土门村徐冲组，郭家河乡柴楼村汪山组，沙窝镇朴店村宋冲组，田铺乡塘畈村西高山组，田铺乡香山湖管理区水塝村韩山村，卡房乡卡房村楼子湾组，卡房乡王畈村戴河组，卡房乡胡湾村刘咀村，陡山河乡刘湾村程洼组，商城县金刚台镇杜畈村，固始县段集镇齐山村。

周口市（3 个）

西华县逍遥镇北门村，黄泛区农场尹坡村，黄泛区农场郭庄。

驻马店市（2 个）

确山县竹沟镇黄石头庄，西平县师灵镇藏王庙村。

四　河南省部分传统村落介绍

（一）洛阳市孟津县卫坡村

卫坡村位于孟津县朝阳镇，因名门望族卫氏家族常居此地而得名。该村初建于清顺治年间，兴盛于清乾隆年间，先后出过 4 位诰命夫人、26 位七品以上官员。现存清代民居建筑 16 所，南北有两大建筑群。街南全是七进院，街北则是五进院，分别有宗祖祠堂、靠山窑洞、天井窑院、私塾院等。建筑组团式布局，庭院侧门互通，厅堂格局气派，格调自然，建筑庄重古朴，木雕砖雕工艺精美，属典型的官宦私宅建筑布局结构，具有较高的历史文化与研究价值。

卫坡村还有几十处古老的天井窑院，这是过去卫坡人的一种住房形式，现在保存完整的窑院仍然有人居住，并成为当地一道十分独特的景观。天井窑院俗称地坑院，是在平整的黄土地上深挖而成的，被称为中国北方的地下“四合院”，其距今已有 4000 年的历史。豫西地区是我国天井窑院的主要分布地区之一。卫坡地处豫西邙山上，黄土深厚，土质干燥，极宜开挖冬暖夏凉、节省材料的窑洞。一大家子居于其中，安静舒适。现在，这种独特的建筑形式吸引着越来越多的人的关注。

让人感到意外的是，在一个卫坡村子里，堂皇豪华的清代官宅竟然与最古朴的地坑院同处一地，这更能佐证中原民居建筑模式在长期的发展中因地制宜地，向不同形式嬗变，从而使豫西及山陕地区黄土高原窑洞和地坑院民居蔚为大观。

卫坡村古民居为河南省重点文物保护单位，卫坡村为河南省历史文化名村。

（二）卫辉市小店河村

卫辉市小店河村位于卫辉市太行山东麓，是河南省第二批历史文化名村之一。该村始建于清代乾隆年间，迄今已有近 280 年的历史，整个村寨坐西向东，纵贯南北，有寨门、寨墙、二十三座四合院及多个单体建筑，保留的民居大多为清朝中期和民国时期的建筑，是目前中原地区保存完整、规模宏大、清代特色显著的不可多得的建筑群。

小店河清代古村寨布局合理，规模宏伟，依山傍水，景色秀丽。大多建筑修筑于明清时期，依山而建，内有房间百余，从下至上布局三至四层。每家一个院落，有门坊，正面一主楼，下面两厢房，组成四合院。院中比较空旷，常栽有梨、杏等树。正楼一般一层，最富人家有两层。门、窗、楼廊有雕花，刻有卷叶菊花、饕餮等纹饰，十分精美。瓦当上有福字，屋檐飞拱，雕有龙凤。门楣与屋两角常刻有祈福或颇有诗意的文字，如吉祥、如意、作善降祥、侨雪山房等，中原传统文化渗入其各个角落。

据阎氏家谱记载，清乾隆十三年（公元 1748 年），小店河村由阎氏第十世宗祖阎榜所建。阎氏祖居山西林虑，几经迁徙，至第九世阎无觉时，举家由林县吕儿庄迁至汲县(今卫辉市)，后又由其子阎榜兄弟二人，于乾隆十三年迁至沧河沿岸，在沧河边上建一小店铺，故取名小店河。

村寨坐西向东，纵贯南北，现存寨墙、寨门、十座院落、二十三座四合院、八十六座房屋。其房屋建筑呈梯形，建筑风格采用明清流行的硬山式建筑。据考证，清道光年间，闫氏有三兄弟，由于兄弟三人的生活道路不同，村寨便留下了不同模式的建筑。老大重耕织，建房保持了中原传统的三门四户的四合院、三进院过厅式建筑，由东向西呈梯形。这就是民间常说的不出“三门四户”。老二仕途顺利，按照京城阁楼式建筑图纸，修建了宫式阁楼庄园，并融合了中原建筑特色，全庄园四合院、四进院，建筑规模宏伟，大有鹤立鸡群之势。老三生意兴隆，靠官经商、富甲乡里，修建了包括地下室在内的楼阁庭院数座，护院和雇工居住的房屋大而阔，且靠近南北寨墙。

（三）罗山县何家冲村

何家冲村位于罗山县铁铺乡东部，三面环山，山峰相连，层峦叠嶂。此地苍翠绿荫，奇石峭崖，清泉流水，古今建筑相映生辉。全村总面积为34平方千米，共有8个村民组，331户，1207人。是著名的“北上先锋”红二十五军的长征出发地。1996年被批准定为国家重点文物保护单位。现为中宣部命名的“全国爱国主义教育示范基地”，是全国100个红色经典旅游景区和全国30条红色旅游线路之一，也是河南省第二批历史文化名村之一。

何家冲是一块红色的土地。1926年，中国共产党在此建立了农民协会。1929年建立了赤卫队。1932年红四方面军从此西撤，红二十五军和鄂东北省委在此坚持斗争。1934年11月16日，红二十五军在千年古树“银杏树”下出发长征，军部就设立在明代建筑“何氏祠”这栋饱经风霜的四合院内，同是明代建筑的何大湾四大楼门，四进层，户户相通的何家群体大院为红二十五军医院。抗日战争时期，何家冲成为豫鄂边区抗日根据地的组成部分。何家冲、何氏祠、何大湾、银杏树、红军碾、红色群众六位一体的地、物、人等综合鉴证，构成了独具特色的红色资源。

何家冲突出特色抓经济，坚持“红带绿，绿托红”的开发思路，大力发展山区生态经济、红色旅游经济、民营经济、劳务经济，逐步形成了林、栗、果、茶、菌、红色旅游六大支柱产业。群众和集体收入逐年增加，全村实现了“六通”，即组通、户通水泥路、通电、通自来水、通电话、通有线电视、通广播。建成了高标准的村部办公楼、村卫生室和江泽民同志题写名字的“八一”希望小学，办公实现现代化、电脑化，人人享有养老保险和医疗保险，2010年人均纯收入5108元，逐步发展成文明、富裕、和谐的新农村，成为豫南明星村。

在各级党委政府和各界人士的大力支持下，何家冲争取资金千余万元，根据国家级专家设计的宏图，全力打造红色和生态旅游一体化的精品旅游景区，红二十五军长征出发地——何家冲将更新的面貌展现给各界游人，形成了鸡公山—灵山—何家冲旅游专线，2005年9月27日在红二十五军军部旧址前成功举办了徐海东大将的邮票首发仪式。何家冲先后荣获全国文明村镇先进单位、省级历史文化名村、省级电话村、省生态文明村、省扶贫开发先进单位、信阳市农村改革发展综合试验区建设示范村、罗山县红旗村等荣誉称号。

（四）鹤壁市大胡村

鹤壁市山城区鹿楼乡大胡村，坐落在汤河北岸，三面环水，一条李家胡同纵贯整个李家大院，布局严谨，整齐端庄，气势恢宏，古色古香。其设计之精巧，建筑之考究，令人叹为观止。李家大院充分体现了我国明清民居建筑的独特风格，具有极高的观赏、旅游和科考价值，也是一座独特的古代建筑艺术宝库，被当地村民称为“小故宫”。

李家大院是一处始建于清代中期的古建筑群，位于大胡村中部，由明朝工部尚书李遂建造，距今约500年，据《李氏家谱》记载：“李十三兄弟四人皆以行为名，明洪武二年（公元1369年）奉旨携资自山西壶关县庶长镇小圪台村迁居此地。”李遂曾任水都一职，看中大胡村三面环水的风水宝地，才大兴土木建成这个院子。为了保证质量，特地在周围建了十几座砖瓦窑，昼夜不停地施工建造。大院坐北朝南，呈双喜结构，占地50余亩；由五个并排的九门相照的楼院组成，共有房屋1500余间，最高的建筑有20余米；每个庭院里都有哨卫楼、仆人院、柴院等。整个建筑群巍峨壮观，精雕细刻，四梁八柱、花墙砖雕、屋檐陶兽……无不彰显着当时主人的威严与尊贵。

据记载，李家大院的圆门上方砖雕有宜风、宜雨、宜雪、宜晴的字样，当年进入李家大院北边的会客楼，必须经正门，“走圆门，过天桥，后花园里逛一遭”，最后才能到达会客厅。女儿楼建于明朝嘉靖年间，是明弘治年间工部尚书李遂孙女李枝用自己的私房钱所建，女儿楼奢华高贵，当时为盖这座楼一共用了18窑砖，石材全部用浚县屯子石头，用了120方，从窗棂的雕刻到墙体的修饰和门头石雕“平为福”均精雕细刻，建筑巍峨壮观，显示着主人的威严与尊贵。

哨卫楼是由李遂亲自设计规划建造的大院防御工程，高达20米，共5层，地下一层，地上四层，是整个古村落里最高的一座楼，哨卫楼结构复杂，布局严密，地上第一层的地面为活动地板，下面则隐藏着深达数米的陷阱，这是为防御外人入侵而专门建造的，哨卫楼在这里也有人叫它看家楼，楼顶上的垛墙和探口伸向半空，大院里高高耸立的几座哨卫楼彰显着当年大院主人的威严。

天井院建于清朝乾隆年间，是河南嵩县知县李塾的故居，据李氏宗谱记载，李塾，字育英，是河南府嵩县儒学教谕。天井院由主楼和四周楼房联结而成，中间围成一个小天井，可称为天井院，也称"四水归堂"，大院坐北朝南，雕刻有砖雕、石雕、木雕三种，屋顶有排山、神兽等构件，显得气势非凡。

（五）临颍县小商桥村

临颍县小商桥村位于临颍县皇帝庙乡，与漯河市郾城区商桥镇商桥村相邻，南距漯河市区 12 千米，北距临颍县城 10 千米，东临 107 国道，西靠京广铁路。小商河因古时商王经此而得名，桥因河而取名，河因桥而出名，村因桥而成名。

小商桥原位于历代官道上，为敞肩单孔石拱桥，长 20.87 米，宽 6.67 米。大拱净跨 11.6 米，矢高 2.13 米，拱券面厚 0.65 米；小拱净跨 2.13 米，矢高 1.2 米；两岸小拱脚间距 20.2 米。主拱和小拱均由 20 道拱石并列砌筑而成，主孔每块拱石间均由咬铁连接。小商桥始建于隋开皇四年（公元 584 年），唐、宋、元、明时期多次重修。因其处于中原腹地，扼南北交通要塞，一桥当关，万夫莫开，金戈铁马和刀枪箭镞使小商桥落下了千疮百孔；它虽饱经风霜，但岿然不动，承载着中原沧桑变换的厚重历史。

小商桥是河南省现存最古老的石拱桥。桥主体结构为唐宋风格，是中国著名的桥梁之一。桥的主体——拱桥、桥基、雁翅均用红砂岩砌成，桥面用青石铺砌，栏板上雕刻有形态各异的石狮、莲座、仙桃等，雕工精细，造型生动，栩栩如生。1992 年国家文物局古建专家组组长、著名古建专家罗哲文先生考察小商桥。当年，小商桥整修方案经由省文物局呈报国家文物局批准；1994 年完成小商桥维修。

小商桥村在历史上真正的名气，还是源于北宋杨家将的后代、岳家军大将、民族英雄杨再兴抗击金兵，马陷小商河，被金兵乱箭射死，壮烈牺牲的感人故事。

杨再兴，江西吉水人。宋绍兴十年（公元 1140 年），岳飞在郾城大败金兵，金国元帅兀术匆忙调兵进行包围，逼岳家军退兵。杨再兴将军单骑冲破敌军合围，手杀数百人，兀术又屯兵十二万，驻守临颍县城，杨再兴带三百骑兵，在小商桥遇到兀术大军，他力杀二千余人，最后被金兵团团围住，陷入小商河烂泥之中。兀术见杨再兴英勇异常，自己兵将都不敢上前，就命令大军乱箭齐射，杨再兴遇害于河中。岳飞闻讯，到小商桥哭祭杨再兴，从烂泥中找到了英雄的尸体，火化后捡出箭镞二升，并把杨再兴葬于商桥东，用枪尖在石上刻下“再兴坟墓”四个大字，立于墓前。为纪念抗金民族英雄宋统制杨再兴将军，明正德十五年（公元 1520 年）为其建庙。1963 年被定为省级重点文物保护单位。

（六）郏县苏坟村

苏坟村位于郏县西北部的汴—洛古道上，距河南省平顶山市郏县县城 27 千米，在城西小峨嵋山东麓茨芭乡，因附近有传说中的黄帝钧天台，宋代置钧台乡，村归上瑞里，后称“后王村”。近代因村周筑有防匪石寨而又被称为“人和寨”。新中国成立后，因村内有北宋著名文学家苏轼、苏辙墓及其父苏洵衣冠冢而被称为“苏坟村”，并一直沿用至今。

苏坟村主要有三苏坟园、广庆寺、三苏祠及特色民居等。以王京堂宅院、王法志宅院、王耕需宅院为代表的特色民居分别位于老南门街、后街、老街等处。建筑面积达 2000 多平方米。

三苏坟在苏坟村东南隅。背嵩阳，面汝水，山川秀丽，风景宜人。北宋大文学家苏轼、苏辙与其父苏洵衣冠葬此，至今有 900 多年的历史。苏坟为历代文人墨客所景仰，留有许多珍贵的诗文碑刻。1956 年被评为河南省重点文物保护单位，2006 年被评为国家级重点文物保护单位。

三苏原籍四川眉山，在文学上成就卓著，又是宋朝命官，走南闯北，作古后为何安葬于河南郏县？追溯其中缘由，归于苏轼。

苏轼的父亲苏洵，“年二十七，始大发愤，谢其素所往来，闭门读书”，嘉祐初年，得欧阳修推举，以文章显名于世。历官秘书省校书郎、霸州文安县主簿。苏轼自幼受父亲的熏陶和母亲的严教。苏轼的母亲程氏是一位很有教养的妇女，饱读诗书，深明大义。她亲自教苏轼读书，引导苏轼效法先贤，树雄心，立大志，以“澄清天下”为己任。嘉祐二年（公元 1057 年）苏轼考中进士，初任河南福昌（今伊川西）主簿，后经制科考试，进策二十五篇，提出自己的政治主张，被任命为大理评事签书凤翔府。熙宁年间（公元 1068—1077 年），因历史上闻名的“乌台诗案”被贬谪黄州，后移汝州。从此，苏轼在宋朝政坛上几起几落，曾出知杭州、颍州，官至礼部、兵部尚书，也曾遭贬至惠州、儋州。

苏辙，字子由，与兄为同科进士。初任渑池县主簿。在政治上与兄苏轼共进退。官至尚书右丞、门下侍郎。绍圣年间（公元 1094~1097 年）落职汝州，复责雷州安置。晚年筑室于颍昌（今许昌市），称颍滨遗老。苏辙也以文章闻名于世。苏氏父子占“唐宋八大家”中的三大家。

苏辙于绍圣元年（公元 1094 年）出知汝州，其间，苏轼由定州南迁英州，便道于汝，与弟相会。苏辙领兄游观汝州名胜。郏城县属汝州，自古就有龙凤宝地之美称，黄帝钧天台更是有名。兄弟二人登临钧天台，北望莲花山，见莲花山余脉下延，“状若列眉”，酷似家乡峨眉山，就议定以此作为归宿地。建中靖国元年（公元 1101 年），苏轼卒于常州，留下遗嘱葬汝州郏城县钧台乡上瑞里。次年，其子苏过遵嘱将父亲灵柩运至郏城县安葬。政和二年（公元 1112 年），苏辙卒于颍昌，其子将其与苏轼葬于一处，称“二苏坟”。苏洵本葬于眉州眉山故里。元至正十年（公元 1350 年）冬，郏城县尹杨允到苏坟拜谒，谓：“两公之学实出其父老泉先生教也，虽眉汝之墓相望数千里，而其精灵之往来，必陟降左右。”遂置苏洵衣冠冢于两公冢右。这样，原来的二苏坟就成了三苏坟。

三苏坟由三苏陵园、广庆寺、三苏祠三部分组成。三苏陵园，总面积为 14800 平方米，坐北向南。步入神道，古柏相映。甬道两侧有石柱、石马、石羊、石虎、石狗、石人相对排列，仪仗严整。陵园门两侧有一对石雕雄狮。进入红漆大门，迎面是一座高 5 米、宽 3 米的红石牌坊，横眉镌刻“青山玉瘗”四个苍劲有力的大字，背面是明代进士、浙江右布政使王尚䌹的《祭三苏先生文》。左右石柱隶刻苏轼《狱中示子由》词句：“是处青山可埋骨，他年夜雨独伤神。”过石坊，东边有斋房五间，是过去官宦、名流祭三苏、吃素沐浴之处。正中为飨堂，系康熙四十七年重建，堂内立有各代碑刻、四壁嵌有众多石碣。堂后为祭坛，坛后三冢隆起，中为苏洵衣冠冢，东为苏轼墓，西为苏辙墓。三墓西南一字排列6个墓冢，为苏轼六公子墓。园内有古柏588株，多为明清时所植，枝繁叶茂，苍翠挺拔。广庆寺、三苏祠坐落在陵园西南300米处，前寺后祠，占地面积6903平方米。广庆寺大门为南天门，入大门是天王殿、大雄宝殿，三苏祠殿在最后。三苏祠殿建于元代至正年间，内有三苏彩色塑像，苏洵居中，苏轼、苏辙左右分侍。殿内外有金、元、明、清石碑，清代的“三苏先生佳城图”碑尤为突出。

三苏坟被定为全国重点文物保护单位后，郏县在保护区内兴建了三苏园景区，修建了三苏文化展馆，并在珍藏有全国著名书法家同书苏轼《念奴娇 · 大江东去》词的一期东坡碑林基础上，又兴建有以三苏手迹和历代名人书写的东坡的诗词歌赋墨宝的二期碑林。每年的清明节，都有公祭三苏的活动，世界各地的苏姓后裔和各界群众都纷纷赶来，参与这一文化盛典。

（七）固始县锁口村

锁口村地处固始县武庙乡，是一个被群山环绕的山村。排列在其四周的600米以上的山峰就有杨岭头、桃尖山、白庙杨山、皇姑山、朱家寨山、天字山、蜡台山、蚂蚁山等，构成了天然屏障，使整个锁口村俨然成为世外桃源。在农耕文明时代，这种封闭的环境是人们十分推崇的。走在锁口的阡陌之间，老人们会向你津津乐道地讲述锁口村的文明与历史。

锁口村因其风水形胜，历朝历代都为达官贵人所钟情。这里王姓为第一大姓，约占全村人口的30%，翻开王姓族人保存的清光绪年间重修的《王氏族谱》，方知原来这里王姓本不姓王，而姓蔡。元朝末年，时任镇国将军的蔡国祯、蔡可作父子，本福建人。败于朱元璋，遂卜居蔡姓祖居地铁锁口。明朝定鼎之后，朱元璋爱惜其父子之将才，下诏征蔡国祯、蔡可作父子为昭武将军。蔡国祯不愿做明朝将军，遂自杀以谢元朝故主，蔡可作将军叫来三个儿子，长蔡襄、次蔡让、三子蔡宝，命他们的儿子易母姓，分别改为李姓，汪姓和王姓，以避祸。蔡可作将军安排好后事之后便自尽而去。

风雨700多年，蔡可作将军的后人已发展成豫、皖二省交界一带的旺族，他们的子孙也很少知道这段辛酸的往事，只有当族中的遗老翻开那变色的族谱时，人们或可知道这锁口连着多少人的心结。其实古村锁口的美还在于其清丽与古朴。那挺拔的翠竹，碧绿的茶树，和那承载着历史印记的老房子，都能让你感受到那淡雅的茶香和清纯甘甜的桃花源般的日子。

古村锁口是一个人杰地灵的地方，这里从明初至今有近700年的历史，有八品以上官职的人近60人，有被敕封为正四品的昭武将军，有曾任华阴县县令的，有乾隆皇帝的义女，有民国时期安徽省财政厅厅长，还有新中国成立后任湖北省省长的夏士厚，南海舰队司令员，甘肃省军区司令员等，翻开王姓、李姓、朱姓、谢姓、张姓、万姓、胡姓等锁口大姓的族谱，一个个名字在其中闪烁着光芒。

锁口村也是一个名副其实的长寿村。在这里，年龄高达80多岁是十分常见的，在天字山脚下的一位王姓老太太至今已活了100多岁，她记不得自己何时出生，她的年龄还是从她70多岁的孙子往上推测的。如今，锁口村长寿的秘密受到了越来越多人的关注，有人说是山里的水好，有人说是山里的空气好，也有人说是山里人勤劳的结果，众说纷纭，莫衷一是，但毕竟在物欲横流的世界里，能到此寻得一份安宁也不能不说是现代人难得的福缘。

锁口村又是一块红色的土地，曾经为中国的革命事业贡献了自己的山山水水和英雄儿女。从1931至1933年，锁口村因其特殊的地理环境和交通区位，是苏维埃固始县人民政府所在地和鄂、豫、皖三省苏维埃政府联络处，成为领导固始人民追求光明和幸福的政治、经济、军事中心。红四方面军，红二十五军及红二十八军的红军领导人徐向前、徐海东、王树声、沈泽民、高敬亭、吴焕先、许世友等都曾在这里工作和战斗过。

（八）内乡县吴垭村

吴垭村是隶属于南阳市内乡县乍曲乡画眉铺村的一个自然村，是中原地区极其罕见的传统古民居建筑群，始建于清乾隆八年（公元1743年），现存石头房200余间，依山势而建，错落有致，从基石到屋顶，全由青石垒砌。吴垭村地处内乡县城正西6千米处，紧临新内淅公路即豫52线，经乍瓦路向西南可直达丹江口水库。

吴垭村山清水秀，风光明丽，房子全部用石头建成，没用一点石灰和水泥。走进村子，第一感觉仿佛突然进入了另外一个世界：目光所之处都是石头，曲径通幽石板路，古朴的石头房、石板桥、石台阶、石楼门、石院墙、石厕所、石磨房、石畜圈、石窑、石盆、石槽、石桌、石凳、石臼随处可见，清一色的石墙青瓦，依势而建，错落有致，从基石到屋顶，找不到一块砖，整个村庄像一座青石城堡，掩映在茂林修竹、古藤老树之中，浑然天成，民俗独特，新石器时代文化遗风犹存。这些在全国亦不多见的石头房传统民居建筑群，竟在这儿完好地保存着。这一发现一经媒体报道，很快就引来了前来游览的外地人，使这个远古的村落散发出诱人的清新气息。

村里现有农家 50 来户，就生活在这原生态的山坳里。村舍村貌，处处是石头，环境和谐。石头房有的依山而建，布局灵活；有的借助山势，分层筑台；有的干脆借背后陡峭的崖壁，三边以石头围砌而成。整个村落，高低错落，巧夺天工。吴垭石头村偶然被人发现后，每年有大量的游客前来参观，现为河南省第四批历史文化名村，堪称露天民俗博物馆。

走进这个满是石头的神奇村庄，穿过贯通全村的石板路，村头一块掩映在小树林中的墓碑上记载着吴垭石头村的历史风雨。小村的创始人吴迪元，于公元 1743 年从内乡县湍东镇龙头村堰坡搬来，初来时这里都是荒山，他和家人开荒掘石，圈挖田地，打下的石头垒房居住，开出的荒田撒种布谷，在此生息繁衍，渐成村落。因该村都是吴迪元的后人，所以现在全村都是吴姓人，又因村子夹在两山之间的高地石垭上，故得名“吴垭村”。

说起石头房子，村民们都很骄傲，虽然有的房屋已经破败不堪了，但是只要经过简单的修缮，就可以重新焕发生机。吴垭村生产队的老队长吴新庆说：“这些石头都是干砌，不用泥、灰等任何黏合剂勾缝。虽然看着有缝隙，可外面的寒风戾气却一点也进不到屋内。这是因为在建造时，用麦秸泥把内墙都抹平了，所以不透风，还冬暖夏凉。”

2008 年，吴垭石头村被列为河南省文物保护单位，2009 年又被列为河南省民间文化遗产。第二届“中国景观村落”评选活动启动后，联合国教科文组织北京办事处官员与中国古村落发展与保护委员会秘书长等专家，来到吴垭石头村进行了考察评审。该年 10 月 31 日，经中国景观村落评审委员会终审，河南省的内乡县吴垭村、福建南靖的长教村等 16 个申报单位最终跨进了“中国景观村落”行列，填补了河南“中国景观村落”的空白。

最近几年，每年都有电视剧摄制组来到石头村，借用石屋当作场景拍戏。村民们都比较热情，给剧组端茶倒水、指引道路、提供饭菜，甚至还充当起了临时演员的角色。近年，吴垭石头村的名声逐渐外传，许多城市人都来这儿探古寻奇，吴垭村也乐得开发旅游业，让习惯了高楼大厦、灯红酒绿、车水马龙的城里人耳目一新。

（九）巩义市海上桥村

海上桥村是郑州市巩义市大峪沟镇的一个行政村，位于 310 国道 67 千米处北 3 千米，现有 16 个村民组，561 户，2302 口人，耕地面积 2865 亩，区域面积约 6.7 平方千米，人均耕地面积 1.2 亩，海上桥村早在 20 世纪 70 年代初就创办了自己的企业海上桥机械厂，继而又创办了海上桥第一耐火材料厂、第二耐火材料厂、海上桥印刷厂、郑州市海上桥台圳木业有限公司（台湾合资企业）。海上桥村二十多年的辉煌历程已被载入史册。其社会总产值 5000 万元，人均纯收入 5702 元。

2018 年 12 月，住房和城乡建设部将海上桥村列入第五批中国传统村落名录。

海上桥村人杰地灵，是块风水宝地。据传，海上桥村原有一处天然喷泉，常年涌流不断，滋养了村里世世代代的父老乡亲。有人在东海岸边的一处石洞里撒下朱砂，会在海上桥村的清泉中流出来。老人们说，这是太上老君游历此处，悲悯该地山民干旱缺水，就在崂山海边施法穿洞，把东海之水送到中原山村，此后才有了喷泉涌流，再也不会干旱的景象。久而久之，人们在泉水附近形成了村庄，并起了海上桥这个美丽而浪漫的村名。

海上桥村地处山区，自然风景优美，是一方游览休闲的世外桃源。自古以来古木参天，山色秀丽，石奇泉美，景色诱人，传说中的田净意仙人就居住在这里。该村古建筑保存完好，依山而建，层层叠叠，非常壮观。特别是窑洞与庭院相连，山道胡同，石阶路面，古朴风情，蔚为奇观，成为独特风景，吸引着四面八方闻名而至的游客。北京、上海等大城市的高校学生、艺术家们，不断踏访，乐此不疲，甚至长期租居于此，故此地便成为绘画、影视等的创作基地。

本村台胞王广亚先生，20 世纪中期去台湾后，终身致力于中华民族的教育事业，是在台湾被称为三大“王”之一的教育王，其创办的大学世界闻名。改革开放后，王广亚回大陆创办河南新郑市的升达学院、巩义市的成功学院。尤其是巩义市成功学院的建成，填补了巩义没有大学的空白。海上桥村出去工作的人才众多，各种人才都有，特别是在改革开放之后出外创业经商的数百人现在大多数都已功成名就，也都为家乡的建设与发展做出了不同的贡献。

海上桥人从古到今对文化的发展都非常重视，同时也具有一定的文化底气。据《巩义史话》所讲，早在一千多年前，巩县的中医学就起源于海上桥村。新中国成立前，海上桥村自己创办的私塾学校非常有名气，新中国成立后，历届村支“两委”和广大干部群众积极建设学校，改善孩子们的学习条件。矗立在学校中的建校纪念碑就是历史的见证。目前，随着社会主义新农村的建设和乡村振兴工程的开展，村内文化大院、文化广场、老人活动中心等的建设也都在紧张进行中。阅览室、农民夜校、成年人学校、远程教育都已发挥作用。人们对文化的追求理念一代一代地传承，村里每年都有数位考入大专院校的学生。文化教育的发展必将对其他产业产生巨大影响。

按照新农村建设的二十字方针，现在基础条件已经具备，村内实现了村村通、组组通公路，自来水、公交车、卫生院、公厕与生活垃圾处理、现代通信等已覆盖全村 16 个村民组，乡村文明正让这个古老山村焕发青春活力。而巩义市向中等城市发展的大战略及工业企业向周边拓展，也给海上桥村带来了更大的发展与变化。海上桥村丰富的土地资源、良好的地质条件，为三产的发展提供了便利。

（十）项城市袁寨村

袁寨行政村位于项城市东南 13 千米王明口镇，原名石腰庄。1858 年，袁世凯之父袁保中、祖父袁甲三及叔祖父袁重三以巨资购得石氏庄园，修筑寨堡，由项城城郊袁张营村迁居于此，改称袁寨。

袁寨村系清代建筑群落，建筑规模宏大，总占地面积 18 万平方米，楼瓦房 500 余间，分设住宅、学校、兵营、花园等。其中住宅占地 3 万余平方米，楼房 266 间，砖砌方形寨墙，四角炮楼守卫，三道寨河环卫，门外吊桥高悬，防卫森严，是一座典型的中国式“防御寨堡”。1859 年 9 月 16 日，袁世凯就出生在这座寨堡内。

袁氏故居位于袁寨村正中央，袁氏故居是一座呈正方形的青砖小寨，从其外观上看，可称小巧玲珑。寨四边长约 300 米，有东西两个两层楼的寨门。四角各有一个同为两层的炮楼，寨外有两道护寨河环绕，我们叫它“里外海河”。西门外有一座用木桩搭成的土木桥梁。海河宽约 10 多米，河水长年清澈满漕，河内种有莲藕、蒲草、芦苇等水生植物，水中鱼虾可见，经常有人垂钓或捕捞。两河之间有 20 余米宽的蔬菜园，菜园的正南方即南寨墙外，有一座高约 10 米的石牌坊，用若干块雕有各种图案的青石堆砌而成，四角悬有小铁钟各一个，随风叮当作响。东西寨门外是收打谷物的场地，每到夏秋收获季节，这里要繁忙数日。

因是袁世凯的出生地，村内有保存较好的袁世凯故居。故居内具有明清特色和传统风格的各式建筑共 248 间，周围是 1800 米长、10 多米高的寨墙，有 6 座炮楼及 3 道护城河，占地 270 亩。旧居整体按中、东、西三轴线布局，分东、西三级纵深院落，且院落幽曲相连，形成一片完整且别具风格的建筑群。建筑群由传统砖瓦、木材、白灰等建筑材料建成，反映了中国古代建筑特色。房屋顶脊之处，皆有狮、虎、豹、马、猴等砖雕，四角挑檐高耸，饰有龙纹兽尖。袁寨村为河南省第五批历史文化名村之一。

（十一）偃师市陈河村

陈河村地处洛阳东南 40 千米，偃师市缑氏镇北约 1 千米处，207 国道北侧的凤凰山下，是唐代著名高僧、翻译家、旅行家玄奘的故里。

陈河村依山傍水，风景优美。玄奘的父亲陈惠一生好佛。天性聪颖的陈祎自幼接触佛典，对佛学产生了浓厚的兴趣。他 11 岁那年到净土寺当和尚，取名玄奘。后不满足于在洛阳学到的佛学知识，遂到首都长安遍访名师，执经问难，锐意钻研经典，博览众书，发现佛典各擅宗途，不完全一致，因此，决心到佛教的发源地印度探求佛教的奥秘。

唐贞观三年（公元 629 年），27 岁的玄奘离开长安，踏上了西行取经的征途。他在 5 年间历尽千山万水，经受千辛万苦到了西域。在接下来的 10 余年间，玄奘走遍古印度的众多寺院，全面理解了佛教之渊源。但他始终怀念着自己的祖国，于唐贞观十七年（公元 643 年），带着 657 部佛典和舍利佛像启程，于贞观十九年返回故土。

回到长安，玄奘开始在弘福寺整理、翻译其带回的经典。唐太宗专门召见了玄奘，表彰他不辞劳苦西行取经的业绩，还在长安为他建了大慈恩寺，作为玄奘译经和著述的经院。玄奘在 9 年中译经 1335 卷，撰写的《大唐西域记》是研究古代印度、尼泊尔、巴基斯坦及中亚的重要文献，为中印两国的文化交流做出了巨大贡献。玄奘在讲经、译经、传播佛学思想的过程中，创立了慈恩宗（又称法相宗），成为大乘佛教的一个宗派。他刻苦求学的精神和取得的卓越成就受到了人们的崇敬，在其故里陈河村旁马涧河上游凤凰谷修建了唐僧寺，寺院内外殿宇崇宏，树木繁盛。经过 1000 多年的沧桑变易，寺院仍保留下来。现在看到的保存完好的大殿是清光绪年间重修的。院中还有石刻碑碣数通，寄寓着人们对玄奘的深刻怀念。还有玄奘故居、皇家寺院佛光寺、陈家花园、凤凰台、马蹄泉、晾经台、西原墓地等古迹。

玄奘故居坐落在陈河村中部，坐北朝南，占地 25 亩，建筑面积 6000 平方米；分前后两院。前院建筑为东、西厢房和厅堂，西厢房主要展示玄奘只身奋斗十七载赴印度取经的动人经历和 19 年呕心沥血翻译的全部经卷。后院东厢房为玄奘母亲宋氏的居室，后堂为玄奘祖父母的居室。

佛光寺位于玄奘故居后院，始建于唐神龙元年（公元 705 年），是唐中宗李显（即佛光王）为纪念法师玄奘御旨修建，公元 2000 年重修。佛光寺原是皇家寺院，品位极高。陈家花园位于故居正南，坐南朝北，背靠凤凰台，面对陈家故宅。修复后的陈家花园集园林精华与佛教文化为一体，形成浓荫欲溢的园林效果。

1986 年，偃师县人民又建立了玄奘故里碑，追述了玄奘的事迹。

（十二）漯河市裴城村

裴城村现为漯河市郾城区裴城镇辖村，位于镇域西南部，距镇政府 3.8 千米。裴城村原名洄曲，因唐朝名相裴度曾驻村而改名。

据历史记载，唐朝元和九年（公元 814 年），淮西节度使吴少阳之子吴元济纵兵作乱，割据蔡州，唐宪宗曾发兵数万讨伐，终未能克。宰相裴度

（公元 765—839 年）请兵亲自督战，兵至郾城回曲镇筑寨安营。元和十二年（公元 817 年）冬，裴度遣节度使李朔雪夜奇袭蔡州，一举获胜。据传，裴城西门外原是一处坡地，有一片树林。自裴相和李朔雪夜平吴之乱以后，每当傍晚时分，远望坡地，但见雾蒙蒙，雨霏霏，树摇柏晃，幽深莫测，树林上空雁鸣鹤飞，一派下雨景象，如诗似画，即便是清风朗月亦是如此。可当人走近时，却又云走雾散，不见雨迹。第二天清晨再往观之，却又见树润地湿，一番雨后的景象，郾城八景之“裴城夜雨”这一景便由此而来。杨祥云有诗赞曰：“赤诚义胆壮风云，将士同心建大勋。自从驻师郾城后，老少喜说裴将军。”明代诗人谢公翼有诗云：“秋雨疏林暗古城，草堂留客对棋枰。一行雁度长空里，疑是当年入蔡声 。”

为表彰裴度伐蔡有功，唐宪宗封裴度为“晋国公”。当地人为了纪念裴度，便将回曲镇更名为裴城。当时裴度在此住了四个月，备受郾城老百姓的爱戴。百姓为他建庙立祠、立碑，至今碑祠旧址仍在。现在，裴城村裴晋公祠（现在的裴城小学）还有两通高大的石碑，碑文上记载着裴度在郾城的事迹。清代诗人郭子嶙《过回曲河有感》诗曰：“裴相屯兵回曲河，衔枚雪夜斗池鹅。论功可贺羊开府，铭功堪同汉伏波。”

裴城村的古民居中最有名的要数彭家高院。彭家高院的老房子是清朝乾隆年间建的，已经有 200 多年历史了，原先有 3 栋楼，最壮观的是北边的 3 层楼，高度超过 12 米，是当时村里最高的建筑，所以大家都叫该院为彭家高院。据说当时彭家的主人非常富有，一个王姓女子嫁到彭家后没多久，丈夫因病去世，王姓女子非常思念娘家亲人，便常站在 3 层楼上眺望 36 里外娘家 5 层楼上悬挂的灯笼 。高楼东西两侧各有一所厢房，现在只剩下东厢房了。现存的东厢房为两层楼，约 8 米高，硬山灰瓦屋顶，四面清水墙，屋脊高出两侧房檐约一米，尽显高大气派之态。不过房子上的五脊六兽在“文革”时期“破四旧”时被砸掉了。

去彭家高院，要穿过该村东西主街，这条街只有七八米宽，但在该村村民眼里这并不是一条普通的街道，“这条街原先是条官道，从洛阳到安徽、江苏都要走这条官道”。裴城村现存的老宅几乎都分布在这条官道两侧，好多老宅子都是从官道开始往南北延伸，彭家高院在官道的南侧。进入往南的一条小巷子，走不远，就到了彭家高院。

裴城村是河南省历史文化名村，并入选“中国传统村落”首批名录。

（十三）济源市南姚村

南姚村位于河南省济源市承留镇东侧，西南距市区6千米，位于黄河北岸，与山西省晋城市相邻。北依太行，西靠王屋，南隔黄河与古都洛阳相望，东接太极故里焦作。包括南姚河东村和南姚河西村，面积14平方千米，人口6200人，是周围一带面积和人口最大的村庄。

南姚村古建筑群经历了上千年时间的洗礼、人为的破坏，如今分为三个相对独立的部分：关帝庙、汤帝庙、静林寺。每个部分都有自己的舞台，加上村里现在的舞台，简直就是一个舞台博物馆，有宋代的、清代的、现代的，各有风采。

据清乾隆十年《历代会首碑》载，南姚村关帝庙建于清顺治年间，清康熙、雍正、乾隆年间曾多次重修。坐北朝南，依中轴线而建，左右对称，占地3000余平方米，现存山门、拜殿、关帝殿、钟楼、东西配殿、东西道房以及隔河而建的戏楼等建筑。关帝殿为关帝庙的主殿，面阔三间，进深六架椽，建筑结构上承袭了明代建筑手法，是一座保留有明代遗风的清代单檐悬山式建筑。殿内梁架彩绘、壁画以及拜殿、东西配殿墙壁上的彩绘壁画保存完整，色泽丰润，对了解和研究明清时期的绘画艺术、绘画风格、表现内容及手法，具有重要价值。2006年被河南省人民政府确定为河南省文物保护单位。

静林寺也是河南省文物保护单位，始建于北宋，元代重建，明清多次重修，现存山门，东西厢房、中佛殿等建筑。山门面阔三间，硬山灰瓦顶。东西厢房即配殿各五间，硬山灰瓦顶。中佛殿面阔三间，进深三间，单檐悬山式灰瓦顶，檐下置斗拱，殿内梁架结构仍保留元末明初的许多特征。殿内遍布彩绘，工艺精湛，多为清代作品。中佛殿北有后佛殿，仅存台基和柱础，尚可看出规模。寺内有清代碑刻题记，记述该寺历史沿革和维修情况。如清雍正十二年(公元1734年)碑刻记有：“静林寺创建于大宋，再造于大元，明代弘治，万历年间又重修焉……至大清雍正十二年，殿宇颓废……修之……焕然一新。”

汤帝庙位于商河东岸，是为供奉商汤帝而建。据清乾隆五年（公元1740年）重修碑记载，汤帝庙重建于大明景泰六年，明万历、崇祯、清康熙、乾隆、道光年间曾多次重修。该建筑群以中轴线而建，坐北朝南，呈四合院形式，占地面积1000余平方米，现存戏楼、山门、汤帝殿、白龙殿、四神殿、火神殿等建筑。汤帝殿是汤帝庙的主殿，建于高台之上，面阔三间，进深六架椽，为清道光年间重修的单檐悬山式建筑。殿内梁架彩绘保存完整，色泽绚丽，为河南省现存较少的清代旋子彩绘，具有较高的科学、艺术价值。

2012年，济源市南姚村被列为河南省第五批历史文化名村。

（十四）浚县白寺村

白寺村位于浚县城西9千米的白寺山东南麓，东临共产主义渠，南临护村河长丰渠，风景秀丽，依山而建的白寺村呈不规则的长方形。自清朝乾隆二十四年（公元1759年）以来，该村相继为乡、里机关的驻地。2013年，该村被列入河南省首批传统村落名录。

白寺村的历史可追溯至秦始皇时期，据《水经注》记载，公元前214年，秦始皇东巡经黎，于白寺山祭祀西岳，白寺山遂改名为白祀山，白祀村由此得名。金大安二年（公元1210年），《重修赵王庙碑》记为长丰乡白祀寨。唐开元年间建隆兴寺后改称白寺，白祀村也改为白寺村。目前村内共有45处大大小小的古民居，明代古宅11座，清代古宅110多座。这些古民居大都建于清朝年间，有的可以从门头的题字上看到修建的年月，有的题字已经模糊不清。

白寺村的古民宅群，处处精雕细刻。老宅的墙体和局部装饰都是采用本地的青石，经工匠手工雕刻而成；建筑所用的木料，全部是采用古代防腐防虫技术处理过的，如今完好如初。

村里最早的一栋房子，是修建于明朝万历八年（公元1581年）的古宅。门头的题字已模糊不清，细辨可以看出“万历八年”字样。“武举府”是白寺村最有名的古民宅，建筑风格在全村也最为讲究，是一所三进院的硬山式建筑。而气势恢宏的唐代建筑隆兴寺，前身叫伽蓝殿。唐朝时，又扩建为隆兴寺。寺庙分三院，坐北朝南，门口一对2米多高的石狮子翘首雄踞，十分威武，悬山建筑、黄琉璃瓦覆顶的庙宇气势恢宏。庙宇内的石佛和明代及民国时期的石碑雕工精美，具有很高的艺术价值。

“千层山，万层石，玻璃旗杆养鱼池。”是白寺村人人都会说的一句顺口溜儿，描述的是白寺村东北部的塘口景观。据浚县屯子镇《象山摩崖题记》中载：明天启六年（公元 1626 年）四月，钦差工部都水司主政吴炳奉旨到白祀（今白寺村）五塘等地开采花斑石，修建北京故宫的皇极殿。塘口形成后，崖壁中自然形成了多个洞窟和岩缝，其中最有名的是北窟大壶天和南窟龙王洞。

共产主义渠和长丰渠是白寺村最重要的两条水利设施。长丰渠历史悠久，古名为长丰泊渠、广利渠，开挖于明嘉靖二十九年（公元 1550 年），清末至民国年间因缺乏统一疏浚，泄水不畅。新中国成立后，政府对长丰渠进行了治理。开挖于 1958 年的共产主义渠不仅有泄洪排涝的作用，而且引黄济卫，在灌溉农田方面发挥了很大作用。

除了古民居外，白寺村还有一项远近闻名的非文化遗产，就是皮影戏。村委会还保存有两大箱的皮影戏道具，这是村里祖辈传下来的娱乐方式。到了节气或者农闲，全村人就围在一起，观看老艺人表演皮影戏。如今老一辈艺人去世后，年轻人不愿意再学，现代娱乐方式代替了这门古老的艺术形式，于是这门艺术形式在人们的记忆里渐去渐远。

（十五）清丰县单拐村

清丰县单拐村地处豫、鲁、冀交界地带，隶属濮阳市清丰县双庙乡，是一处历史悠久的平原村落。

在抗日战争时期，单拐村曾是中共领导的最大革命根据地——冀鲁豫边区的政治、军事指挥中心，至今仍保存有中共中央北方局、中共中央冀鲁豫分局、冀鲁豫军区司令部等军政机关旧址。邓小平、宋任穷、黄敬、杨勇、苏振华、曹里怀等 20 多位老一辈革命家曾在此工作、生活，见证了老区军民同舟共济、艰苦奋斗的峥嵘岁月。

穿过一片旱柳掩映的水塘、广场，一座围墙拱卫的中式大门楼跃入眼帘。由宋任穷题写的“冀鲁豫军区纪念馆”匾额居中悬挂，加上门楼旁立的“全国重点文物保护单位”铭刻，彰显出这里与附近村落的不同。纪念馆建筑与村民的房舍纵横交错，融为一体。事实上，纪念馆所用的房子中，很多以前都住着老百姓，建纪念馆时才搬出去。整个单拐村的村民住宅差不多都算是纪念馆的范畴。

紧邻纪念馆大门的是陈氏祠堂。单拐村的历史至少可以追溯到明代，最早是单姓人家定居，村名也由此而来，但后来单家败落，逐渐被从山西洪洞县迁徙而来的陈姓取代。建于咸丰元年（公元 1851 年）的前后两进院落的陈氏祠堂是方圆十多里以内形制最为考究、最为气派的家族建筑，凸显了当年陈氏家族的兴盛，也代表了单拐村的古民居建筑艺术水平。

因单拐村较早被划为全国重点文物保护单位，村中很少有现代平房、楼房。现留存的老房子很多都保持着原来的风貌。与豫北、豫西、豫中不少村落古民居高耸、宽阔、进深、精雕细刻的气派相比，单拐村的民居除了相对考究的陈氏祠堂外，很多都是普通的单层坡顶砖木瓦屋，少有门楼、木雕、砖雕。朴实无华的风格和齐整的布局让村子显得干练而有秩序。

抗日战争爆发后，身为单拐村人的共产党员陈平毅然地把自家的宗祠——陈氏祠堂奉献出来，作为冀鲁豫边区领导机关所在地和县、区干部的活动基地，并开办了文教干部培训班。现在的陈氏祠堂已经被改建为“中共中央北方局冀鲁豫分局冀鲁豫军区暨军工史迹纪念馆”。

馆内至今还留存有 1945 年冀鲁豫军区机关开挖的辘轳水井和使用过的石碾，甚至杨勇穿过的破烂棉鞋、苏振华使用过的铜制脸盆，都保存如初。陈列品中，保存最好、体量也最大的，要数边区第一兵工厂遗留下来的两台车床了。由此加工出来的 70 毫米“盖亮式”步兵炮是解放军兵工史上自己制造的第一门大炮。而那多台全木质结构的老式织布机还缠着带棉絮的棉线，吱吱作响，更是饱经风霜。村内至今保留的衡器、量器、容器和农具不但年代久远，而且品类齐全，成为这处平原地区古村落农耕文明的直观载体。

祠堂周边的民居，分布着中共中央北方局、中共中央冀鲁豫分局（平原分局）、冀鲁豫军区及司令部等部门的办公室旧址，以及邓小平、宋任穷、黄敬、杨勇等老一辈革命家的故居 23 处，内部陈设依旧。众多领导人故居内，旧式带棚木质大围床，旧式木雕梳妆台、太师椅、条几、黄铜烤火盆、马灯等传统家具保存较多。陈列的千层底布鞋、麻布袜子等解放军物品一看就是出自农民手工。配合古色古香的房舍，放眼四看，仿佛回到了战争年代。至中共冀鲁豫分局、冀鲁豫军区司令部 1944 年 9 月进驻单拐村时，根据地下辖 116 个县，人口达到 2000 万，成为中共领导的最大抗日根据地，单拐村也随之成为其政治、军事指挥中心。1945 年 1 月，时任中央北方局代理书记的邓小平率领局机关到达单拐村，召开了著名的“六六”会议。

单拐村名列河南省第三批历史文化名村。

（十六）新县丁李湾村

丁李湾村位于新县八里畈镇，地处豫南山区，有“李氏庄园”之称。

根据史料记载，村子始建于元末明初，以清代乾隆年间最盛，至李维屏时期，庄园四周城墙环绕 10 多里，并有东西南北四道大门，内有 800 多人居住。随着人口的繁衍，丁李湾村逐渐形成规模，一直到 20 世纪 60 年代，依然保存完好。“文革”期间，大破“四旧”，丁李湾村遭遇大劫，许多房屋与装饰遭到了破坏。2003 年，丁李湾村被确定为“河南民俗民居村”，纳入了政府的保护范围。

丁李湾村前有半月形池塘，从池塘北岸朝南望去，映入眼帘的 5 座大门楼一字排开，青砖、白墙，屋檐高耸挺立。池塘岸呈弧形，东西两个角对应，呈月牙形，圆心都向着民居方向。前有隆起的小山相朝，是堪舆学中的风水宝地。由此可知，村子的始建者在选择村址方面是下了一番功夫的。

在丁李湾村里，所有的门楼、宅院均是石头做成高地基，上砌大青砖，但从一些受损的地方看，内部均为土坯，这种节省材料又基本不影响质量的工艺，被当地人称为“包青”。至今很多“包青”墙体依然平整完好，连裂缝都很少见。由此看来，这儿以前的主儿，是有一定身份的官宦人家。

进入人们视野的，是村里的那些古建筑，它们代表了古老豫南建筑的格调，让人们赞叹不已。在走道的横梁上、门梁上或窗格上，木质雕刻随处可见。图案上有人物，也有花鸟虫草，虽然经历数百年，仍然栩栩如生。木雕取材精良，至今仍无凋朽之势。在各式门楼上，有许多石雕砖雕，不同的门楼雕刻也不同，有的描龙画凤，有的刻菊镂丹，寓意虽有不同，雕工皆很精巧。这些宅院还有一个共有的独特设计，那就是在门楼门枕两侧、宅院屋檐下方，都有若干个内大外小的孔洞。这些孔洞是为了在遭遇外人侵犯时，方便房主朝外多个方向发射火铳，“也可以朝外瞭望，观察敌情”。

听村民说，泼河水库蓄水时，最具徽派气质的李氏祠堂也会被水淹没。这些年，很多村民要拆旧房盖新房，嫌老房子破旧、占地，也拆掉了一些旧居。目前该村仅剩下了 17 处门楼、8 条弄道，房屋也只有不到百间。

村中的弄道狭窄，两边留有雨水槽、排水沟，加上路面均由石块、石板铺成，看上去虽小巧玲珑，但功能齐全。此外，不管是从临塘的大门楼抑或从弄道里的大门楼进去，里边都还有若干个小门楼，这在当地叫“一环套一环”，可防御外人侵扰。目前最深的宅院，有四五进深，而据通过土改分到“知府宅院”居住的 76 岁老太邬嫦娥讲，这里早期的宅院，最多曾有十三进深，但后来不是自然倒塌，就是被人破坏了，没有被保存下来。

丁李湾村现有 500 多人，和其他地方一样，村里的年轻人在打工的大潮中，走出大山，为自己的生计和发展奔忙。在家里的，多是留守儿童、空巢老人，他们依旧延续着往日的日子，坚守在这些传统的建筑群内。近年来，越来越多的外地人到丁李湾村参观考察，给村里增添了热闹与乐趣。

（十七）温县陈家沟村

陈家沟村原名常阳村，位于河南焦作温县城东 5 千米处的清风岭中段，距焦作市区 35 千米。明朝洪武年间，山西泽州人陈卜迁至该村，村中有一条南北走向的深沟，随着陈氏人丁繁衍，该村因此更名为“陈家沟村”。

黄河与洛河交汇，孕育出了风靡世界的武术精粹——太极拳。太极拳是明朝末年陈家沟村民陈王廷，依据祖传拳术，汲取民间诸多优秀拳种之精华，结合导引、吐纳术、中医经络学，创编的一种新的内功拳种，按阴阳转换之意取名太极拳。陈氏十四世陈长兴，广开传拳之门，河北永年人杨露禅便是其著名高徒。之后，陈氏太极拳逐步演变出在中国具有代表性的“杨、武、吴、孙”等各大太极拳流派。

太极拳祖祠是为纪念太极拳历代宗师所建。祖祠由山门、碑廊、拳谱堂、祖师堂、扬武殿、耀德殿等组成。祖祠院内的广场两侧建有太极拳创始人陈王廷的铜像以及历代太极拳宗师的碑碣，碑碣上刻有历代宗师的简介，这是中外太极拳爱好者为纪念太极宗师名人们镌立的。

1978 年，一代伟人邓小平挥毫写下了“太极拳好”这极具号召力的题词。1990 年，北京亚运会开幕式上，1500 名中日太极拳选手的精彩表演震撼了世界。1992 年，温县被国家体委首批命名为全国武术之乡，全世界每年都有大批的太极拳爱好者前来拜师学艺、参观旅游，陈家沟村也被中外太极拳爱好者视为“太极圣地”。

为了树立“太极之乡”的新形象，温县举办了“十佳拳师”“百名优秀拳师”评选活动，推出了一大批太极新人。之后，温县教育部门和体育部门联合下文，将陈式太极拳作为全县中学体育课的必修课，为太极拳的普及打下了基础。在全国各种类型的武术比赛中，温县在太极拳项目中获得的奖牌不计其数，其中一位年轻拳师一人就获得金牌近 100 枚。全世界参练太极拳的总人数已有 1 亿多人，各种太极拳组织有 1000 多个。而在陈家沟，全村 80% 以上的人都会打太极拳，就连小孩子做游戏也离不开太极拳的招式，所以这里至今尚有“喝了陈沟水，都会跷跷腿”的说法。

步入陈家沟，犹如步入了太极文化的殿堂。这里有令人敬仰的太极拳历代宗师纪念馆，有享誉国内外的中国太极拳博物馆，有充满传奇色彩的杨露禅学拳处。河南省温县陈家沟，也同太极拳的名字一样，成了中外人士向往、游览、拜师学艺之地。太极拳给这个村子带来了新生，使这个多年沉寂无闻的穷乡僻壤霎时间名扬四海，生机盎然。

（十八）宝丰县马街村

宝丰县马街村位于河南省西南部伏牛山东麓，隶属河南省平顶山市宝丰县杨庄镇，离城 7.5 千米。这里原名马渡店，又称马渡街，历史上也是一个商贾云集、物产集散的繁盛之地。

马街村的品牌是马街书会，与山东惠民的胡集书会并列为中国北方两大书会。由于马街书会具有独特的民间艺术表演魅力和浓厚的汉文化底蕴，它被誉为“中国十大民俗”之一，宝丰县也因此被国家有关部门命名为“曲艺之乡”和“中国民间艺术之乡”。这里每年农历正月十三至十五都要举行一次曲艺盛会，艺人云集，曲种繁多，马街也被誉为全国曲艺艺人的“家”

和“朝拜圣地”。

马街书会，历史久远。据马街村火神庙及广严寺碑刻记载，该书会最早起源于元延祐年间（公元1316年前后）。据传，当时马街村有一位叫马德平的老艺人，桃李满天下。农历正月十三这天是马老先生的寿诞之日，他的弟子们从四面八方赶来，为其献艺祝寿。年复一年，相沿成习，就形成了传统的马街书会。

艺人在书会上说唱为“亮书”，邀请艺人说唱为“写书”。“亮书”是指艺人们在浩瀚的书会会场上摆阵对歌，以展示自己吹拉弹唱的技能。而“写书”一词并非指著书立传，它是随着中原汉文化的发展，自然形成的一种文化交流现象。在乡下如果家里有事儿，就会来到书会选择说书人，他们以质论价，即通过对演唱者水平的评估，选择自认为好的，然后私下与说书人商议书价，或找经纪人在袖筒里比画价格，说定后就留下日子，请说书人到家中演唱。书价一般是根据上一年收成的好坏和艺人说唱水平的高低而定。小则一棚百十元，多则一棚几千元(一个说书摊为一棚)。有时，一个村竟能写回去十几棚。这样就只好就街说唱，一摊挨一摊，争相亮绝活，形成了对台戏的局面。

每年春节刚过，来自河南各地及河北、山东、山西、陕西、甘肃、湖北、安徽、四川和北京、上海、天津等省、市的艺人便千里迢迢到马街赴会，负鼓携琴汇聚于此，这成为几百年来风雪无阻的习俗。他们以天作幕，以地为台，以曲会友，亮书写书，交流技艺。京韵大鼓、山东琴书、三弦书等40多种曲艺和上千部传统及现代曲目在这里集中展现。许多村民扶老携幼听书赶会，马街内外万头攒动，千座书棚吹拉弹唱，盛况历年如此，被称为中国文化史上的一大奇观。

据地方史志记载，元朝延祐年间，马街书会初具规模，每年约有千名艺人前来说书，清代同治年间尤为兴盛。曾在南阳府做过儒学教谕、告老回乡当上书会会首的文人司士选，在同治二年（公元1863年）算过一次到会的说书艺人人数。他让这一年赶会的艺人到火神庙里进香钱，香案前放一口大斗，每人只许进一文，下来一数两串七。也就是说，那年到会的艺人有2700人。

2006 年 5 月 20 日，马街书会经国务院批准列入第一批国家级非物质文化遗产名录。马街村也成了全国第一批传统村落之一。

五　中原传统村落的地名密码

（一）姓氏

中原地区的村名，冠以居民姓氏为多。古语说得好，行不更名，坐不改姓。在村子形成的过程中，最先落户的村民在为村子取名的时候，将自己家族的姓氏冠以村名，自然就成为首选。当地乡里落籍登记或派粮纳税时，也把当地的村民姓氏作为村名来对待。所以，以姓为村名的村子也就最多，占到总村名的百分之六十以上，如冯庄、张庄、杨庄、李村、赵村、刘屯、宋寨、欧阳村等。也有两姓共用的，如苗侯、张李、叶王等。

（二）方位

在中原地区的村名中，以方位取名也是一个主要的取名方式。它往往和以姓冠名的村子或其他的村名合起来作为村镇的名字，如东屯李、西屯李等。从字面便可以看出来，这个村子是以“李”姓冠名，两个李姓的村子东西相对。又如南马、北马，实际是为叫着方便而省略了“村”字。上周庄、下周庄，里魏村、外魏村也是指的方位。当然还有以前、后、左、右、阴、阳、里、外、高、低、根、头、边、稍，等等，作为村名的。

（三）功德

以功德冠以村名的村子，一般是该村祖上有名人官宦，获得过军功或功名，或被朝廷封赏过，如千乡、八台、尚书、千总、布政、状元、探花、进士等。

（四）人名

以人名作为村名的，大都是历史上的名人，或传说中的名人，也有朝廷或政府任命的官员。如以历史上人物命名的子平里、高阳华里、张良镇、韩信街、高皇庙，以现代英模命名的继光村、邱少云村等。

（五）封赏

以封赏冠以村名的情况和以功德冠以村名的情况相仿。如：牌坊头、没粮店、李乡宦、子平里、进士庄、状元楼、诰命、皇城、相府，还有现在一些用先烈姓名命名的村镇。

（六）故地

中国有数百万年的人类发展史和五千年的文明史，在这五千年的历史长河中，文化的传播和氏族的延续，几乎每时每刻都没有停止过，因而也留下了许许多多的历史遗迹。特别是中原地区，作为中华文明的摇篮，历代人民为了纪念前人先贤的业绩，以故地命名的村镇就格外多，如书院、庙、街、城、店、驿、陵、坟、古战场、历史遗址、名人故居、古代陂塘、重要事件发生地等，这些地方都有很多以故地名字作为村镇名字流传下来的事例。

（七）环境

中原村镇因其建村立宅对风水、环境和建筑美学的重视和应用，许多村镇的名字与其所处环境密切相关。如前山冲是指村子建在山冲平地；磨盘李是以村边山如磨盘起名；武家湾是以河流到该村时的形状而命名；槲沟是以该树靠近槲树林而命名；金银台是以相邻两台地而命名；黄土古洞是一道以黄土为地貌的长山沟。其他如梁背、郏山阳、舞阴等，都与村镇所处环境有关。

（八）关隘

中国古代因战争与列国割据，所设关隘很多。中原地区又是各地势力必得之地，所谓“得中原者得天下”，所以历代兵火不断，各地关隘重重，至今还存有很多遗迹，可以说，村名是研究古代关隘和战场的主要资料和依据，如历史上赫赫有名的荆紫关、函谷关、虎牢关、武胜关等。还有如尧城，是上古五帝之一的唐尧的故地，有很多有关尧、舜的传说；东不羹、西不羹，是春秋战国时期楚国所筑关隘；前古城、后古城，是春秋五霸之一的楚庄王祖孙修筑方城关的遗迹；大关口，是夏路之上夏商南北重要通道缯关的重要关口；旧县镇为古叶邑前身，也是春秋名将、叶姓始祖叶公沈诸梁的封地。各地冠以城、门、关、隘、口、峡等字的村镇名字，很多都与古代关隘有关。

（九）营盘

中原地区历代为兵家必争之地，自然也成为历代屯兵护卫之地。有的屯垦地在和平年代作用减小，因此士兵由军转民就地安置，其所驻扎营盘就由军营变为村镇，但这类村镇还以军营命名，有的冠以军官的名、姓，有的冠以原籍的地名，如营、旗、官、管、屯等。

（十）族示

族示是以族名冠以村名的命名方式，此类命名方式与姓氏命名有相同之处，不同的是，这类以族示命名的村镇，一般是世家大族，或者祖上为官宦人家，因种种原因在某处置买田产，扎宅建村。如襄城欧阳，就是宋代欧阳修置买田产，其子及其后裔建成的村子；杨家、周家、孔家、井家、王堂、冯庙、李家祠堂、宋家牌坊等村都曾是名门望族。

（十一）故事

在中原地区，有的村镇的名字本身就是一个故事。如襄城却金亭，是为纪念古代廉官拒绝接受别人送礼而命名；叶县问村、晒书台，是为纪念孔子游叶而起的村名；平顶山湛河区北渡，是为纪念岳家军北渡抗金而命名；紫云镇是为纪念明代大政治家、教育家李敏所建紫云书院而命名。

（十二）传说

以古代传说命名的村镇，在中原村镇名字中也占相当大的比例。如鲁山县招兵台、宝丰马跑泉、襄县扳倒井，都是因刘秀、王莽争天下的传说而命名；禹州钧台是夏王启所筑，因而有了钧州的名字，有了神垕的钧瓷；中国宋代文学家苏洵、苏轼、苏辙父子三人所葬郏县上瑞里，古代属钧台乡，是以皇帝在钧天台听九天仙乐的故事而命名；襄城南有高阳山，古置高阳县，是因五帝之一的颛顼帝在此活动而命名；高皇是以汉高祖刘邦对敌霸王项羽传说而命名；滍阳是为纪念中国古代战神蚩尤而命名；叶县仙台、平顶山落凫是因汉代王乔飞仙传说而命名。还有许多因民间传说和远古传说命名的村镇，如因三皇、五帝的神农庙、彩石谷、炎帝庙、舜帝陵、尧城、禹台、龙井、灵树、黑龙潭、雨淋头、白虎、青龙、朱雀、玄武、石仙山、仓头等。

（十三）物产

中原村镇名字中，以当地著名物产命名的也不少，如金镇、银店、铁崖、铜山、盐寨等。也有以作坊店铺名称冠以姓氏而命名的，如孔油榨、油坊孙、下油榨、老油榨、锅棚、芦油坊、下染坊、黄果铺、铁匠铺、任家窑、砖瓦窑、瓷器店等。

（十四）山水

以山水命名的村镇比较多，凡中国文字中形容山水的词儿，在村镇名字中几乎都有所用。如山、水、瀑、峰、岩、崖、川、谷、石、屿、湾、浦、江、河、沟、渡、桥、潭、洼、甸、洞、坪、井、沿、边、岭、坡、坎、头，等等，不一而足，应有尽有。

（十五）动物

动物是人类的朋友，许多动物曾是中国古代氏族部落的图腾，所以，尽管以动物命名的中原村镇，其初衷各有差别，但都有它们起名的寓意和理由。可以说，在中原村镇的名字中，鸟、兽、虫、鱼都有作为地名的，如鹁鸽张、鹌鹑李、斗鸡店、王老虎、狐仙屯、野猪坡、虎狼爬、熊背、野鸡岭、龙头、鲤鱼背、蚂蚁、蚂蚱、长虫窝、老鸹窝、鲶鱼头、老牛岭、马跑泉、山羊跳、豹子笼，等等。

（十六）植物

以植物命名的村镇有很多，特别是中原山区。这样的村镇，有的是某种植物特产地、集散地，有的是为建村纪念而命名，如杨树王、荞皮、柿杨、豌豆宋、构树弯、楸树沟、桐树坪、核桃谷、黄楝树、枣树、梨树、草寺、木庙、劈柴沟、辛夷店、茱萸坡、竹园等。这些或独立为村名，或加上居民姓氏。

（十七）吉祥

企盼吉祥，希望收成，是农耕时代古人们的美好愿望。延寿、万寿、长寿、长生、吉祥、如意、福、兴、旺、和、满等词汇，都是组成中原村镇名字的因素。

（十八）形状

依据地理特征而命名的村镇有很多，如大庄、小孙、张疙瘩、婆娑刘、馒头李、漫流、坡王、沟里张、孔家墩、莲花冲、牛角坪、回龙山、沙包嘴、小塘洼、碾盘湾、瓮坛冲、坡堰、泡树坳、柿子园、地窝塘、枣岗、汝坟、沙沟等。

（十九）数字

依据距离某个更大、更有名的地方（城镇）多远，或排列位次等数字而命名的村镇，如一台、二王庙、三里沟、四里铺、五里堡、六里沟、七里店、八里岔、九道弯、十里头等。二十、三十、百、千、万等在中原村镇名字中都有出现。

（二十）宗教

宗教作为原始社会的精神反映，在地名中有所表现的也不少，尤其是中国的原始宗教道教和儒家精神，在村镇名字上有很多应用。汉代之后，佛教东渐，与汉文化融合之后，亦成为中国的国教。儒、墨、释、道并驾齐驱，在民间影响极大，也反映到了村镇名字的构成上，如纯阳观、观音堂、文殊寺、普贤庙、龙王庙、关帝庙等，以及忠、孝、仁、义、礼、智、信、佛、弥勒、药王等。

（二十一）教化

中国古代教化方面，自汉代董仲舒提出“罢黜百家，独尊儒术”后，基本上以儒家学说为正统，延续两千多年。在中原村镇的名字中，也多有儒家教化的理念，如遵化店、文化河、训虎坡、孝郎坊、烈妇坊等。

参考文献

翦伯赞、郑天挺，1980，《中国通史参考资料》，中华书局。

王夫之，1988，《周易外传》，中华书局。

杨慎，《升庵外集》，网络。

政协新县委员会，2014，《新县古建筑精粹》，中州古籍出版社。

平顶山市地方史志编纂委员会，1994，《平顶山市志》，河南人民出版社。

叶县地方史志编纂委员会，1988，《叶县志》（清同治辛未本），中州古籍出版社。

郏县地方史志办公室，1983，《郏县志》（清同治三年本），中州古籍出版社。

鲁山县地方史志编纂委员会，1995，《鲁山县志》（明嘉靖三十一年本）。

杨裕，1996，《宝丰县志》，方志出版社。

汝州市史志办，1994，《汝州市志》，中州古籍出版社。

襄城县地方史志办公室，1985，《重修襄城县志》（民国二十五年本），中州古籍出版社。

张俊成、李彦军，2016，《鹤壁古城·浚县》，大象出版社。

张俊成、李彦军，2016，《鹤壁古城·淇县》，大象出版社。

张俊成、李彦军，2016，《鹤壁古村落·淇滨区》，大象出版社。

张俊成、李彦军，2016，《鹤壁古村落·山城区》，大象出版社。

张俊成、李彦军，2016，《鹤壁古村落·鹤山区》，大象出版社。

张俊成、李彦军，2016，《鹤壁古镇》，大象出版社。

孙德刚，2012，《中国文化中有关古代建筑的100个趣味问题（民居卷）》，金城出版社。
光山县政协学习文史委员会，2014，《光山古建筑》，中州古籍出版社。
允禄等，2012，《协纪辨方书》，中医古籍出版社。
周同宾，2009，《乡关回望（中原农耕笔记）》，百花文艺出版社。
尚达翔、张正武，1992，《风水与民宅》，山西人民出版社。
李镜池，1988，《周易通义》，中华书局。
张思，2005，《近代华北村落共同体的变迁》，商务印书馆。
李秋香、罗德胤、贾珺，2010，《北方民居》，清华大学出版社。
朱良文，2011，《传统民居价值与传承》，中国建筑工业出版社。
赵迎新，2014，《中国魅力古镇》，中国摄影出版社。
张述任、张怡鹤，2009，《黄帝宅经》，团结出版社。
平顶山市地名办公室，1992，《河南省平顶山市地名志》，天津人民出版社。
萧默，1996，《隋唐建筑艺术》，西北大学出版社。
李泽厚，1981，《美的历程》，文物出版社。
曲令敏，1999，《消逝的田园》，陕西人民出版社。
何辛年，1997，《历史留下的回忆》，河南人民出版社。
李瑞、潘民中、杨晓宇，1997，《平顶山名胜古迹》，中州古籍出版社。

附录　顾问寄语

两年前，经汪庆华先生导引，有幸参观了许昌学院中原农耕文化博物馆，当时就对博物馆充实的展品和务实的陈展设计理念叹为观止。农耕文明，造就华夏；中华文化，源远流长。八千年洪荒，孕育了斑斓的彩陶；伊洛河沃土，滋养了夏商周王朝。秦汉勃兴，武帝开边，“六十万人戍田之”，中原的农耕拓展到了居延、朔方；农牧交融，九边宴宁，神州大地迈向了多元一体的进程。谨愿《中原农耕文化》一书为新时期的农耕文化研究做出新贡献！

魏　坚[*]

2019年12月4日

欲知华夏农耕事，且看中原稼穑图。黄河流域是华夏农耕文明的重要发祥地，中原农耕文化在中华传统文化中举足轻重。探究中原农耕文化，

---

* 魏坚，中国人民大学历史学院教授、博士生导师，北方民族考古研究所所长、考古文博系主任，兼任中国历史研究院学术咨询委员会委员、国务院学位委员会考古学科评议组成员、中国元史研究会副会长、中国岩画学会副会长、中国社会科学院古代文明研究中心客座研究员；主持80多项考古发掘，命名了“庙子沟文化”等4个考古学文化类型；主持的元上都遗址考古发掘，2012年被列为世界文化遗产；出版学术专著8部，主编文物考古文集等10余部，发表论文和研究报告百余篇。

对于读懂中华文明具有重要价值，对于研究和保护黄河文化遗产具有积极意义。

张志和

2019 年 12 月 20 日

记下百姓影像，留住乡愁情怀。珍藏农耕记忆，启迪子孙后代。

朱宪民[*]

2019 年 12 月 22 日

一方水土养一方人，一方水土也养一方地域文化。大中原是中华农耕文化沃土，呈现出农耕物质文化的风物风华，也彰显了农耕文明的芳香芳华。许昌学院是研究中原三农文化的重要基地，对农耕文化的研究，有视野，有情怀，有开拓，有创见，成果丰硕。他们之所为，乃中原当为之事。学习之，赞赏之。祝愿同道文友，迈步高楼，目光高远，有新作为，获新成就，做出时代新贡献。

高天星[**]

2019 年 12 月 25 日

纵观许昌学院中原农耕文化博物馆的陈列展览和中原农耕文化与乡村发展研究基地的系列研究成果，我深刻感受到在新中国成立前漫长农村时代中国农民所经历的苦难与艰辛，同时也感受到他们的纯朴与善良、勤劳与智慧，特别是 40 多年来改革开放政策对生产力的解放，科学技术对农村

---

* 朱宪民，著名摄影家，中国摄影家协会原副主席，中国艺术摄影学会副会长，文化部专业职称高级评审委员会主任，享受国务院政府特殊津贴，荣获摄影事业终身成就奖；摄影专著《中国百姓》在国内外产生重要影响。

** 高天星，郑州大学教授，博士生导师，著名民俗学专家，现任河南省中华文化促进会副主席，河南省老教授协会名誉会长；主编了《中国节日民俗文化》，共 7 卷。

生产方式和生活方式的巨大改变。这一切让我听到了历史前进的脚步声——从缓慢沉重逐渐过渡到快速而激越，从而看到了中原地区乃至整个国家辉煌的未来。

仉建涛*

2019年12月28日

“昼出耘田夜绩麻，村庄儿女各当家。”中原农耕文化与乡村发展研究基地自成立以来，为中原优秀传统农耕文化的传承、发展以及现代乡村振兴战略的实施做出了突出贡献，也取得了丰硕的成就。《中原农耕文化》的出版，凝聚了整个基地工作人员的心血。此书特色鲜明、生动系统、图文并茂地向我们展示了中原地区传统农耕风貌以及民俗民风画面。这是对正在远去的传统农耕生活的记录与缅怀，也是对中原乃至中华传统文化的传承与传播。回顾过去是为了更好地前行，衷心冀望研究基地以此书的出版为契机，继续创造一个又一个新的成果！让优秀中原农耕文化不断发扬光大，深入民心、教化民众、淳化民风，推动新时代乡村建设取得更加辉煌的成就！

陈建国**

2019年12月30日

作为中国农业文化的根基和轴心，中原农耕文化走过了上万年的漫漫路途。它浩瀚无垠的历史记忆、文化记忆和情感记忆，既是我们今天的一笔丰厚的物质遗产和精神遗产，也是现代农业发展的重要原动力。

守护与传承行将消失的中原传统农耕文明是我们这一代河南人义不容

* 仉建涛，河南财经政法大学经济学教授，中共河南省委“三农”问题咨询组特聘专家，曾任许昌学院党委书记，主导创建中原农耕文化博物馆和中原农村发展研究中心。

** 陈建国，政治学教授，新乡医学院党委书记，曾先后任许昌学院院长、党委书记，主导创建中原农耕文化博物馆和中原农村发展研究中心。

辞的神圣职责。

夏挽群[*]

2019 年 12 月 2 日

农耕时代的农具器用，承载着厚重的农耕文化，凝结着劳动者最朴素的手作艺术美感。留住它，就留住了农耕文明，就留住了一个时代浓浓的乡愁记忆。

程健君[**]

2019 年 12 月 31 日

本人曾从事河南省非物质文化遗产保护传承有关工作，所以较早了解和接触到中原农耕文化博物馆。亲临考察后，喜出望外。许昌学院为河南、为中原做了一件大好事。在此基础上，他们不断加强研究工作，推出系列成果。漫长的农耕时代刚刚离去，丰富而厚重的农耕文化，是中华民族最大的一份文化遗产。保护好、研究好、传承好这份文化遗产，是一个任重道远而又十分迫切的重大课题，希望有更多人关心、支持和参与。

裴景岭[***]

2020 年 1 月 8 日

---

* 夏挽群，中国民间文化研究专家，历任中国民间文艺家协会副主席、河南省文联副主席、河南省民间文艺家协会主席，现为中国民间文艺家协会顾问、河南省民间文艺家协会荣誉主席、河南省中华文化促进会副主席。

** 程健君，中国民间文艺家协会副主席，河南省民间文艺家协会主席，河南省非物质文化遗产保护工作专家委员会副主任。

*** 裴景岭，原河南省非物质文化遗产保护中心主任，非遗研究专家。

后　记

庚子年春节已过，在全国人民众志成城抗击新冠肺炎疫情的险峻时期，武汉封城，各地壁垒，城乡相隔，人人自卫。我所住小区亦然，大门紧闭，只出不进，除了年前悬挂的红灯笼在凉风之中微微抖动，偌大的院子静悄悄一片，没有人来往走动。只有守门的物业师傅，捂着大口罩坚守在岗位。如此形势，已半月有余。好在本书总编、许昌学院的老书记、中原农耕文化博物馆和中原农耕文化研究中心的创办者汪庆华教授，在春节互相祝贺之际，让我对书稿做最后修订，倒是为我安度这个百无聊赖的春节，拧上了时间的发条。因此，我便对书稿进行了最后梳理，增删内容，矫正数据，罗列参考书目，撰写后记，这才略略松了口气。掀开日历，恰好春分时节，应该是一个好日子。春来百花必将盛开，冬岁大疫祈盼早息。人类是这个世界的主人，绝不会成为灾难的奴隶。中原农耕文化在发展过程中，也面临过许许多多的灾害疫情，最后都在智慧的中华民族面前，乖乖俯首销声匿迹。何况我们如今国家强大，实力雄厚，科技发达，加之众志成城，正所谓多难兴邦，逢凶化吉，这不正是中原农耕文化延脉数千年的无穷魅力吗？回想从2015年夏接受编写任务至今，书稿已经做了六次大的修改，小改则是随时动手。加上老眼昏花，身体不佳，敲起键盘也不如年轻人那样活便，实在不易。但历时4年多之后，终于把此稿编著完成付梓出版，让读者朋友能了解中华民族的建筑历史，聆听中原农耕文化中极为精彩的前进乐章，心里自然也萌生几分快意。

在编写书稿过程中，我与许昌学院中原农耕文化研究中心和中原农耕文化编纂委员会的同人们，夏冒酷暑，冬顶严寒，无论是三九还是三伏，都经常在中原地区，特别是豫西、豫南、豫北、豫东及豫中乡村调研，实地踏勘美丽中原的山山水水，脚步遍及大别山、桐柏山、太行山、伏牛山区、外方山，身影留在天下之中的中岳、起伏连绵的黄土高坡、银河倒挂的红旗渠和一望无际的黄淮大平原。甚至为了弄清楚一个问题，留下一张图片，步行几十里山路，亲历平时人迹罕至之处。渴饮泉水，饿食野餐，家访老者，外观残垣，勾勾画画，圈圈点点，为的是能真实地查看历史遗存，把即将消失殆尽的古建筑和其他有关中原农耕文化的风貌完整记录下来。按同志们的话说，只要能给后人留下中原农耕文化的记忆，承续中华民族优秀传统文化的基因与根脉，再艰苦也无怨无悔，辛苦并快乐着！

需要说明的是，本卷的编写，虽然由本人执笔，但也经过了研究中心和编委会其他同志的反复讨论，甚至对书稿字斟句酌反复修改，最后才成了今天大家看到的样子。所以说，它既耗费了编著者的大量心血，同时也是集体智慧的结晶。文中吸取了部分古今专家、学者的研究成果，不能一一点名，统一把参考书目列于文后，以示尊重。本卷也借鉴了个别网络文章的论点论据，有明确出处的，均作明示，无明确出处或由网络编辑录成篇的，只作甄别参考，暂抱缺憾，在此向大家一并致谢。本人才疏学浅，加上许多资料难以掌握，实物难以见证，技艺难以再现，因此书中肯定会有许多疏漏和错误，恳请广大读者和专家批评指正；同时，在本书付梓之际，也对为本书付出大量劳动的同人们和为本书提供帮助的各地宿老、村民、干部、专家和各级领导们，表示衷心的感谢。

著　者

2020 年 2 月 11 日于鹰城听雪庐

图书在版编目(CIP)数据

中原农耕文化. 村镇民居 / 汪庆华主编 ; 杨晓宇编著. -- 北京 : 社会科学文献出版社, 2021.6
ISBN 978-7-5201-8192-1

Ⅰ. ①中… Ⅱ. ①汪… ②杨… Ⅲ. ①传统农业-文化研究-河南 Ⅳ. ①F329.61

中国版本图书馆 CIP 数据核字(2021)第 094741 号

中原农耕文化·村镇民居

主　　编 / 汪庆华
编　　著 / 杨晓宇

出 版 人 / 王利民
组稿编辑 / 谢蕊芬
责任编辑 / 赵　娜　孟宁宁

出　　版 / 社会科学文献出版社 · 群学出版分社 (010) 59366453
地址：北京市北三环中路甲 29 号院华龙大厦　邮编：100029
网址：www.ssap.com.cn
发　　行 / 市场营销中心 (010) 59367081　59367083
印　　装 / 三河市龙林印务有限公司

规　　格 / 开　本：787mm × 1092mm　1/16
本卷印张：17.25　插　页：0.75　本卷字数：256 千字
版　　次 / 2021 年 6 月第 1 版　2021 年 6 月第 1 次印刷
书　　号 / ISBN 978-7-5201-8192-1
定　　价 / 598.00 元 (全五卷)